高职高专机电系列教材

智能制造专业群技能考核与题库

谭 霖　张秀玲　主　编
宁艳梅　欧阳再东　宋金泉　副主编

清华大学出版社
北京

内容简介

本书根据湖南省教育厅发布的《2019 年湖南省高职高专院校学生专业技能考核标准（试行）》文件要求进行编写，是高职高专院校智能制造专业群学生技能考核用书，分为"智能制造专业群技能考核标准""智能制造专业群技能考核题库"两个部分。

"智能制造专业群技能考核标准"描述了考核目标、考核内容、评价标准、考核方式。在"智能制造专业群技能考核题库"中，机电一体化技术专业有机械零件测绘与 CAD 制图、液压与气动系统装调、可编程控制系统技术改造与设计三个模块，数控技术专业有机械零件三维建模、数控车加工、数控铣加工和多轴数控加工四个模块，智能焊接技术专业有焊条电弧焊、CO_2 气体保护焊、手工钨极氩弧焊和焊接结构生产工艺设计四个模块，智能控制技术专业有电气线路设计与安装调试、单片机应用系统编程与仿真和工业综合控制系统设计与调试三个基础模块，智能制造专业群跨岗位部分有电气回路故障诊断与维修、工业机器人离线编程与仿真和机器人弧焊三个模块。

本书可作为智能制造专业群学生技能考核评价使用，也是专业群中各专业学生技能训练的指南，还可作为有志于智能制造行业的社会人士进行专业技能学习和训练的指导用书。

本书封面贴有清华大学出版社防伪标签，无标签者不得销售。
版权所有，侵权必究。举报：010-62782989，beiqinquan@tup.tsinghua.edu.cn。

图书在版编目(CIP)数据

智能制造专业群技能考核与题库/谭霖，张秀玲主编. —北京：清华大学出版社，2023.3
高职高专机电系列教材
ISBN 978-7-302-62946-7

Ⅰ.①智… Ⅱ.①谭… ②张… Ⅲ.①智能制造系统—高等职业教育—教学参考资料 Ⅳ.①G61

中国国家版本馆 CIP 数据核字(2023)第 030618 号

责任编辑：陈冬梅　杨作梅
装帧设计：李　坤
责任校对：徐彩虹
责任印制：杨　艳
出版发行：清华大学出版社
　　　　　网　　址：http://www.tup.com.cn，http://www.wqbook.com
　　　　　地　　址：北京清华大学学研大厦 A 座　　邮　编：100084
　　　　　社 总 机：010-83470000　　邮　购：010-62786544
　　　　　投稿与读者服务：010-62776969, c-service@tup.tsinghua.edu.cn
　　　　　质量反馈：010-62772015, zhiliang@tup.tsinghua.edu.cn
　　　　　课件下载：http://www.tup.com.cn, 010-62791865
印 装 者：三河市龙大印装有限公司
经　　销：全国新华书店
开　　本：185mm×260mm　　印　张：18.75　　字　数：450 千字
版　　次：2023 年 3 月第 1 版　　印　次：2023 年 3 月第 1 次印刷
印　　数：1～1500
定　　价：59.00 元

产品编号：092790-01

前　言

　　湖南职教界近年探索建立的学生专业技能考核制度，是加强职业教育质量监管，促进职业院校大面积提升人才培养水平的有益尝试。本书通过智能制造专业群中机电一体化技术、数控技术、智能焊接技术和智能控制技术四个专业进行专业技能考核标准建设和试题库建设，为评估智能制造专业群学生专业技能水平提供了很好的考核标准和依据，也为智能制造专业群建设在教学质量环节进行了有益的补充。

　　本书包括两部分，第一部分是四个专业的技能考核标准(湖南省高职高专院校学生专业技能考核标准)，第二部分是四个专业的试题库。每个专业的技能考核标准分别按专业名称及适用对象、考核目标、考核内容、评价标准和考核方式五个方面进行编写，并结合湖南省教育厅发布的《2019年湖南省高职高专院校学生专业技能考核标准(试行)》文件要求组织内容，保证了编写考核标准的科学性、编写内容的规范性和与各专业人才培养目标的匹配性。试题库则按基础模块、核心模块及拓展模块三部分编写，考虑智能制造专业群，在题库中增加了跨岗位模块。题库中的题目以企业典型工作任务的方式呈现，每题都有可操作性，并体现了专业新知识、新技术、新工艺、新标准等。本书所涉及的标准均为湖南省高职高专院校学生专业技能考核标准(试行)。

　　本书由湖南三一工业职业技术学院谭霖、张秀玲、宁艳梅、欧阳再东、宋金泉等编写，全书由谭霖统稿，由湖南三一工业职业技术学院徐作栋主审。参加本书编写的还有湖南三一工业职业技术学院的郭亮、盛安、吴晓芳、潘心斌等。

　　教材中的错误、疏漏之处，敬请读者批评指正，不胜感谢。

编　者

目　　录

第一部分　智能制造专业群技能考核标准

第一单元　机电一体化技术专业技能考核标准...3
　　一、专业名称及适用对象..3
　　二、考核目标..3
　　三、考核内容..3
　　四、评价标准..7
　　五、考核方式..15

第二单元　数控技术专业技能考核标准...17
　　一、专业名称及适用对象..17
　　二、考核目标..17
　　三、考核内容..17
　　四、评价标准..22
　　五、考核方式..23

第三单元　智能焊接技术专业技能考核标准...25
　　一、专业名称及适用对象..25
　　二、考核目标..25
　　三、考核内容..25
　　四、评价标准..34
　　五、考核方式..36

第四单元　智能控制技术专业技能考核标准...38
　　一、专业名称及适用对象..38
　　二、考核目标..38
　　三、考核模块整体设计...38
　　四、考核内容..39
　　五、考核方式..45

第二部分　智能制造专业群技能考核题库

第五单元　机电一体化技术专业题库...49
　　一、基础模块：机械零件测绘与 CAD 制图......................................49
　　二、核心模块一：液压与气动系统装调...68

三、核心模块二：可编程控制系统技术改造与设计 91

第六单元　数控技术专业题库 110
　　一、基础模块：机械零件三维建模 110
　　二、核心模块一：数控车加工 124
　　三、核心模块二：数控铣加工 160
　　四、拓展模块：多轴数控加工 193

第七单元　智能焊接技术专业题库 194
　　一、基础模块：焊条电弧焊 194
　　二、核心模块一：CO_2气体保护焊 210
　　三、核心模块二：手工钨极氩弧焊 236
　　四、拓展模块：焊接结构生产工艺设计 243

第八单元　智能控制技术专业题库 244
　　一、基础模块：电气线路设计与安装调试 244
　　二、核心模块一：单片机应用系统编程与仿真 260
　　三、核心模块二：工业综合控制系统设计与调试 279

第九单元　跨岗位题库 291

附录　相关法律法规、规范与标准 292

参考文献 293

第一部分
智能制造专业群技能考核标准

本部分根据湖南省教育厅发布的《2019年湖南省高职高专院校学生专业技能考核标准(试行)》文件要求编写,内容包括机电一体化技术专业、数控技术专业、智能焊接技术专业和智能控制技术专业四个技能考核标准。

第一单元　机电一体化技术专业技能考核标准

一、专业名称及适用对象

1. 专业名称

机电一体化技术(专业代码：460301)。

2. 适用对象

高职全日制在籍毕业年级学生。

二、考核目标

本专业技能考核，通过机械零件测绘与 CAD 制图、电气回路故障诊断与维修、液压与气动系统装调、可编程控制系统技术改造与设计及工业机器人离线编程与仿真五个技能考核模块，测试学生机械零件测绘、机电设备故障分析与处理以及可编程控制系统设计与调试等职业岗位能力和安全意识、成本控制、现场 6S(整理、整顿、清扫、清洁、素养、安全)管理、环境保护等职业素养。通过本次考核检验专业实践教学效果，培养适应中国制造 2025 发展需求的机电一体化技术高素质技术技能人才。

三、考核内容

模块一　机械零件测绘与 CAD 制图

本模块聚焦机电产品中机械零件修复工作任务，主要考核学生测绘工具的使用、机械零件图的绘制及使用 AutoCAD 绘制零件图等工作。

1. 机械零件测绘

基本要求：

(1) 遵守测绘操作规范，不可盲目敲打。测绘工具、机械零件要妥善保管，以免丢失、混乱、损坏。

(2) 具备徒手绘制零件草图的能力，能采用正确的表达方式表达机械零件的结构。

(3) 能正确使用测量工具测量机械零件的尺寸，并按照要求标注机械零件的尺寸。

(4) 合理确定机械零件的工艺结构和技术要求。

(5) 能对机械零件在长期使用后造成的磨损和损坏部分给予尺寸、形状的修正。

(6) 能够根据草图，对机械零件的表面粗糙度、尺寸公差、几何公差等进行查对，或重新计算。

(7) 能运用常用绘图工具绘制机械零件的零件图。

(8) 遵循企业基本的 6S 管理要求，进行仪器/工具的定位和归位、工作台面的清洁，并及时清扫杂物。具备耐心细致的工作作风和严肃认真的工作态度。

2．CAD 制图

基本要求：

(1) 熟悉 AutoCAD 软件的启动、用户界面、命令输入及文件操作等。

(2) 能够合理使用"草图绘制"的各项辅助绘图功能、掌握 AutoCAD 绘图环境设置。

(3) 能够正确使用 AutoCAD 图块及属性的定义并能将其插入图形中。

(4) 能够熟练使用图纸幅面、图线、字体、比例等机械制图国家标准，正确合理地输入文字、标注尺寸。

(5) 能够熟练掌握 AutoCAD 画剖视图的方法和过程，掌握 AutoCAD 的基本绘图命令、二维图形标注等。

(6) 遵循企业基本的 6S 管理要求，具备耐心细致的工作作风和严肃认真的工作态度。

模块二　电气回路故障诊断与维修

本模块聚焦普通机床故障诊断与排除工作任务，主要考核学生电气原理图识读、常用电工仪器仪表和工具使用、电气控制回路故障排查等基本技能，完成普通机床故障诊断与排除等工作。

基本要求：

(1) 能够正确识读电气回路原理图和接线图。

(2) 能正确分析机床电气回路的工作原理。

(3) 能根据机床的异常动作情况观察并记录其故障现象。

(4) 能结合原理图及故障现象，分析故障可能发生的最小范围。

(5) 能采用正确的故障查找方法，会正确使用常用电工仪器仪表，找出机床电路的故障点。

(6) 能采用正确的电气故障修复方法，排除故障使机床恢复正常。

(7) 能严格遵循机床电气维修操作规范，如检修前要先切断检修的线路和设备电源，并用试电笔进行验电后才可进行检修。试车前应采取安全措施，认真检查设备是否安全，试车时，应注意观察电机转向、声音是否正常等。

(8) 遵循企业基本的 6S 管理要求，进行仪器/工具的定位和归位，工作台面的清洁，并及时清扫杂物等。

模块三　液压与气动系统装调

本模块聚焦液压(气动)系统装调工作任务，主要考核学生识读液压(气动)系统原理图、选择液压(气动)元件、合理布局液压(气动)元件、正确连接液压(气动)管路、调试液压(气动)

系统等技能，完成指定液压(气动)回路装调工作。

1. 液压系统装调

基本要求：

(1) 能正确识读液压控制回路的原理图，包括液压回路原理图和电气控制回路原理图。

(2) 能正确分析液压控制回路的工作特点、动作循环和性能要求。

(3) 能正确选择原理图所包含的液压元件，包括各种控制阀以及液压缸。

(4) 能在安装面板上合理布局并固定液压元件。

(5) 能根据给定的液压控制回路原理图，正确安装液压回路及电气控制回路。

(6) 能正确调整系统压力，并试车。

(7) 若有故障，能根据系统要求正确找到故障并排除。

(8) 能严格遵守机电设备安装、测试工作规范，如避免在液压回路工作期间软管急剧折曲和拉近等。对电路的连接和故障排查操作符合电气设备安全操作规范。

(9) 遵循企业基本的 6S 管理要求，具备耐心细致的工作作风和严肃认真的工作态度及质量意识和环保意识。

2. 气动系统装调

基本要求：

(1) 能正确识读气压控制回路的原理图，包括气压回路原理图和电气控制回路原理图。

(2) 能正确分析气压控制回路的工作特点、动作循环和性能要求。

(3) 能正确选择原理图所包含的气压元件，包括各种控制阀以及气压缸。

(4) 能在安装面板上合理布局并固定气压元件。

(5) 能根据给定的气压控制回路原理图，正确安装气压回路及电气控制回路。

(6) 能正确调整系统压力，并试车。

(7) 若有故障，能根据系统要求正确找到故障并排除。

(8) 能严格遵守机电设备安装、测试工作规范，如避免在气压回路工作期间软管急剧折曲和拉近等。对电路的连接和故障排查操作符合电气设备安全操作规范。

(9) 遵循企业基本的 6S 管理要求，具备耐心细致的工作作风和严肃认真的工作态度及质量意识和环保意识。

模块四　可编程控制系统技术改造与设计

本模块聚焦可编程控制系统技术改造与设计工作任务，主要考核学生能否正确识读电气原理图、正确使用常用电工仪器仪表和工具、正确连接 PLC 外部导线、编写与调试 PLC 程序等技能，完成可编程控制系统技术改造与设计。

1. 可编程控制系统技术改造

基本要求：

(1) 能正确识读电气控制线路原理图、气压回路原理图、液压回路原理图，并正确分析各回路的控制功能。

(2) 能根据控制要求正确选用PLC。

(3) 能根据控制要求完成I/O地址分配表。

(4) 能根据控制要求完成控制系统电气原理图绘制。

(5) 能根据系统电气原理图完成系统接线。

(6) 能根据控制要求完成控制程序编写。

(7) 能使用编程工具完成程序编辑、下载。

(8) 能根据控制要求完成系统调试工作。

(9) 能严格遵守维修电工操作规范。操作前必须穿戴好绝缘鞋、长袖工作服并扣紧袖口，操作中必须严格执行操作规程。严禁在未关闭电源开关的情况下用手触摸电器线路或带电进行线路连接或改接；不得随意拔插通信电缆。

(10) 遵循企业基本的6S管理要求，进行仪器/工具的定位和归位，工作台面的清洁，并及时清扫杂物等。

2．可编程控制系统设计

基本要求：

(1) 能正确分析控制系统的控制要求。

(2) 能根据控制要求正确选用PLC。

(3) 能根据控制要求完成I/O地址分配表。

(4) 能根据控制要求完成控制系统电气原理图绘制。

(5) 能根据系统电气原理图完成系统接线。

(6) 能根据控制要求完成控制程序编写。

(7) 能使用编程工具完成程序编译、下载。

(8) 能按照控制要求完成系统调试工作。

(9) 能严格遵守维修电工操作规范。操作前必须穿戴好绝缘鞋、长袖工作服并扣紧袖口，操作中必须严格执行操作规程。严禁在未关闭电源开关的情况下用手触摸电器线路或带电进行线路连接或改接；不得随意拔插通信电缆。

(10) 遵循企业基本的6S管理要求，进行仪器/工具的定位和归位、工作台面的清洁，并及时清扫杂物等。

模块五　工业机器人离线编程与仿真

本模块聚焦工业机器人编程与调试工作任务，主要考核学生识读基本焊接对象、切割对象的零件图，搬运过程的示意图，建立工具坐标和工件坐标，工业机器人编程调试与仿真操作等技能，完成工业机器人的编程与调试。

基本要求：

(1) 会识读基本焊接对象、切割对象零件图和搬运工作过程的示意图。

(2) 会估算工业机器人的安全操作范围；调试过程中应综合考虑工业机器人在运行过程中的工作范围。

(3) 能在软件中建立简单模型，会导入已有的三维模型，并合理摆放。

(4) 能配置好机器人的基本 I/O 功能。

(5) 能对机器人的周边设备和模型进行设置。

(6) 能为机器人选取合适的工具。

(7) 会为工业机器人配置合理的工具坐标和工件坐标，必要时能够配置载荷数据，并在轨迹生成中使用。

(8) 能根据题目要求，规划合理运行路径和运行轨迹，并生成能实现功能的轨迹。

(9) 轨迹生成过程中应正确设置机器人工具的姿态；对运行过程中的过渡点设置合理的转角半径。

(10) 能为机器人各段运行轨迹选择合适的移动指令，为机器人配置合理的移动速度。

(11) 能为机器人运行轨迹设置合理的过渡点。

(12) 在机器人完成全部工作流程后，应回到"HOME"点。

(13) 在编程与调试过程中能随时保存工程至指定文件夹中。

(14) 能根据题目要求，对工业机器人在运行、调试过程中，发生碰撞、超程等故障现象进行排除，操作过程需符合《工业机器人安全实施规范》(GB/T 20867—2007)的要求。

(15) 能遵循企业基本的 6S 管理要求，如进行仪器/工具的定置和归位、工作台面的清洁，并及时清扫杂物等。

四、评价标准

1. 评价方式

本专业技能考核采取过程考核与结果考核相结合，技能考核与职业素养考核相结合。各考核项目的评价包括操作规范与职业素养、作品两个方面，总分为 100 分。其中，操作规范与职业素养占该项目总分的 20%，作品质量占该项目总分的 80%。

2. 技能评价要点

每个考核项目都有相应的技能要求，这些要求不尽相同，但每个模块各项目中的考试题目工作量和难易程度应基本相同。各模块和项目的技能评价要点如表 1-1-1 所示。

表 1-1-1 机电一体化技术专业技能考核评价要点

序号	类型	模块	项目	评价内容	评价要点
1	专业基本技能	机械零件测绘与CAD制图	机械零件测绘	操作规范与职业素养	(1)清点测量工具、绘图工具、绘图纸并摆放整齐。 (2)操作过程中及任务完成后，保持工具、工件等摆放整齐。 (3)操作过程中无不文明行为、具有良好的职业操守，独立完成考核内容，合理解决突发事件。 (4)具有安全意识，操作符合规范要求。 (5)任务完成后清理、清扫工作现场

续表

序号	类型	模块	项目	评价内容	评价要点
1	专业基本技能	机械零件测绘与CAD制图	机械零件测绘	作品	(1)目测零件大小，选择合理比例徒手绘制零件草图。 (2)测量零件尺寸，并在草图上标注尺寸。 (3)确定零件表面粗糙度、尺寸公差、几何公差等技术要求等，并在草图中进行标注。 (4)合理选择一零件图使用AutoCAD绘图软件表达零件形状。 (5)图面整洁、布局合理。 (6)零件的尺寸标注正确、完整、清晰、合理。 (7)零件的技术要求符合国家标准；正确填写标题栏。 (8)图线、文字、尺寸标注符合国家标准
				操作规范与职业素养	(1)清点测量工具、绘图工具、绘图纸并摆放整齐。 (2)操作过程中及任务完成后，保持工具、工件等摆放整齐。 (3)操作过程中无不文明行为、具有良好的职业操守，独立完成考核内容，合理解决突发事件。 (4)具有安全意识，操作符合规范要求。 (5)任务完成后清理、清扫工作现场
			CAD制图	作品	(1)能够正确绘制点、线、圆、圆弧、多段线等基本图形元素。 (2)能够正确绘制和编辑字符、符号等图形元素。 (3)能正确编辑复杂图形，如插入块、填充图案及输入复杂文本等。 (4)能根据要求合理设置图形元素的颜色、线型、图层等属性。 (5)合理使用绘图界限、单位制、栅格、捕捉及正交等辅助功能。 (6)图面整洁、布局合理。 (7)零件的尺寸标注正确、完整、清晰、合理。 (8)零件的技术要求符合国家标准；正确填写标题栏
2	专业基本技能	电气回路故障诊断与维修	普通机床故障诊断与排除	操作规范与职业素养	(1)清点仪表、工具并摆放整齐，穿戴好劳动防护用品。 (2)操作过程中及任务完成后，保持工具、仪表等摆放整齐。 (3)操作过程中无不文明行为、具有良好的职业操守，独立完成考核内容，合理解决突发事件。 (4)具有安全意识，操作符合规范要求。 (5)任务完成后清理、清扫工作现场
				作品	(1)操作设备，对故障现象进行调查研究。 (2)分析产生故障可能的原因，划定最小故障范围。 (3)正确使用工具或仪表，选择正确的故障检修方法查找故障。 (4)找到故障现象对应的故障点，并排除故障

续表

序号	类型	模块	项目	评价内容	评价要点
3	专业核心技能	液压与气动系统装调	液压系统装调	操作规范与职业素养	(1)穿戴好劳动防护用品。 (2)操作前，清点仪表、工具数量；操作过程中，轻拿轻放工具、仪表、元器件、设备等；任务完成后，清点核对仪表、工具数量，并摆放整齐。 (3)操作过程中无不文明行为、具有良好的职业操守，独立完成考核内容，合理解决突发事件。 (4)具有安全意识，操作符合规范要求。 (5)任务完成后清理、清扫工作现场
				作品	(1)正确地安装液压元件和电气元件；元件安装要紧固，位置合适，元件连接规范、美观。 (2)正确连接液压回路和电气控制线路。 (3)检查油压输出并调整；检查电源输出并单独检查电路；上述两步骤完成后对系统进行电路油路联调。 (4)系统功能完整、正确
			气动系统装调	操作规范与职业素养	(1)穿戴好劳动防护用品。 (2)操作前，清点仪表、工具数量；操作过程中，轻拿轻放工具、仪表、元器件、设备等；任务完成后，清点核对仪表、工具数量，并摆放整齐。 (3)操作过程中无不文明行为、具有良好的职业操守，独立完成考核内容，合理解决突发事件。 (4)具有安全意识，操作符合规范要求。 (5)任务完成后清理、清扫工作现场
				作品	(1)正确地安装气压元件和电气元件；元件安装要紧固，位置合适，元件连接规范、美观。 (2)正确连接气动回路和电气控制线路。 (3)检查气压输出并调整；单独检查气路和线路。上述两步骤完成后对系统进行电路气路联调。 (4)系统功能完整、正确
4	专业核心技能	可编程控制系统技术改造与设计	可编程控制系统技术改造	操作规范与职业素养	(1)清点仪表、电工工具，并摆放整齐，穿戴好劳动防护用品。 (2)操作过程中及任务完成后，保持工具、仪表摆放整齐。 (3)操作过程中无不文明行为、具有良好的职业操守，独立完成考核内容，合理解决突发事件。 (4)具有安全意识，操作符合规范要求

续表

序号	类型	模块	项目	评价内容	评价要点
4	专业核心技能	可编程控制系统技术改造与设计	可编程控制系统技术改造	作品	(1)能正确分析控制线路功能。 (2)能正确完成 I/O 地址分配表。 (3)能正确绘制技术改造后的控制系统电气原理图。 (4)按控制系统电气线路原理图在 PLC 实训台上正确接线,操作规范。 (5)根据系统要求,完成控制程序设计;程序编写正确、规范。 (6)正确使用软件,下载 PLC 程序。 (7)能根据控制要求,准确完成系统的调试及演示
				操作规范与职业素养	(1)清点仪表、电工工具,并摆放整齐。穿戴好劳动防护用品。 (2)操作过程中及任务完成后,保持工具、仪表等摆放整齐。 (3)操作过程中无不文明行为,具有良好的职业操守,独立完成考核内容,合理解决突发事件。 (4)具有安全意识,操作符合规范要求
			可编程控制系统设计	作品	(1)能正确分析控制线路功能。 (2)能正确完成 I/O 地址分配表。 (3)能正确绘制控制系统电气原理图。 (4)按控制系统电气线路原理图在 PLC 实训台上正确接线,操作规范。 (5)根据系统要求,完成控制程序设计;程序编写正确、规范。 (6)正确使用软件,下载 PLC 程序。 (7)能根据控制要求,准确完成系统的调试及功能演示
5	专业核心技能	工业机器人离线编程与仿真	工业机器人离线编程与仿真	操作规范与职业素养	(1)清点仪表、电工工具,并摆放整齐。穿戴好劳动防护工具。 (2)操作过程中及任务完成后,保持工具、仪表、设备等摆放整齐。 (3)操作过程中无不文明行为,具有良好的职业操守,独立完成考核内容,合理解决突发事件。 (4)具有安全意识,操作符合规范要求
				作品	(1)配置机器人的外部 I/O 单元功能。 (2)创建工具数据、工件坐标系、负载数据。 (3)能正确分析机器人的动作,确定安全范围。 (4)按要求完成机器人运行的起始点设置,在注意安全运行的前提下,按要求完成指定轨迹运动程序的编辑与调试。 (5)根据任务要求,按照示教器的轨迹规划,创建机器人工作环境,对轨迹进行设计、优化及后置处理。 (6)能根据功能要求,准确完成系统的调试及功能演示

3. 评价标准

机械零件测绘各项目评价标准分别如表 1-1-2 至表 1-1-9 所示。

表 1-1-2　机械零件测绘项目评价标准

评价内容		配分	考核点	备注
操作规范与职业素养(20分)	工作前准备	10	清点仪表、工具并摆放整齐,穿戴好劳动防护用品	出现明显失误造成安全事故,严重违反考场纪律造成恶劣影响的,本次测试记 0 分
	6S 规范	10	(1)操作过程中及任务完成后,保持工具、工件等摆放整齐。 (2)操作过程中无不文明行为,具有良好的职业操守,独立完成考核内容,合理解决突发事件。 (3)具有安全意识,操作符合规范要求。 (4)任务完成后清理、清扫工作现场	
作品(80分)	绘制测绘零件的草图	35	(1)目测零件大小,选择合理比例徒手绘制零件草图。 (2)选择合理的视图表达零件形状结构。 (3)测量零件尺寸,并在草图上标注尺寸。 (4)确定零件表面粗糙度、尺寸公差、几何公差等技术要求,并在草图中进行标注	
	绘制测绘零件的零件图	30	(1)表达零件形状的一组视图选择合理。 (2)零件的尺寸标注正确、完整、清晰、合理。 (3)零件的技术要求确定符合国家标准,正确填写标题栏	
	图纸外观	15	(1)图面整洁,布局合理。 (2)图线、文字、尺寸标注符合国家标准	

表 1-1-3　CAD 制图项目评价标准

评价内容		配分	考核点	备注
操作规范与职业素养(20分)	工作前准备	10	清点仪表、工具摆放整齐,穿戴好劳动防护用品	出现明显失误造成安全事故,严重违反考场纪律造成恶劣影响的,本次测试记 0 分
	6S 规范	10	(1)操作过程中及任务完成后,保持工具、工件等摆放整齐。 (2)操作过程中无不文明行为,具有良好的职业操守,独立完成考核内容,合理解决突发事件。 (3)具有安全意识,操作符合规范要求。 (4)任务完成后清理、清扫工作现场	

续表

评价内容		配分	考 核 点	备 注
作品 (80分)	AutoCAD的基本设置与操作	15	(1)熟悉AutoCAD绘图界面及系统启动、关闭、文件存储等操作，了解该软件的基本功能，掌握命令的输入方法。 (2)正确设置绘图环境，如绘图单位和绘图界限等。 (3)熟练掌握图层的操作，能够创建和设置图层的颜色、线型、线宽和状态	出现明显失误造成安全事故，严重违反考场纪律造成恶劣影响的，本次测试记0分
	零件图的绘制与编辑	50	(1)正确使用直线段、圆、矩形、正多边形、圆弧等基本平面图形的绘制方法，能够绘制复杂的平面图形。 (2)正确使用镜像、修剪、偏移、旋转、缩放等命令操作。 (3)合理使用正交、捕捉、栅格等辅助工具。 (4)正确使用设置文字的方法，能够设置符合国家标准的文字样式。 (5)正确创建与设置尺寸标准样式的方法，能按要求标注尺寸与公差。 (6)正确使用块定义、块插入、块属性等功能	
	图纸外观	15	(1)图面整洁，布局合理。 (2)图线、文字、尺寸标注符合国家标准	

表1-1-4　电气回路故障诊断与维修项目评价标准

评价内容		配分	考 核 点	备 注
操作规范与职业素养(20分)	工作前准备	10	清点仪表、工具并摆放整齐，穿戴好劳动防护用品	出现明显失误造成安全事故，严重违反考场纪律造成恶劣影响的，本次测试记0分
	6S规范	10	(1)操作过程中及任务完成后，保持工具、工件等摆放整齐。 (2)操作过程中无不文明行为、具有良好的职业操守，独立完成考核内容，合理解决突发事件。 (3)具有安全意识，操作符合规范要求。 (4)任务完成后清理、清扫工作现场	
作品 (80分)	调查研究	10	操作设备，对故障现象进行调查研究	
	故障分析	15	分析产生故障可能的原因，划定最小故障范围	
	故障查找	15	正确使用工具和仪表，选择正确的故障检修方法，找到故障现象对应的故障点	
	故障排除	40	在规定时间内找出故障点并排除故障	

表 1-1-5　液压系统装调项目评价标准

评价内容		配分	考核点	备注
操作规范与职业素养(20分)	工作前准备	10	清点仪表、工具并摆放整齐，穿戴好劳动防护用品	出现明显失误造成安全事故，严重违反考场纪律造成恶劣影响的，本次测试记0分
	6S 规范	10	(1)操作过程中及任务完成后，保持工具、工件等摆放整齐。 (2)操作过程中无不文明行为、具有良好的职业操守，独立完成考核内容，合理解决突发事件。 (3)具有安全意识，操作符合规范要求。 (4)任务完成后清理、清扫工作现场	
作品(80分)	元器件选择	10	(1)按图示要求，正确地安装气压元件和电气元件。 (2)元件安装要紧固，位置合适，元件连接规范、美观	
	系统连接	20	按要求正确连接液压回路和电气控制回路	
	调试	20	(1)检查油压输出并调整。 (2)检查电源输出并单独检查控制线路。 (3)上述两个步骤完成后对系统进行电路油路联调	
	功能	30	系统功能完整	

表 1-1-6　气动系统装调项目评价标准

评价内容		配分	考核点	备注
操作规范与职业素养(20分)	工作前准备	10	清点仪表、工具并摆放整齐，穿戴好劳动防护用品	出现明显失误造成安全事故，严重违反考场纪律造成恶劣影响的，本次测试记0分
	6S 规范	10	(1)操作过程中及任务完成后，保持工具、工件等摆放整齐。 (2)操作过程中无不文明行为、具有良好的职业操守，独立完成考核内容，合理解决突发事件。 (3)具有安全意识，操作符合规范要求。 (4)任务完成后清理、清扫工作现场	
作品(80分)	元器件选择	10	(1)按图示要求，正确地安装气压元件和电气元件。 (2)元件安装要紧固，位置合适，元件连接规范、美观	
	系统连接	20	按要求正确连接气压回路和电气控制回路	
	调试	20	(1)检查气压输出并调整，单独检查气路。 (2)检查电源输出并单独检查控制线路。 (3)上述两个步骤完成后对系统进行电路气路联调	
	功能	30	系统功能完整	

表 1-1-7　可编程控制系统技术改造项目评价标准

评价内容		配分	考核点	备注
操作规范与职业素养(20 分)	工作前准备	10	清点仪表、工具并摆放整齐，穿戴好劳动防护用品	出现明显失误造成安全事故，严重违反考场纪律造成恶劣影响的，本次测试记 0 分
	6S 规范	10	(1)操作过程中及任务完成后，保持工具、工件等摆放整齐。 (2)操作过程中无不文明行为，具有良好的职业操守，独立完成考核内容，合理解决突发事件。 (3)具有安全意识，操作符合规范要求。 (4)任务完成后清理、清扫工作现场	
作品(80 分)	功能分析	10	能正确分析控制要求	
	I/O 分配表	10	能正确完成 I/O 分配表	
	控制系统电气原理图	10	正确绘制技术改造后的控制系统电气原理图	
	系统安装与接线	15	正确、规范地完成控制系统接线	
	系统程序设计	20	根据系统要求，正确、规范编写 PLC 程序	
	功能实现	15	根据控制的要求，准确完成系统的调试及演示	

表 1-1-8　可编程控制系统设计项目评价标准

评价内容		配分	考核点	备注
操作规范与职业素养(20 分)	工作前准备	10	清点仪表、工具并摆放整齐，穿戴好劳动防护用品	出现明显失误造成安全事故，严重违反考场纪律造成恶劣影响的，本次测试记 0 分
	6S 规范	10	(1)操作过程中及任务完成后，保持工具、工件等摆放整齐。 (2)操作过程中无不文明行为，具有良好职业操守，独立完成考核内容，合理解决突发事件。 (3)具有安全意识，操作符合规范要求。 (4)任务完成后清理、清扫工作现场	
作品(80 分)	功能分析	10	能正确分析控制要求	
	I/O 分配表	10	能正确完成 I/O 分配表	
	控制系统电气原理图	10	正确绘制控制系统电气原理图	
	系统安装与接线	15	正确、规范地完成控制系统接线	
	系统程序设计	20	根据系统要求，正确、规范编写 PLC 程序	
	功能实现	15	根据控制的要求，准确完成系统的调试及演示	

表 1-1-9　工业机器人离线编程与仿真项目评价标准

评价内容		配分	考核点	备注
操作规范与职业素养(20分)	6S 规范	10	(1)操作过程中无不文明行为、具有良好的职业操守，独立完成考核内容，合理解决突发事件。(2)作业完成后清理、清扫工作现场	出现明显失误造成安全事故，严重违反考场纪律造成恶劣影响的，本次测试记 0 分
	机器人安全操作规范	10	具有安全意识，正确使用工具仪表，操作符合规范要求，避免人身伤害和损害设备	
作品(80分)	完成机器人工具和工件的导入和配置	10	导入工具、工件并摆放至合适位置	
	配置 I/O 单元、信号	5	配置机器人的外部 I/O 单元功能	
	创建机器人基本数据	10	创建工具数据、工件坐标系、负载数据	
	机器人运行轨迹分析	5	能正确分析机器人的动作，确定安全范围	
	任务轨迹的离线编程操作	30	根据任务要求，按照工作任务轨迹规划，创建机器人工作环境，对轨迹进行设计、优化及后置处理	
	功能演示	20	功能调试及演示	

五、考核方式

本专业技能考核为现场操作考核，成绩评定采用过程考核与结果考核相结合的方式。考核方式具体如下。

1. 测试内容

测试模块包括专业基本技能部分："机械零件测绘与 CAD 制图""电气回路故障诊断与维修"两个模块；专业核心技能部分："液压与气动系统装调""可编程控制系统技术改造与设计""工业机器人离线编程与仿真"三个模块。

2. 学生参考模块分配方式

学生按规定比例随机抽取参考模块，其中 50%的考生参考专业基本技能部分(其中 25%的考生参考专业基本技能模块一，25%的考生参考专业基本技能模块二)，50%的考生参考专业核心技能部分。各部分考生人数按四舍五入计算。

3. 抽签方式

(1) 测试项目和试题确定方式：采取"2+1"的选考方式。专业基本技能部分的两个模块为必考模块，专业核心技能部分的三个模块由测评专家随机抽取其中一个模块作为测试模块。若一个模块中包含两个项目，由测评专家抽取其中一个项目作为测试项目。考核前一周，测评专家从确定的三个测试项目中抽取 50%的试题作为测试试题，测试试题在组考方案中公布。

(2) 工位号确定方式：考生工位号采用随机抽签的方式确定，每名参加考核的学生根据自己所抽到的考场号由工作人员带领准时到达检录室，由检录人员核实学生身份，再由考生抽签确定工位号，并由考生签字确认，考生必须严格按照工位号入座。每个工位号的试题由省派工作组随机抽取后在考核前统一派发到工位。

4．技能考核设备

技能考核五个模块所涉及的设备型号及数量如表 1-1-10 所示。

表 1-1-10　技能考核设备

测试模块	设备数量/台	设备型号
机械零件测绘与 CAD 制图	50	机房云计算机
电气回路故障诊断与维修	4	M7120 平面磨床故障诊断与检修实训台
	4	Z3050 摇臂钻床故障诊断与检修实训台
	4	X62W 万能铣床故障诊断与检修实训台
	4	T68 镗床故障诊断与检修实训台
液压与气动系统装调	5	TY—PQD—1A 气动与 PLC 实训装置
	5	THSYC—1A 液压传动与 PLC 实训装置
可编程控制系统技术改造与设计	25	天煌 THPFSM—1/2 型 PLC 教学实验台
工业机器人离线编程与仿真	50	机房云计算机

第二单元　数控技术专业技能考核标准

一、专业名称及适用对象

1．专业名称

数控技术(专业代码：460103)。

2．适用对象

高职全日制在籍毕业年级学生。

二、考核目标

(1) 促进高职教育紧贴产业需求培养企业急需的高技能人才，促进校企合作的深入开展，促进专业社会服务能力的提升，促进数控专业学生的个性化发展。

(2) 促进数控技术专业的教育教学改革，加强"双师型"教师队伍、实习实训条件、教学资源等基本教学条件建设。促进高职数控技术专业课程建设，主动适应高端装备制造业转型升级要求，满足数字化、网络化、智能化、绿色制造需要，培养学生的创新创业能力。

(3) 考核学生掌握和运用数控技术加工机械零件的熟练程度，以及运用数字化、信息化虚拟技术解决机械零件加工问题的能力。检验学生的机械图样识读，刀具、工装选择和调整，量具的选择和使用，工艺文件与机械零件三维建模等专业基本技能，数控程序编制、数控车床与数控铣床操作等岗位核心技能，多轴数控加工等加工技术发展方向的跨岗位专业技能，展示高职数控技术专业学生综合技术水平。

三、考核内容

模块一　机械零件三维建模

本模块主要考核学生应用三维设计软件进行零件建模的能力。学生根据给定的零件图，运用三维设计软件，通过合适零件的摆放、合理的图层设置，灵活运用基准绘制草图，并运用三维软件的各类特征建模完成零件三维造型。

基本要求：

1．零件图的识读

(1) 了解零件的名称和用途。

(2) 能弄清零件各组成部分的几何形状和结构特点。

(3) 能弄清零件各部分的定形尺寸和各部分之间的定位尺寸。
(4) 熟悉零件的各项技术要求。

2．机械零件造型

(1) 能熟练运用草图绘制工具和草图编辑工具绘制草图。
(2) 能熟练创建各种参考基准面和基准轴。
(3) 能正确添加尺寸约束及几何关系约束。
(4) 能准确分析零件的形状及结构特征，能灵活运用各种特征建立零件的三维模型。

3．职业素养

(1) 符合企业基本的 6S 管理要求。
(2) 能保持工作现场的整洁，具备成本意识和安全用电常识。
(3) 符合企业基本质量常识和管理要求。
(4) 能按规程操作和保养相关设备，养成良好的规范操作习惯。
(5) 具备基本的社会责任，养成基本的环境保护意识。

模块二　数控车加工

要求学生能合理制定回转体零件加工工艺，编制机械加工工艺文件和高效的数控加工程序；能正确选择和使用工、量、夹具，规范操作仿真加工软件或数控车床加工零件并控制零件加工精度，能使用量具对零件进行自检。

基本要求：

1．零件加工工艺的规划

(1) 能正确识读零件图。
(2) 能对给定的零件图进行图形分析、结构分析、加工工艺的分析。
(3) 能根据零件表面形状及加工要求，选择合理的加工方法。
(4) 能制定合理的零件加工工艺。
(5) 能合理分配工序内容，并规划合适的加工路线。
(6) 能正确绘制工序图。

2．数控车床通用夹具的选择

(1) 能根据零件结构特点和加工要求选择合适的夹具。
(2) 能正确使用所选择的夹具。
(3) 能正确对给定零件进行定位及夹紧。

3．数控车削刀具的选择

(1) 能根据零件材料、结构特征、加工精度、工作效率等因素选择合适的加工刀具。
(2) 能刃磨常用刀具(如切断刀、钻头等)。
(3) 能为选定的刀具选择合适的刀具几何参数。
(4) 能根据机床特性、零件材料、零件结构特征、加工精度、工作效率等因素确定合理的切削用量。

 (5) 能正确组装常用车削刀具。
 (6) 能正确安装和调整各种形式的车刀刀具。
 (7) 能利用数控车床的功能，借助通用量具或其他方法确定车刀刀尖的半径及补偿。

 4．数控车削程序的编制

 (1) 能编制由直线、圆弧构成的内、外轮廓的数控车削的加工程序。
 (2) 能编制切槽、螺纹数控车削加工程序。

 5．数控车床的操作与零件加工

 (1) 能按照操作规程安全操作数控车床。
 (2) 能通过各种途径(如操作面板、DNC、网络等)输入加工程序。
 (3) 能正确编辑加工程序，并能运用数控车床提供的程序检验功能(如图形检验等)，在加工前对数控程序进行安全检验。
 (4) 能运用试切等方法或工具进行对刀。
 (5) 能合理设置数控加工所需的相关参数。
 (6) 能合理利用数控机床提供的功能对零件加工质量进行监控。
 (7) 能处理加工过程中出现的意外或紧急情况。

 6．零件加工精度的控制

 (1) 能设置数控机床相关参数控制零件的加工精度。
 (2) 加工尺寸公差等级最高能达到 IT7～IT8 级。
 (3) 加工几何公差等级最高能达到 IT7～IT8 级。
 (4) 加工零件表面粗糙度最高能达到 $Ra3.2\mu m$。

 7．量具的合理选择及零件精度的检测

 (1) 能根据零件结构特征选择合适的测量工具。
 (2) 能正确使用游标卡尺、外径千分尺、内径量表、R 规、螺纹量规等通用量具。
 (3) 能使用表面粗糙度比较样块，通过比较法检查机械零件加工后的表面粗糙度。
 (4) 能使用常用量具对零件进行检测，并记录检测结果。

 8．职业素养

 (1) 符合企业基本的 6S 管理要求。
 (2) 能保持工作现场的整洁，具备成本意识和安全用电常识。
 (3) 符合企业基本质量常识和管理要求。
 (4) 能按规程操作和保养相关设备，养成良好的规范操作习惯。
 (5) 具备基本的社会责任，养成基本的环境保护意识。

模块三　数控铣加工

要求学生能合理制定零件加工工艺，编制机械加工工艺文件和高效的数控加工程序；

能正确选择和使用工、量、夹具，规范操作仿真加工软件或数控铣床加工零件并控制零件加工精度，能使用量具对零件进行自检。

基本要求：

1. **零件加工工艺的规划**

   (1) 正确识读零件图。
   (2) 能对给定的零件图进行图形分析、结构分析、加工工艺分析等。
   (3) 能根据零件表面形状及加工要求，选择合理的加工方法。
   (4) 能制定合理的零件加工工艺。
   (5) 能合理分配工序内容，并规划合适的加工路线。
   (6) 能正确绘制工序图。

2. **数控铣床通用夹具的选择**

   (1) 能根据零件结构特点和加工要求选择合适的夹具。
   (2) 能正确使用所选择的夹具。
   (3) 能正确对给定零件进行定位及安全可靠地夹紧。

3. **数控铣削刀具的选择**

   (1) 能根据零件材料、结构特征、加工精度、工作效率等因素选择合适的加工刀具。
   (2) 能安全正确地对钻头进行刃磨。
   (3) 能根据机床特性、零件材料、零件结构特征、加工精度、工作效率等因素确定合理的切削用量。
   (4) 能正确组装常用铣削刀具及刀柄。
   (5) 能正确安装和调整各种形式的铣削刀具。
   (6) 能利用数控铣床(加工中心)的功能，借助通用量具或其他简单方法确定刀具的半径及补偿。

4. **数控铣削程序的编制**

   (1) 能编制由直线、圆弧构成的内、外轮廓的数控铣削的加工程序。
   (2) 能运用固定循环手工编制钻孔数控加工程序。

5. **数控铣床的操作与零件加工**

   (1) 能按照操作规程安全操作数控铣床(加工中心)。
   (2) 能通过各种途径(如操作面板、DNC、网络等)输入加工程序。
   (3) 能运用数控铣床提供的程序检验功能，在加工前对数控程序进行安全检验，并能简单编辑加工程序。
   (4) 能运用试切法、寻边器或心轴等方法或工具进行对刀。
   (5) 能合理设置数控加工所需的相关参数。
   (6) 能合理利用数控机床提供的功能对零件加工质量进行监控。
   (7) 能处理加工过程中出现的意外或紧急情况。

6．零件加工精度的控制

(1) 能设置数控机床相关参数控制零件的加工精度。
(2) 加工尺寸公差等级最高能达到 IT7～IT8 级。
(3) 加工几何公差等级最高能达到 IT7～IT8 级。
(4) 加工零件表面粗糙度最高能达到 $Ra3.2\mu m$。

7．量具的合理选择及零件精度的检测

(1) 能根据零件结构特征选择合适的测量工具。
(2) 能正确使用游标卡尺、千分尺、内径量表、R 规、深度千分尺等通用量具。
(3) 能使用表面粗糙度比较样块，通过比较法检查机械零件加工后的表面粗糙度。
(4) 能使用常用量具对零件进行检测，并记录检测结果。

8．职业素养

(1) 符合企业基本的 6S 管理要求。
(2) 能保持工作现场的整洁，具备成本意识和安全用电常识。
(3) 符合企业基本质量要求和管理要求。
(4) 能按规程操作和保养相关设备，养成良好的规范操作习惯。
(5) 具备基本的社会责任，养成基本的环境保护意识。

模块四　多轴数控加工

要求学生能完成多轴零件建模，并能合理制定零件加工工艺，编制机械加工工艺文件和高效的数控加工程序；能正确选择和使用工、量、夹具，规范操作仿真加工软件完成多轴零件的加工。

基本要求：

1．技能要求

(1) 能正确识读给定的工程图。
(2) 能对给定的工程图进行图形分析、结构分析和曲面分析。
(3) 能根据给定的工程图，进行三维数据建模。

2．数控编程

(1) 能根据零件特点，选择合适的毛坯规格、机床类型。
(2) 能根据工件的结构特点进行工艺设计。
(3) 能运用 CAD/CAM 软件进行四轴、五轴编程，生成刀具路径。
(4) 能根据数控系统进行后置处理，生成合适的加工程序。
(5) 能完成模拟加工。

3．职业素养

(1) 符合企业基本的 6S(整理、整顿、清扫、清洁、修养、安全)管理要求。
(2) 能按要求进行机房物件的定置和归位，计算机工作台面保持清洁，有安全用电意识。
(3) 符合数控编程员的基本素养要求，体现良好的工作习惯，能严格按照规范操作。

四、评价标准

1. 评价方式

本专业技能考核采取过程考核与结果考核相结合，技能考核与职业素养考核相结合的方式，根据考生操作的规范性、熟练程度和用时量等因素评价过程成绩，根据产品质量、测量结果的准确度、工艺文档质量等因素评价结果成绩。

2. 分值分配

本专业技能考核满分 100 分，其中产品质量占 80 分，职业素养占 20 分。

3. 技能评价要点

各模块都是考核学生对数控技术专业必须掌握的不同技能和要求。虽然不同模块的技能侧重点不同，但完成的任务工作量基本相同，各模块和项目的技能评价要点如下。

（1）机械零件三维建模技能评价要点如表 1-2-1 所示。

表 1-2-1　机械零件三维建模评价要点

评价内容	配分	考 核 点
产品质量 （80 分）	15	坐标摆放、基准设置等
	10	草绘约束的设置
	30	表面轮廓主体特征
	15	孔槽等特征
	10	退刀槽、越程槽、倒角等工艺结构
职业素养 （20 分）	10	按 6S 规范执行
	10	绘图员职业规范

（2）数控车零件加工技能评价要点如表 1-2-2 所示。

表 1-2-2　数控车零件加工评价要点

评价内容	配分	考 核 点
产品质量 （70 分）	10	形状：外轮廓、螺纹、内孔
	50	尺寸精度：IT7～IT8 级精度尺寸设置 2～3 处，每超差 0.01mm 扣 2 分。未注公差不配分
	5	表面粗糙度：$Ra1.6$ 配 2 分，$Ra3.2$ 配 2 分，其余配 1 分
	5	形状位置精度，超差不得分
产品检测 （10 分）	5	正确选用检具：2 分。正确使用检具：3 分
	5	线性尺寸检测：4 分。表面粗糙度检测：1 分
职业素养 （20 分）	10	按 6S 规范执行
	10	绘图员职业规范

(3) 数控铣零件加工技能评价要点如表 1-2-3 所示。

表 1-2-3　数控铣零件加工评价要点

评价内容	配分	考 核 点
产品质量 (70 分)	10	形状：外轮廓、内轮廓、孔
	50	尺寸精度：IT7～IT9 级精度尺寸设置 2～3 处，每超差 0.01mm 扣 2 分。未注公差不配分
	5	表面粗糙度：Ra1.6 配 2 分，Ra3.2 配 2 分，其余配 1 分
	5	形状位置精度，超差不得分
产品检测 (10 分)	5	正确选用检具：2 分。正确使用检具：3 分
	5	线性尺寸检测：4 分。表面粗糙度检测：1 分
职业素养 (20 分)	10	按 6S 规范执行
	10	绘图员职业规范

(4) 多轴加工技术技能评价要点如表 1-2-4 所示。

表 1-2-4　多轴加工技术评价要点

评价内容	配分	考 核 点
产品质量 (80 分)	30	三维建模：一般成形特征配 20 分，曲面配 10 分
	30	数控编程：工艺合理性配 10 分，平面轮廓及孔加工程序配 15 分，曲面加工程序配 5 分
	20	模拟加工：模拟加工设置、程序导入及参数设置配 10 分；模拟加工配 5 分；加工结果比对配 5 分
职业素养 (20 分)	10	按 6S 规范执行
	10	绘图员职业规范

五、考核方式

本专业技能考核为现场操作考核，成绩评价采用过程考核与结果考核相结合的方式。

1．考核模块确定

参考学生抽取考核模块，模块签中各模块的比例为：40%的考生参考机械零件三维建模模块，20%的考生参考数控车削加工模块，20%的考生参考数控铣削加工模块，20%的考生参考数控多轴加工模块。各模块考生人数按四舍五入计算，剩余的尾数考生随机在三类模块中抽取应试模块，具体如表 1-2-5 所示。

2．试题抽取方式

学生根据抽取的考核模块签号，在相应的模块题库中随机抽取一道试题考核。

表 1-2-5　各模块考核比例分布

序　号	考核模块	考核内容	考核比例/%
1	基本技能	零件三维建模	40
2	核心技能	数控车削加工	20
3		数控铣削加工	20
4	拓展技能	多轴加工	20

第三单元　智能焊接技术专业技能考核标准

一、专业名称及适用对象

1. 专业名称

智能焊接技术专业(专业代码：460110)。

2. 适用对象

高职全日制在籍毕业年级学生。

二、考核目标

本专业技能考核设置焊条电弧焊、CO_2 气体保护电弧焊、手工钨极氩弧焊、焊接工艺设计、机器人弧焊等五个技能模块，测试学生规范选择焊接工艺参数，操作常用焊接生产设备，进行焊接设备维护与调试，检测试件外观质量的能力，检查焊接专业学生的团队协作、质量效益、安全文明生产等职业素养。引导学校加强专业教学基本条件建设，深化课程教学改革，强化实践教学环节，增强学生创新创业能力，促进学生个性化发展，提高专业教学质量和专业办学水平，培养适应《中国制造 2025》和现代焊接技术发展需要的高素质焊接技术技能人才。

三、考核内容

本标准是在《职业技能考核之智能焊接技术》的基础上，分析焊接岗位的针对性、可行性、设备的指向性和技术的方向性，通过行业、企业和教育教学专家的研讨，结合国际国内的焊接标准与技术规范及《中国制造 2025》规划纲要，兼顾各高职院校的专业定位与教学特色，并考虑到本专业的广泛性与适应性而制定的。确定高职院校智能焊接技术专业学生技能考核标准由基础模块：焊条电弧焊；核心模块：CO_2 气体保护电弧焊、手工钨极氩弧焊；拓展模块：焊接结构生产工艺设计和跨专业共享模块：焊接机器人编程五个模块组成。要求考生能独立填写焊接工艺规程，完成板材焊接、管材焊接，能相应进行质量的检验等多个考核项目，并体现出良好的职业精神与职业素养。

模块一　焊条电弧焊

本模块包括板对接焊接，管对接焊接，管材、板材角焊接三个考核项目。它要求考生能识读焊接图样，并能根据焊接图样与工艺设备及要求正确填写焊接工艺规程；检验考生是否掌握焊前准备、焊接实施、焊后外观质量检测等工艺环节工装和设备的选择、调节、使用；检验考生是否掌握板对接平焊、立焊、横焊的单面焊双面成形，仰焊的对接焊单面成形，管对接垂直固定焊接的单面焊双面成形，水平固定的对接焊双面成形，管材、板材角焊接水平固定、垂直固定仰位、立位对接焊双面成形等基本技能，全面考核考生的职业素养与综合职业能力。本模块考核时长为 90 分钟。

基本要求：

1. 焊条的选择与烘烤

1) 技能要求

能正确选择焊条及规格，能选择合适温度烘烤焊条，能正确保管焊条。

2) 职业素养

培养学生区分酸性和碱性焊条的类型与规格、选择焊条烘烤温度的高低与时间长短等职业判断素养；焊前准备充分，焊条存放符合企业物资管理要求；严格遵守焊材管理制度。

2. 焊机的选择与焊接参数调试

1) 技能要求

能够根据工艺要求选择焊机，能够根据工艺参数调试焊机。

2) 职业素养

焊接作业着装规范，并按规定使用劳动防护用品；严格执行国家对焊工从业人员的资质要求和企业设备管理岗位职责；严格按照操作规程调试焊机；严格执行焊接设备维护管理制度。

3. 焊前装配

1) 技能要求

能够对试件进行矫正；能够对试件焊接区域进行清理；能够正确装配焊件，能为焊件预留合理的间隙、反变形、定位焊位置。

2) 职业素养

焊接操作着装规范，并按规定使用劳动防护用品；培养学生对每一道工序精益求精、追求极致的工匠精神；严格执行相关标准、工作程序与规范；严格遵守焊接操作规程。

4. 焊接实施

1) 技能要求

能规范填写焊接工艺规程；能正确选择焊条电弧焊的工艺参数；能够正确选择焊接夹具，对试件进行装夹；能够调试焊条电弧焊设备；能够采用焊条电弧焊对试件(板材、管材、板管)的多种位置进行焊接；能熟练引弧、运条、停弧、收弧。

2) 职业素养

焊接作业着装规范，并按规定使用劳动防护用品；培养学生对每一道工序精益求精、追求极致的工匠精神；焊前准备充分，焊后清扫，符合企业 6S 管理要求；严格执行相关标准、工作程序与规范。

5. 焊道清理

1) 技能要求

能正确使用渣锤、钢丝刷等工具；能对焊道进行清渣，并保证质量。

2) 职业素养

焊接作业着装规范，并按规定使用劳动防护用品；养成对下道工序认真负责、消除焊接缺陷的习惯；严格遵守操作规程，正确使用、放置焊道清理工具。

6. 焊缝外观检测

1) 技能要求

能正确使用焊缝检测尺；能测量计算反变形角度；能分析判断焊缝外观质量是否合格。

2) 职业素养

树立产品质量意识；培养学生正确使用焊缝检测尺测量与读数的职业习惯，能对焊缝的每一个尺寸认真测量或计算；能严格执行相关焊接质量评判标准；能按照要求使用检测器具，保持检测器具的清洁可靠。

模块二 CO_2 气体保护电弧焊

本模块包括板对接焊接，管对接焊接，管材、板材角焊接三个考核项目。它要求学生能识读焊接图样，并能根据图样与工艺设备及要求正确填写焊接工艺规程；检验学生是否掌握焊前准备、焊接实施、焊后检测等工艺环节工装、设备的选择、调节、使用；检验学生掌握板对接平焊、立焊、横焊的单面焊双面成形，管对接水平固定、管对接水平转动、垂直固定的单面焊双面成形，管材、板材角焊等各种位置焊接任务等基本技能，全面考核学生的职业素养与综合职业能力。本模块考核时长为 60 分钟、75 分钟或 90 分钟，根据具体考核内容来确定。

基本要求：

1. 焊丝及保护气体的选择

1) 技能要求

能正确选择焊丝牌号和规格，能根据工艺要求选择保护气体，能正确保管焊丝，能正确更换焊丝，能正确更换气瓶。

2) 职业素养

培养学生识别 CO_2 气体、氩气、氦气的类型等职业素养，焊丝、气瓶分区存放符合企业管理要求，严格遵守气瓶安全操作规程。

2. 焊机选择与焊接参数调试

1) 技能要求

能够根据工艺要求选择焊机，能够根据工艺调试焊机参数，能根据设备管理制度做好焊机维护。

2) 职业素养

焊接作业着装规范，并按规定使用劳动防护用品；严格执行国家对焊工从业人员的资质要求和企业设备管理岗位职责；严格按照操作规程调试焊机；严格执行焊接设备维护管理制度。

3. 焊前装配

1) 技能要求

能够对焊件进行矫正；能正确对焊件进行装配；能够对焊件焊接区域清理；能够正确装配焊件，能为焊件预留合理的间隙、反变形、定位焊位置。

2) 职业素养

焊接操作着装规范，并按规定使用劳动防护用品；培养学生对每一道工序精益求精、追求极致的工匠精神；严格执行相关标准、工作程序与规范；严格遵守焊接操作规程。

4. 焊接实施

1) 技能要求

能规范填写焊接工艺规程；能正确选择焊接工艺参数；能够正确选择焊接夹具，对试件进行装夹；能正确调试焊接设备；能正确安装、调试气体减压阀；能采用 CO_2 气体保护电弧焊对板材、管材、板管的多种位置进行焊接。

2) 职业素养

焊接作业着装规范，并按规定使用劳动防护用品；培养学生对每一道工序精益求精、追求极致的工匠精神；焊前准备充分，焊后清扫，符合企业 6S 管理要求；严格执行相关标准、工作程序与规范；严格遵守 CO_2 气体保护电弧焊操作规程。

5. 焊道清理

1) 技能要求

能正确使用渣锤、钢丝刷等工具；能对焊道进行清理，焊道清理符合要求。

2) 职业素养

焊接作业着装规范，并按规定使用劳动防护用品；养成对下道工序认真负责、消除焊接缺陷的习惯；严格遵守操作规程，正确使用、放置焊道清理工具；焊道清渣时符合安全操作规程。

6. 焊缝检测

1) 技能要求

能正确使用焊缝检测尺，能测量计算反变形角度，能分析判断焊缝外观质量是否合格。

2) 职业素养

树立产品质量意识；培养学生正确使用焊缝检测尺测量与读数的职业习惯，能对焊缝的每一个尺寸认真测量或计算；能严格执行相关焊接质量评判标准；能按照要求使用检测器具，保持检测器具的清洁可靠。

模块三 手工钨极氩弧焊

本模块包括板对接焊接，管对接焊接，管材、板材角焊接三个考核项目。它要求学生能识读焊接图样，并能根据图样与工艺设备及要求正确填写焊接工艺规程。检验学生是否掌握焊前准备、焊接实施、焊后检测等工艺环节工装、设备的选择、调节、使用；检验学生是否掌握板对接平位置、立位置，管对接水平转动、水平固定、垂直固定的单面焊双面成形，管材、板材角焊等基本技能，全面考核学生的职业素养与综合职业能力。

基本要求：

1. 焊丝、钨极及保护气体的选择

1) 技能要求

能正确选择焊丝的牌号和规格，能根据工艺要求选择氩气的纯度，能根据工艺要求正确选择钨极的牌号和直径，能正确保管焊丝和钨极，能正确更换氩气瓶，能正确更换钨极，能熟练引弧、送丝和收弧。

2) 职业素养

培养学生识别氩气、氦气的类型，选择钨极的牌号和直径等职业素养；严格消除钨极的放射元素对人体健康的影响；严格遵守物料管理规定；严格遵守高压气瓶安全操作规程；养成节约焊材的习惯。

2. 焊机选择与焊接参数调试

1) 技能要求

能根据工艺要求选择焊机；能根据工艺要求选择焊接极性；能根据工艺参数调试焊机；能根据设备管理制度维护焊机。

2) 职业素养

焊接作业着装规范，并按规定使用劳动防护用品；严格执行国家对焊工从业人员的资质要求和企业设备管理岗位职责；严格按照操作规程调试焊机；严格执行焊接设备维护管理制度。

3. 焊前装配

1) 技能要求

能够对焊件进行矫正；能正确对焊件进行装配；能够对焊件焊接区域清理；能够正确装配焊件，能为焊件预留合理的间隙、变形量，并定位焊接位置。

2) 职业素养

操作着装规范，并按规定使用劳动防护用品；培养学生对每一道工序精益求精、追求极致的工匠精神；严格执行相关标准、工作程序与规范；严格遵守钨极氩弧焊操作规程。

4. 焊接实施

1) 技能要求

能规范填写焊接工艺规程；能正确选择钨极氩弧焊的工艺参数；能正确选择焊接夹具，对试件进行装夹；能正确调试钨极氩弧焊设备；能正确安装、调试氩气流量计减压阀；能采用钨极氩弧焊对板材、管材、板管等多种位置进行焊接。

2) 职业素养

焊接作业着装规范，并按规定使用劳动防护用品；培养对学生每一道工序精益求精、追求极致的工匠精神；焊前准备充分，焊后清扫，符合企业 6S 管理要求；严格执行相关标

准、工作程序与规范；严格遵守钨极氩弧焊操作规程。

5. 焊道清理

1) 技能要求

能正确使用渣锤、钢丝刷等工具；能对焊道进行清渣，焊道清理符合要求。

2) 职业素养

焊接作业着装规范，并按规定使用劳动防护用品；养成对下道工序认真负责、消除焊接缺陷的习惯；严格遵守操作规程，正确使用、放置焊道清理工具。

6. 焊缝检测

1) 技能要求

能正确使用焊缝检测尺，能测量与计算反变形角度。

2) 职业素养

树立产品质量意识；培养学生正确使用焊缝检测尺测量与读数的职业习惯，能对焊缝的每一个尺寸认真测量或计算；能严格执行相关焊接质量评判标准；按照要求使用检测器具，保持检测器具的清洁可靠。

模块四 焊接结构生产工艺设计

本模块以焊接结构生产工艺设计为考核项目。要求学生能识读机械零部件图样，绘制焊接接头简图；综合应用所学专业知识与理论，科学制定零件生产工艺流程，合理安排划线、下料、组对(装配)、焊接、检验等工序，确定每道工序的尺寸、余量、精度、检测值等内容，正确选用加工设备与工装；能创新企业生产工艺流程与方法，贯彻国际、国内相关标准与技术规范，全面考核学生的职业素养与文字写作能力，为今后从事工艺岗位工作打下良好的基础。本模块考核时长为 75 分钟。

基本要求：

1. 机械图样的识图

1) 技能要求

能根据零件图或装配图，读懂零件或产品的结构、形状、尺寸，零件的连接关系，材料及技术要求等内容，特别是需要焊接的位置结构；掌握图纸上焊接符号表达的焊接方法、接头形式、空间位置、焊接位置、焊缝横截面形状及坡口尺寸、焊缝表面形状特征；根据生产要求，绘制焊接接头的简图，标注准确的尺寸、坡口角度及技术要求等内容。

2) 职业素养

具有焊接图样识读的基本素养；能利用国家标准或技术要求规范，准确表达焊接符号与焊接接头；严格执行相关标准、工作程序与技术规范。

2. 焊接工艺过程卡的填写

1) 技能要求

掌握焊接生产工艺过程卡填写的要求与内容；能确定零部件生产工艺流程，合理安排划线、下料、组对(装配)、焊接、检验等工序；能详细填写工序内容，设备与工装的选择。

2) 职业素养

培养利用图形、文字表达个人思想的素质与能力；严格执行企业零部件的制造工艺、标准与技术规范；培养团队协作能力、工艺研究与创新能力；体现生产现场 6S 管理与经验；培养焊接工艺员或技术员的综合素质。

模块五　焊接机器人编程

本模块包括薄壁件和厚壁件机器人弧焊两个考核项目。要求学生能识读焊接图样，并能根据试件图样与焊接机器人系统正确填写焊接工艺规程；检验学生应用工装夹具、操纵示教器、操作焊接机器人实施焊接等基本技能，全面考核学生的素质与综合职业能力。本模块考核时长为 90 分钟。

基本要求：

1．安全进入机器人系统单元(区域)

1) 技能要求

能检查机器人系统单元(区域)环境安全，能检查和确认系统供电情况，能按焊接机器人安全操作规程进入操作单元(区域)。

2) 职业素养

焊接着装规范，并按规定使用劳动防护用品；标示清楚，预防措施到位；按照要求使用检测器具，保持检测器具的清洁可靠。

2．机器人系统安全检查与确认

1) 技能要求

能发现机器人系统中可能造成人身伤害的危险源；会检测机器人系统各组成部分之间连接是否牢固可靠；会检测接地电阻，确认机器人外壳是否可靠接地。

2) 职业素养

正确使用工具、仪表，观察、检测仔细，落实焊接机器人系统安全操作规程。

3．开启、关闭机器人系统

1) 技能要求

能正确连接示教器，能正确开启和关闭机器人系统。

2) 职业素养

保持示教器稳固，止口对正，旋合轻缓；按规定步骤闭合、切断机器人系统电源。

4．紧急停止按钮复位

1) 技能要求

能查明紧急停止的原因，并正确处置；能复位急停按钮并确认。

2) 职业素养

焊接着装规范，并按规定使用劳动防护用品；标示清楚，预防措施到位；按照要求使用检测器具，保持检测器具的清洁可靠。

5. 焊接机器人各关节轴操作

1) 技能要求

能根据焊枪位置要求选择坐标系；能点动机器人关节轴；能在各种速度下连续移动机器人关节轴。

2) 职业素养

焊接着装规范，并按规定使用劳动防护用品；标示清楚，预防措施到位；缓起步、稳运行，时刻注意焊枪位置变化。

6. 检查焊枪、送丝、送气系统

1) 技能要求

能检查焊枪、送丝、送气系统状态是否正常；能手动送(退)丝、送气；能更换气瓶、焊丝(盘)；能清洁焊枪。

2) 职业素养

焊接着装规范，并按规定使用劳动防护用品；标示清楚，预防措施到位；轻拿、轻放，文明拆装，摆放整齐。

7. 程序新建、命名、保存和删除

1) 技能要求

能新建程序并命名；能打开、关闭、保存、删除程序。

2) 职业素养

焊接着装规范，并按规定使用劳动防护用品；标示清楚，预防措施到位；正确持握示教器，思路清楚、动作熟练。

8. 示教点选择、登录和修改

1) 技能要求

能根据焊缝位置选取示教点；能确定和编辑示教点上焊枪的姿态；能设置、修改示教点的运动模式和焊接模式；能追加、替换和删除示教点。

2) 职业素养

焊接着装规范，并按规定使用劳动防护用品，选点合理，运行平顺，控制精准。

9. 装夹工件

1) 技能要求

能选择适当的装夹位置，让焊枪能伸及焊接位置；能正确定位；能可靠夹紧，并确认夹具不妨碍机器人运行。

2) 职业素养

焊接着装规范，并按规定使用劳动防护用品；工装夹具摆放整齐，正确使用工具、量具，定位、装夹过程规范。

10. 示教编写基本焊接程序

1) 技能要求

能根据焊缝进行示教点规划；能正确拾取各示教点，并设置运动模式、焊接模式；能

设定摆动点的振幅、频率、极点停留时间。

2) 职业素养

焊接着装规范,并按规定使用劳动防护用品;轨迹示教点规划思路清楚,布局合理,拾取示教点熟练、准确。

11. 程序手动跟踪

1) 技能要求

能将鼠标指针移到待跟踪命令行;能对程序进行正向、反向跟踪。

2) 职业素养

着装规范,并按规定使用劳动防护用品;操作思路清楚,态度谨慎,操作过程安全。

12. 程序自动跟踪确认

1) 技能要求

能判断轨迹程序是否能进行自动跟踪;能排除自动跟踪过程中可能遇到的障碍;能将机器人切换到自动状态,并进行跟踪确认。

2) 职业素养

焊接着装规范,并按规定使用劳动防护用品;按照要求使用检测器具,保持检测器具的清洁可靠;操作安全。

13. 机器人试焊

1) 技能要求

能判断经轨迹自动跟踪确认后的程序是否可进行试焊;能设定焊接参数,并判定参数基本适当;能确认送丝、送气系统工作正常;能确认工件处于正确位置,且夹紧可靠;能操作机器人进行试焊。

2) 职业素养

焊接着装规范,并按规定使用劳动防护用品;焊前检查仔细、认真,焊接过程中密切关注设备、人员安全。

14. 焊接参数记录

1) 技能要求

能按要求标记焊件,并将焊接参数填写到实际操作记录表中;能辨识焊接缺陷类型,并将这些信息填写到记录表中。

2) 职业素养

焊接着装规范,并按规定使用劳动防护用品;记录清晰。

15. 实际焊接与焊缝评估

1) 技能要求

能判断程序及焊件是否可以进行自动焊接;能确认试焊产品符合要求;能确认定位元件、夹紧机构工作正常;能确认机器人系统及其工作环境状态正常;能对焊接质量进行初步检测和评估。

2) 职业素养

态度严肃认真，密切关注机器人系统及辅助设施的工作状态；焊接过程安全，焊接产品合格。

四、评价标准

1．评价方式

本专业技能考核采取过程考核与结果考核相结合，技能考核与职业素养相结合的方式。根据考生操作的规范性、职业素养、安全操作规程等因素进行过程评价；根据学生提交的考核试件和焊接工艺规程等因素进行终结性评价。

2．成绩评定确定

每位学生需考核两道试题，从四个不同模块中抽取两道试题，各占总成绩的 50%。学生考核总成绩为 100 分，≥60 分评定为及格，<60 分为不及格。

模块一至模块三：每道试题分值为 100 分，其中职业素养及操作规范占 40%，试件外观质量占 60%。

模块四焊接工艺：每道试题分值为 100 分，其中职业素养占 20%，焊接结构生产工艺过程卡占 80%。

模块五焊接机器人编程：每道试题分值为 100 分，其中职业素养占 10%，工艺规程占 10%，职业规范占 10%，熟悉度占 10%，编程焊接实际测试占 20%，试件外观质量占 40%。

3．技能评价要点

重点考核学生对项目所必须掌握的技能和要求，各模块及项目的技能评价要点如表 1-3-1 所示。

表 1-3-1　智能焊接技术专业技能考核评价要点

序号	类型	模块	项目	评价要点	不合格标准
1	专业基本技能	焊条电弧焊	1.板材焊接 2.管材焊接 3.管板焊接	(1)焊条选择正确，烘烤温度选择合理，保管规范。 (2)焊接工艺参数选择正确，焊接工艺规程填写规范完整。 (3)能正确完成试件的矫正；焊接夹具选择正确，试件装夹合理。 (4)焊机选择正确，参数调试设置合理	(1)焊条选择错误，烘烤温度太高。 (2)焊接工艺参数选择不适合，焊接工艺规程填写不符合要求；不能正确完成试件的矫正。 (3)焊接夹具选择错误，试件装夹不合理

续表

序号	类型	模块	项目	评价要点	不合格标准
1	专业基本技能	焊条电弧焊	1.板材焊接 2.管材焊接 3.管板焊接	(5)焊件表面清理规范，焊件装配间隙、反变形、定位焊位置等设置合理；引弧、运条、停弧、收弧操作规范；能正确使用渣锤、钢丝刷等工具完成焊道清理。 (6)能正确使用焊缝检测尺进行焊缝测量。 (7)焊缝外观质量判断正确。 (8)焊接作业着装规范，设备操作规范。	(4)焊机选择错误，参数调试设置不合理，焊件表面清理不规范，焊件装配间隙、反变形、定位焊位置等设置不合理，不能正确使用渣锤、钢丝刷等工具完成焊道清理，存在焊接缺陷。 (5)不能正确使用焊缝检测尺进行焊缝测量，焊缝外观质量判断错误。 (6)设备操作不符合操作规程
2	专业核心技能	CO_2气体保护电弧焊	1.板材焊接 2.管材焊接 3.管板焊接	(1)焊丝牌号和规格选择正确，保护气体选择合理。 (2)焊丝和气瓶更换与保管方法正确。 (3)焊接工艺参数选择正确，焊接工艺规程填写规范完整。 (4)能正确完成试件的矫正。 (5)焊机选择正确，参数调试设置正确。 (6)气体减压阀安装、调试操作正确。 (7)焊件表面清理规范，焊件装配间隙、反变形、定位焊位置等设置合理。 (8)能正确使用渣锤、钢丝刷等工具完成焊道清理，焊缝外观质量判断正确。 (9)焊接作业着装规范，设备操作规范。 (10)能正确使用焊缝检测尺进行焊缝测量	(1)焊丝牌号和规格选择不正确，保护气体选择不合理。 (2)焊接工艺参数选择错误，焊接工艺规程填写不符合要求。 (3)不能正确完成试件的矫正。 (4)焊接夹具选择不正确，试件装夹不合理。 (5)焊机选择错误，参数调试设置错误。 (6)气体减压阀安装、调试操作错误。 (7)焊件表面清理不规范，焊件装配间隙、反变形、定位焊等设置不合理。 (8)不能正确使用渣锤、钢丝刷等工具完成焊道清理。 (9)焊缝外观质量判断不正确。 (10)焊接作业着装不规范，设备操作不规范。 (11)不能正确使用焊缝检测尺进行焊缝测量

续表

序号	类型	模块	项目	评价要点	不合格标准
3	专业核心技能	手工钨极氩弧焊	1.板材焊接 2.管材焊接 3.管板焊接	(1)焊丝牌号和规格选择正确,保护气体选择合理。 (2)焊丝、钨极、气瓶更换和保管方法正确;钨极的牌号和直径选择合理。 (3)焊接极性选择合理,焊机选择正确,参数调试正确。 (4)焊接工艺参数选择正确,焊接工艺规程填写规范完整。 (5)能正确完成试件的矫正。 (6)焊接夹具选择正确,试件装夹合理。 (7)气体流量计减压阀安装、调试操作正确,焊件表面清理规范,焊件装配间隙、反变形、定位焊位置等设置合理。 (8)能正确使用渣锤、钢丝刷等工具完成焊道清理。 (9)能正确使用焊缝检测尺进行焊缝测量,焊缝外观质量判断正确。 (10)焊接作业着装规范,设备操作规范	(1)焊丝牌号和规格选择不正确,保护气体选择不合理。 (2)焊丝、钨极、气瓶更换和保管方法不正确;钨极的牌号和直径选择不合理。 (3)焊接极性选择不合理,焊机选择不正确,参数调试不正确。 (4)焊接工艺参数选择不正确,焊接工艺规程填写规范不完整。 (5)不能正确完成试件的矫正。 (6)焊接夹具选择不正确,试件装夹不合理。 (7)气体流量计减压阀安装、调试操作不正确,焊件表面清理不规范,焊件装配间隙、反变形、定位焊位置等设置不合理。 (8)不能正确使用渣锤、钢丝刷等工具完成焊道清理。 (9)不能正确使用焊缝检测尺进行焊缝测量,焊缝外观质量判断不正确。 (10)焊接作业着装不规范,设备操作不规范

五、考核方式

本专业技能考核为现场操作考核,参考学生根据给定的任务独立完成。具体方式如下。

1. 参考模块选取

采用"3+1"的模块选考方式进行,专业基本技能及专业核心技能的3个模块为必考模块。此外,根据专业特色在专业拓展模块和跨专业模块中选取 1 个模块考核。其中,必考模块为焊条电弧焊、CO_2气体保护电弧焊、手工钨极氩弧焊三个模块,选考模块为焊接结构生产工艺设计、焊接机器人编程两个模块。

2. 学生参考模块确定

每位学生必考模块和选考模块都需考核。必考模块考核随机抽取,其中必考模块中

20%的考生参考焊条电弧焊模块，50%的考生参考 CO_2 气体保护电弧焊模块，30%的考生参考手工钨极氩弧焊模块。选考模块根据专业方向或特色考前指定题型，本模块考生100%参考。

3. 试题选定方式

每位考生考两道试题，考核前学生在必考模块中随机抽取考核试题。第二道试题为选考模块试题，按学生就业方向指定试题，所有学生进行参考。

第四单元　智能控制技术专业技能考核标准

一、专业名称及适用对象

1. 专业名称

智能控制技术(专业代码：460303)。

2. 适用对象

高职全日制在籍毕业年级学生。

二、考核目标

(1) 促进智能控制技术专业课程建设，主动适应高端装备制造业转型升级要求，满足数字化、网络化、智能化、绿色制造需要，培养学生创新创业能力。

(2) 促进智能控制技术专业的教育教学改革，加强"双师型"教师队伍、实习实训条件、教学资源等教学条件建设。

(3) 促使完善智能控制技术专业实践教学体系，加强实践教学管理，深化工学结合教学模式改革。

(4) 考核学生掌握和运用常用电工工具及简单电气线路设计安装调试技能；考核学生进行简单单片机控制系统设计及仿真调试能力；考核学生编写、调试 PLC 程序的能力；考核学生 PLC、变频器等自动化控制系统的设计安装调试和触摸屏组态监控技能。

三、考核模块整体设计

各模块考核比例如表 1-4-1 所示。

表 1-4-1　各模块考核比例分布

序号	模块名称	考核要点	类型
1	电气控制线路安装与调试	考核时长：120 分钟 考核方式：操作考试，共 15 题	基本技能模块
2	单片机应用系统编程与仿真	考核时长：90 分钟 考核方式：操作考试，共 20 题	

续表

序号	模块名称	考核要点	类型
3	PLC控制系统设计与调试	考核时长：90分钟 考核方式：操作考试，共15题	核心技能模块
4	工业控制系统综合设计与调试	考核时长：120分钟 考核方式：操作考试，共15题	

四、考核内容

模块一　电气控制线路安装与调试

1. 考核目标

首先按照电气制图标准、设计流程、操作规范完成某继电器控制系统的器件选择、原理图设计、电气图的绘制(手工绘图)；然后按照现场提供的标准原理图进行电路安装接线与调试任务，并满足该系统控制功能要求。其中，系统需要装配的元器件总数为15个以内(包含开关、熔断器、接触器、继电器、外部主令电器等)，控制对象3个以内，需要调试的系统参数两个以内。

2. 考核内容

(1) 掌握系统技术参数和GB/T 4728.1—2005(《电气简图用图形符号》)、GB/T 6988.1—2008(《电气技术用文件的编制》)、GB/T 7159(《电气技术中的文字符号制定通则》)等相关标准。

(2) 合理设计系统电气原理图和电气布置图(手工绘图)，电器元件的图形符号和文字符号正确。

(3) 能根据考场提供的标准原理图完成元器件的安装、系统接线，并满足该系统控制功能要求。

(4) 安装的元器件位置整齐、合理、紧固，布线进线槽美观，接线端加编码套管，接点无毛刺，符合工艺要求。

(5) 能从考场提供的元器件中合理地选择系统元器件。

(6) 能完成系统器件参数整定，需要整定的系统参数两个以内，通电后调试流程正确，系统功能正确，无短路等现象。

3. 考核要求

考核时长：120分钟

安全保障：

(1) 符合维修电工操作规范，操作中必须严格执行操作规程。严禁在未关闭电源开关的情况下用手触摸电器线路或带电进行电路连接或改接，安装接线必须注意断电，试车必须注意电源等级，等等。符合企业维修电工的基本素养要求，体现良好的工作习惯，能严格按照规范操作。

(2) 操作时必须穿戴劳动防护用品。工具、仪表、器件摆放规范整齐,符合企业基本的 6S 管理要求。符合企业基本的质量意识和成本意识。具备严肃认真、规范高效的工作态度和良好的职业道德与职业价值观。

4. 考核方式

操作考试。

5. 评价标准

电气控制线路安装与调试评价标准如表 1-4-2 所示。

表 1-4-2 电气控制线路安装与调试评价标准

评价内容		配分	考 核 点
职业素养与操作规范(20分)	工作前准备	10	(1)清点系统文件、器件、仪表、电工工具、电动机等,测试器件好坏。 (2)穿戴好劳动防护用品
	6S 规范	10	(1)操作过程中保持工具、仪表、元器件、设备等摆放整齐。 (2)操作过程中无不文明行为、具有良好的职业操守,独立完成考核内容,合理解决突发事件。 (3)具有安全用电意识,操作符合规范要求。 (4)作业完成后清理、清扫工作现场
作品(80分)	技术文档(答题纸)	20	(1)原理图绘制正确。 (2)元器件选择合理。 (3)电气接线图绘制正确、合理。 (4)调试步骤阐述正确
	元器件布置安装	10	(1)元器件布置整齐、匀称、合理,安装牢固。 (2)导线进线槽、线槽进出线整齐美观,电动机和按钮接线进端子排。 (3)接点牢固,接点处裸露导线长度合适、无毛刺。 (4)套管标号符合工艺要求
	安装工艺、操作规范	10	(1)导线必须沿线槽内走线,接触器外部不允许有直接连接的导线,线槽出线整齐美观。 (2)线路连接、套管、标号符合工艺要求。 (3)安装完毕盖好盖板
	功能	40	按正确流程完成系统调试和功能演示,线路通电正常工作,各项功能完好

模块二 单片机应用系统编程与仿真

1. 考核目标

按照控制任务要求首先完成硬件电路设计与调试,再根据硬件电路结合控制要求完成 C 语言控制程序的设计与调试,最后再进行全硬件线上仿真调试。其中,硬件电路设计需自行选择元件模型和电路的搭建,仿真结果符合控制任务要求。

2．考核内容

(1) 能正确分析控制系统的控制要求。
(2) 能根据控制要求正确选用单片机和单片机外围电子元件型号和参数。
(3) 能利用 Proteus 仿真软件完成硬件电路的搭建。
(4) 能根据控制要求完成选定单片机 I/O 地址分配表。
(5) 能根据控制要求利用 Keil3 软件完成程序的设计与调试。
(6) 能按照控制要求完成软硬件系统(Proteus+ Keil3)联合仿真调试任务。

3．考核要求

考核时长：90 分钟

安全保障：须符合维修电工操作规范。穿长袖工作服并扣紧袖口，操作中必须严格执行操作规程；严禁在未关闭电源开关的情况下用手触摸电器线路或带电进行电路连接或改接。

4．考核方式

操作考试。

5．评价标准

单片机应用系统编程与仿真评价标准如表 1-4-3 所示。

表 1-4-3　单片机应用系统编程与仿真评价标准

评价内容		配分	考 核 点
职业素养与操作规范(20 分)	工作前准备	10	检查电源，调试好计算机，检查 Proteus 软件和 Keil 软件能否正常使用
	6S 规范	10	(1)操作过程中及考核完成后，保持机房、计算机等设备摆放整齐。 (2)操作过程中无不文明行为、具有良好的职业操守，独立完成考核内容，合理解决突发事件。 (3)具有安全用电意识，操作符合规范要求。 (4)考核完成后清理、清扫工作现场
作品(80 分)	技术文档(答题纸)	10	(1)列出单片机及外围电子元器件清单。 (2)分配单片机 I/O 口资源。 (3)正确设计控制程序流程图。 (4)写出系统调试步骤
	硬件电路设计(Proteus 搭建)	20	(1)电子元器件布置整齐、合理和美观。 (2)单片机选型正确合理。 (3)单片机外围电子元器件参数设置正确。 (4)熟练操作 Proteus 软件，正确连接单片机和外围电子元件。 (5)电路搭建正确，符合电子电路设计规则和控制要求

续表

评价内容		配分	考核点
作品 (80 分)	程序设计	30	(1)熟练操作 Keil3 软件输入控制程序。 (2)会进行程序的删除、插入、修改等操作。 (3)会联机下载调试程序
	功能	20	(1)能按正确的流程完成系统调试和功能演示。 (2)仿真各项功能完好

模块三 PLC 控制系统设计与调试

1. 考核目标

PLC 控制系统设计与调试要求学生能正确分析控制系统的控制要求，并按照相应规范要求和作业标准，完成 PLC 控制系统的 I/O 地址分配、电气原理图绘制、程序设计、程序输入，并在实训台上利用模拟对象进行系统的安装调试，完成技术文件填写。

其中，要求 PLC 控制系统的 I/O 总点数在 10 个以内，以逻辑控制为主。控制系统元器件包括按钮、开关、发光二极管及连接导线等。

2. 考核内容

(1) 能正确分析控制系统的控制要求。
(2) 能根据控制要求正确选用 PLC。
(3) 能根据控制要求完成 I/O 地址分配表。
(4) 能根据电气设计规范完成控制系统电气原理图的绘制。
(5) 能根据系统电气原理图完成系统接线。
(6) 能根据控制要求完成控制程序编写。
(7) 能使用编程工具完成程序编辑、下载。
(8) 能按照控制要求完成系统调试工作。
(9) 能严格遵守维修电工操作规范。操作前必须穿戴好绝缘鞋、长袖工作服并扣紧袖口，操作中必须严格执行操作规程。严禁在未关闭电源开关的情况下用手触摸电器线路或带电进行线路连接或改接；不得随意拔插通信电缆。
(10) 遵循企业基本的 6S 管理要求，如进行仪器/工具的定置和归位、工作台面的清洁，并及时清扫废弃线头及杂物等。

3. 考核要求

考核时长：90 分钟
安全保障：
(1) 须符合维修电工操作规范。操作前必须穿戴好绝缘鞋、长袖工作服并扣紧袖口，操作中必须严格执行操作规程。
(2) 严禁在未关闭电源开关的情况下用手触摸电器线路或带电进行电路连接或改接；线路布置应整齐、合理。

(3) 能熟练运用编程工具，不得随意拔插通信电缆。系统调试前检查电源线、接地线、输入/输出线是否正确连接，是否有接触不良等情况；调试运行时，能通过 PLC 的输入/输出指示灯判定系统工作状态。

(4) 调试时应遵循先模拟调试再联机调试的步骤。能按照企业基本的 6S 管理要求，进行仪器/工具的定置和归位、工作台面的清洁，并及时清扫废弃线头及杂物等。遵循安全用电规范。

4．考核方式

操作考试。

5．评价标准

PLC 控制系统设计与调试评价标准如表 1-4-4 所示。

表 1-4-4　PLC 控制系统设计与调试评价标准

评价内容		配分	考 核 点
职业素养与操作规范(20 分)	工作前准备	10	(1)清点器件、仪表、工具，摆放整齐。 (2)穿戴劳动防护用品
	6S 规范	10	(1)操作过程中及考核完成后，保持工具、仪表、元器件设备摆放整齐。 (2)操作过程中无不文明行为、具有良好的职业操守，独立完成考核内容，合理解决突发事件。 (3)具有安全用电意识，操作符合规范要求。 (4)考核完成后清理、清扫工作现场
作品(80 分)	系统设计(答题纸)	10	(1)正确设计主电路。 (2)列出 I/O 元件分配表。 (3)画出系统接线图、I/O 分配图。 (4)正确设计控制程序。 (5)正确写出运行调试步骤
	安装与接线	10	(1)安装时关闭电源开关。 (2)线路布置整齐、合理，不损坏元件。 (3)接线规范。 (4)按 I/O 接线图接线
	系统调试	30	(1)熟练操作软件输入程序。 (2)会进行程序的删除、插入、修改等操作。 (3)会联机下载调试程序
	功能	30	按照被控设备的动作要求进行模拟调试，达到控制要求

模块四　工业控制系统综合设计与调试

1．考核目标

工业控制系统综合设计与调试要求学生能正确分析控制系统的控制要求，并按照相应规范要求和作业标准，完成变频器主电路和控制电路的设计、变频器参数设置，完成 PLC 程序设计、程序输入，完成变频器面板、端子、多段调速与 PLC 控制操作，并在实训台上利用模拟对象进行系统的安装调试，完成技术文件填写。

其中，要求 PLC 控制系统的 I/O 总点数在 10 个以内，以逻辑控制为主。控制系统元器件包括按钮、开关、发光二极管、接触器、继电器、连接导线等。变频器参数设置 10 个以内。现场提供变频器使用说明书。

2．考核内容

(1) 能正确分析控制要求。
(2) 能正确完成变频器主电路和控制电路的接线及 PLC 与变频器的连接。
(3) 能正确设置变频器的常见参数。
(4) 能正确设计梯形图并熟练运行编程软件进行程序输入、下载及修改。
(5) 能正确使用常用电工仪器仪表和工具；会正确连接 PLC 外部导线。
(6) 会调试、修改 PLC 程序。
(7) 会修改变频器参数，会对可编程控制电路进行故障分析与诊断。
(8) 有必要的电气保护和电气联锁；符合相关技术规范要求。

3．考核要求

考核时长：120 分钟
安全保障：
(1) 须符合维修电工操作规范。操作前必须穿戴好绝缘鞋、长袖工作服并扣紧袖口，操作中必须严格执行操作规程。
(2) 严禁在未关闭电源开关的情况下用手触摸电器线路或带电进行电路连接或改接，线路布置应整齐、合理。
(3) 能熟练运用编程工具，不得随意拔插通信电缆。
(4) 系统调试前检查电源线、接地线、输入/输出线是否正确连接，是否有接触不良等情况。
(5) 调试运行时，能通过 PLC 的输入/输出指示灯判定系统工作状态。能根据变频器的面板显示查找常见故障，调试时应遵循先模拟调试再联机调试的步骤。
(6) 能按照企业基本的 6S 管理要求，进行仪器/工具的定置和归位、工作台面的清洁，并及时清扫废弃线头及杂物等。遵循安全用电规范。

4．考核方式

操作考核。

5．评价标准

工业控制系统综合设计与调试评价标准如表 1-4-5 所示。

表 1-4-5 工业控制系统综合设计与调试评价标准

评价内容		配分	考 核 点
职业素养与操作规范(20分)	工作前准备	10	(1)清点器件、仪表、工具,摆放整齐。 (2)穿戴劳动防护用品
	6S 规范	10	(1)操作过程中及考核完成后,保持工具、仪表、元器件设备摆放整齐。 (2)操作过程中无不文明行为、具有良好的职业操守,独立完成考核内容,合理解决突发事件。 (3)具有安全用电意识,操作符合规范要求。 (4)考核完成后清理、清扫工作现场
作品(80分)	系统设计(答题纸)	10	(1)正确设计主电路。 (2)列出 I/O 元件分配表,画出系统接线图、I/O 分配图。 (3)正确设计控制程序。 (4)正确设置变频器参数。 (5)正确写出运行调试步骤
	安装与接线	10	(1)安装时关闭电源开关。 (2)线路布置整齐、合理。 (3)不损坏元件。 (4)变频器接线正确。 (5)PLC 与变频器正确接线
	系统调试	30	(1)熟练操作软件输入 PLC 程序并下载与调试。 (2)能正确设置变频器参数
	功能	30	按照被控设备的动作要求进行模拟调试,达到控制要求

五、考核方式

1．考核方式

本专业技能考核为现场操作考核,成绩评定采用过程考核与结果考核相结合的方式。具体考核方式如下。

(1) 模块选取。学生对四个模块进行考核,专业基本技能部分的两个模块与岗位核心技能部分的两个模块均为必考模块。

(2) 考核试题确定。考核前一周,由测评专家从各模块中选取>50%的试题作为当年考核试题,考核试题在当年组考方案中公布。

(3) 学生参考模块确定。参考学生按规定比例随机抽取考试模块,其中 50%的考生参考专业基本技能部分,50%的考生参考岗位核心技能部分。各部分考生人数按四舍五入计算,剩余的尾数考生随机在三类模块中抽取应试模块。

2. 考核要求

(1) 学生抽取。原则上从抽查专业三年级学生中随机抽选 10%参加技能抽查考试。如专业在校生不足 100 人，则抽选学生不少于 10 人；如在校生不足 10 人，则全部参加；如在校生超过 300 人，则抽选学生不超过 30 人。学生按应考人数 1∶1∶1 的比例抽取。确定抽查专业后，由现场考评组长或考评员从教务处提供的抽查专业三年级学生全名单中随机抽取学生。

(2) 模块抽签。在每场测试前，由现场考评组长或考评员从专业技能考核试题库中抽取参加考试的模块。

(3) 试题抽签。在每场测试前，由现场考评组长或考评员从已封存好的试题中抽取 1 道试题作为该场次测试试题。同一场次的学生考同一道题。

(4) 考场抽签。考场采用随机抽签的方式确定，报到时由工作人员组织统一抽签确定学生的考场号，并由工作人员登记，由学生签字确认。学生的考场号确定后，非特殊情况一律不得更改。

(5) 工位抽签。学生座位号采用随机抽签的方式确定。每名参加考试的学生根据自己所抽到的考场号由工作人员带领准时到达检录室，由检录人员核实学生身份，再由考生抽签确定座位号，并由学生签字确认。学生必须严格按照座位号入座。每个座位号计算机中的试题由省派工作组组长随机抽取后在考试前统一派发到机位。

第二部分
智能制造专业群技能考核题库

　　本试题库根据《2019年湖南省高职高专院校学生专业技能考核标准(含题库)评分细则》制定，符合专业匹配性、题目编制科学性、编写规范性原则。该试题库包含工程机械智能制造专业群中机电一体化技术、数控技术、智能焊接技术和智能控制技术四个专业题库，每个专业题库中的试题数量不少于50题，机电一体化技术专业试题库也可供工业机器人技术专业参考使用。本题库用于智能制造专业群，在群共享的基础上编制了跨专业题库，包含三个模块，可适用于专业群内机电一体化技术、工业机器人技术、智能控制技术和智能焊接技术等专业的训练。

第五单元 机电一体化技术专业题库

一、基础模块：机械零件测绘与 CAD 制图

项目 1 机械零件测绘

1. 试题编号：J-J1-1-1 透盖的测绘

1) 任务描述

根据提供的实物，手工测绘机械零件——透盖。透盖零件如图 J1-1-1 所示。

图 J-J1-1-1 透盖

选用常用机械测绘工具正确测量透盖尺寸；确定表达透盖形状结构的一组视图，徒手、目测、快速绘出；在图中标注测量的尺寸；对透盖在长期使用后造成的磨损和损坏部分给予尺寸、形状的修正；确定透盖的表面粗糙度、尺寸公差、几何公差等技术要求，并在图中进行标注；对透盖的尺寸、表面粗糙度、尺寸公差、几何公差等进行查对，或重新计算，完成其草图绘制。根据透盖零件草图，运用常用绘图工具手工绘制透盖的零件图。

2) 实施条件

机械零件测绘项目实施条件如表 J-J1-1-1 所示。

表 J-J1-1-1 机械零件测绘实施条件

项 目	基本实施条件	备 注
场地	具备机械零件测绘室，且采光、照明良好，面积足够	必备
设备	具备测量工具(如钢直尺、卡钳、游标卡尺、深/高度游标卡尺)	必备
工具	具备手工绘图工具包(如 B、HB、1H 等绘图铅笔，橡皮，擦图片，刮图刀，圆规，分规，三角板，丁字尺等一套)；A2 绘图板；空白绘图纸(A3、A4)若干	必备

续表

项 目	基本实施条件	备注
测评专家	每 10 名考生配备 1 名测评专家，且不少于 3 名测评专家；辅助人员与考生配比为 1∶20，且不少于 2 名辅助人员；测评专家要求具备至少 1 年以上机械工作经验或 3 年以上实训指导经历	必备

3）考核时间

90 分钟。

4）评分标准

机械零件测绘评分标准如表 J-J1-1-2 所示。

表 J-J1-1-2　机械零件测绘评分标准

评分项目	主要内容	考核要求	评分细则	配分	扣分	得分	备注
职业素养与操作规范(20 分)	工作前准备	清点测量工具、绘图工具、绘图纸并摆放整齐	(1)工作前，未清点扣 5 分。 (2)摆放不整齐扣 5 分	10			出现明显失误造成零件或测绘工具、设备损坏等安全事故，严重违反考场纪律造成恶劣影响的，本次测试记 0 分
	6S 规范	整理、整顿、清扫、安全、清洁、素养	(1)操作过程中及作业完成后，工具等摆放不整齐扣 2 分。 (2)作业完成后未清理、清扫工作现场扣 5 分	10			
作品(80 分)	绘制测绘零件的零件草图	目测零件大小，尽量按 1∶1 的比例徒手绘制零件视图	(1)图形大小与实物大小比例不相符合，扣 5 分。 (2)使用直尺圆规等绘图工具画图，扣 5 分	35			
		选择合理的一组视图表达零件形状结构	(1)视图选择不合理，零件结构形状表达不清，每处扣 4 分，扣完为止。 (2)零件因制造、装配所需的工艺结构应完整表达，漏掉一处扣 4 分，扣完为止				
		测量零件尺寸，并在图中标注尺寸	(1)草图上未标注尺寸，扣 8 分。 (2)标错尺寸或遗漏尺寸，每个错误尺寸扣 2 分				
		确定技术要求。根据实践经验或用样板进行比较，确定零件表面粗糙度；查阅有关资料确定零件的尺寸公差、几何公差要求等，并在图中进行标注	(1)草图上未标注技术要求，扣 7 分。 (2)漏标表面粗糙度，每项扣 2 分，扣完为止。 (3)未标注尺寸公差，每项扣 2 分，扣完为止。 (4)未标注必要的几何公差，扣 2 分				

续表

评分项目	主要内容	考核要求	评分细则	配分	扣分	得分	备注
作品 (80分)	绘制测绘零件的零件图	表达零件形状的一组视图选择合理；零件的尺寸标注正确、完整、清晰、合理；零件的技术要求确定符合国家标准	(1)图形与实物不一致，扣30分。 (2)视图选择不合理，零件结构形状表达不清，每处扣4分，扣完为止。 (3)未标注尺寸，扣8分。 (4)标错尺寸或遗漏尺寸，每个错误尺寸扣2分，扣完为止。 (5)表面粗糙度、尺寸公差与几何公差要求与实物不符，每项扣2分，扣完为止。 (6)未填写标题栏，扣5分	30			出现明显失误造成零件或测绘工具、设备损坏等安全事故，严重违反考场纪律造成恶劣影响的，本次测试记0分
	零件图图纸外观	图面整洁，布局合理；图线、文字书写符合国家标准	(1)图面布局不合理，扣5分。 (2)图面不整洁，酌情扣2~5分。 (3)图线不符合国家标准，酌情扣2~5分。 (4)字迹潦草，不使用工程字体，酌情扣2~5分。 (5)尺寸标注不符合国家标准，酌情扣2~5分	15			

2. 试题编号：J-J1-1-2 主轴的测绘

1) **任务描述**

根据提供的实物，手工测绘机械零件——主轴。主轴零件如图 J-J1-1-2 所示。

图 J-J1-1-2　主轴

2) **实施条件**

机械零件测绘实施条件如表 J-J1-1-1 所示。

3) **考核时间**

90 分钟。

4) **评分标准**

机械零件测绘评分标准如表 J-J1-1-2 所示。

3. 试题编号：J-J1-1-3 斜齿轮的测绘

1) 任务描述

根据提供的实物，手工测绘机械零件——斜齿轮。斜齿轮零件如图 J-J1-1-3 所示。

图 J-J1-1-3　斜齿轮

2) 实施条件

机械零件测绘实施条件如表 J-J1-1-1 所示。

3) 考核时间

90 分钟。

4) 评分标准

机械零件测绘评分标准如表 J-J1-1-2 所示。

4. 试题编号：J-J1-1-4 气缸夹具的测绘

1) 任务描述

根据提供的实物，手工测绘机械零件——气缸夹具。气缸夹具零件如图 J-J1-1-4 所示。

图 J-J1-1-4　气缸夹具

2) 实施条件

机械零件测绘实施条件如表 J-J1-1-1 所示。

3) 考核时间

90 分钟。

4) 评分标准

机械零件测绘评分标准如表 J-J1-1-2 所示。

5. 试题编号：J-J1-1-5 连接块的测绘

1) 任务描述

根据提供的实物，手工测绘机械零件——连接块。连接块零件如图 J-J1-1-5 所示。

图 J-J1-1-5　连接块

2) 实施条件

机械零件测绘实施条件如表 J-J1-1-1 所示。

3) 考核时间

90 分钟。

4) 评分标准

机械零件测绘评分标准如表 J-J1-1-2 所示。

6. 试题编号：J-J1-1-6 皮带轮的测绘

1) 任务描述

根据提供的实物，手工测绘机械零件——皮带轮。皮带轮零件如图 J-J1-1-6 所示。

图 J-J1-1-6　皮带轮

2) 实施条件

机械零件测绘实施条件如表 J-J1-1-1 所示。

3) 考核时间

90 分钟。

4) 评分标准

机械零件测绘评分标准如表 J-J1-1-2 所示。

7. 试题编号：J-J1-1-7 轴套的测绘

1) 任务描述

根据提供的实物，手工测绘机械零件——轴套。轴套零件如图 J-J1-1-7 所示。

图 J-J1-1-7　轴套

2) 实施条件

机械零件测绘实施条件如表 J-J1-1-1 所示。

3) 考核时间

90 分钟。

4) 评分标准

机械零件测绘评分标准如表 J-J1-1-2 所示。

8. 试题编号：J-J1-1-8　齿轮轴的测绘

1) 任务描述

根据提供的实物，手工测绘机械零件——齿轮轴。齿轮轴零件如图 J-J1-1-8 所示。

图 J-J1-1-8　齿轮轴

2) 实施条件

机械零件测绘实施条件如表 J-J1-1-1 所示。

3) 考核时间

90 分钟。

4) 评分标准

机械零件测绘评分标准如表 J-J1-1-2 所示。

9. 试题编号：J-J1-1-9　圆柱齿轮的测绘

1) 任务描述

根据提供的实物，手工测绘机械零件——圆柱齿轮。圆柱齿轮零件如图 J-J1-1-9 所示。

2) 实施条件

机械零件测绘实施条件如表 J-J1-1-1 所示。

图 J-J1-1-9　圆柱齿轮

3) 考核时间

90 分钟。

4) 评分标准

机械零件测绘评分标准如表 J-J1-1-2 所示。

10. 试题编号：J-J1-1-10 端盖的测绘

1) 任务描述

根据提供的实物，手工测绘机械零件——端盖。端盖零件如图 J-J1-1-10 所示。

图 J-J1-1-10　端盖

2) 实施条件

机械零件测绘实施条件如表 J-J1-1-1 所示。

3) 考核时间

90 分钟。

4) 评分标准

机械零件测绘评分标准如表 J-J1-1-2 所示。

项目 2　CAD 制图

1. 试题编号：J-J1-2-1 轴承架零件图绘制

1) 任务描述

根据轴承架零件图样图，使用 CAD 绘制轴承架零件图。轴承架零件图样图如图 J-J1-2-1 所示。

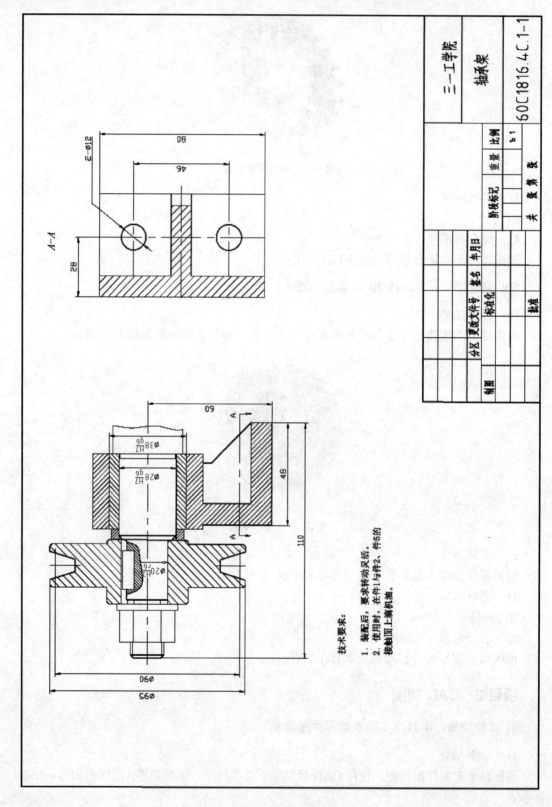

图 J-J1-2-1 轴承架零件图

能熟练操作 CAD 软件绘制平面图形、零件的三视图、剖视图、局部剖视图，根据不同零件，能正确选用表达方法；能正确识读零件图；能正确进行螺纹与螺纹连接件、公差与配合、表面结构要素、形位公差等的识读；能熟练操作 CAD 软件，按国家标准或行业规范对所绘制的图样标注尺寸、公差、表面粗糙度等；能合理地编写技术要求，正确填写标题栏。CAD 制图的具体要求如表 J-J1-2-1 所示。

表 J-J1-2-1　CAD 制图要求

图 层 名	颜　　色	线　　型	线　　宽
粗实线	绿色	Continuous	0.5mm
细实线	黄色	Continuous	默认
中心线	红色	Center(.5X)	默认
虚线	洋红色	HIDDEN(.5X)	默认
剖面线	青色	Continuous	默认
尺寸标注	青色	Continuous	默认
文字注释	蓝色	Continuous	默认
图框_外框线	白色(黑色)	Continuous	默认
图框_内框线	蓝色	Continuous	1mm
标题栏_框线	白色(黑色)	Continuous	0.7mm
标题栏_文字	红色	Continuous	默认

2) 实施条件

CAD 制图实施条件如表 J-J1-2-2 所示。

表 J-J1-2-2　CAD 制图实施条件

项　目	基本实施条件	备　注
场地	具备 CAD 绘图室，且采光、照明良好，面积足够	必备
设备	安装有 AutoCAD 2007 绘图软件的计算机 50 台	必备
测评专家	每 10 名考生配备 1 名测评专家，且不少于 3 名测评专家。辅助人员与考生配比为 1∶20，且不少于 2 名辅助人员。测评专家要求具备至少 1 年以上机械工作经验或 3 年以上实训指导经历	必备

3) 考核时间

90 分钟。

4) 评分标准

CAD 制图项目评分标准如表 J-J1-2-3 所示。

表 J-J1-2-3　CAD 制图项目评分标准

评分项目	主要内容	考核要求	评分细则	配分	扣分	得分	备注
职业素养与操作规范(20分)	工作前准备	清点测量工具、绘图工具、绘图纸并摆放整齐	(1)工作前，未清点扣5分。 (2)摆放不整齐扣5分	10			出现明显失误造成零件或测绘工具、设备损坏等安全事故；严重违反考场纪律造成恶劣影响的，本次测试记0分
	6S规范	整理、整顿、清扫、安全、清洁、素养	(1)操作过程中及作业完成后，工具等摆放不整齐扣2分。 (3)作业完成后未清理、清扫工作现场扣5分	10			
作品(80分)	CAD绘图基本设置	文件命名正确；图形界限、图形单位的设置正确；图层的设置正确；文字样式、尺寸样式设置正确	(1)命名错误，扣1分。 (2)图形界限、图形单位、图层、文字样式、尺寸样式设置错误，每项扣1分，扣完为止	35			
	图形的绘制	表达零件形状的一组视图合理；表示零件形状大小的尺寸标注正确、完整、清晰、合理；零件技术要求确定符合国家标准	(1)图形与图样不一致，不得分。 (2)视图选择不合理，零件结构形状表达不清，每处扣5分，扣完为止。 (3)标注的尺寸与实物的尺寸不符，每个不符尺寸扣3分，扣完为止。 (4)尺寸公差与几何公差要求与实物不符，每项扣3分，扣完为止。 (5)未填写标题栏，扣3分	30			
	零件图图纸外观	图面整洁，布局合理；图线、文字书写符合国家标准	(1)图面布局不合理，扣5分。 (2)图面不整洁，酌情扣2~5分。 (3)图线不符合国家标准，酌情扣2~5分。 (4)不使用工程字体,酌情扣2~5分。 (5)尺寸标注不符合国家标准,酌情扣2~5分	15			

2. 试题编号：J-J1-2-2 机架平面图绘制

1) 任务描述

根据机架平面图样图，使用 CAD 绘制机架平面图。机架平面图样图如图 J-J1-2-2 所示。

2) 实施条件

CAD 制图实施条件如表 J-J1-2-2 所示。

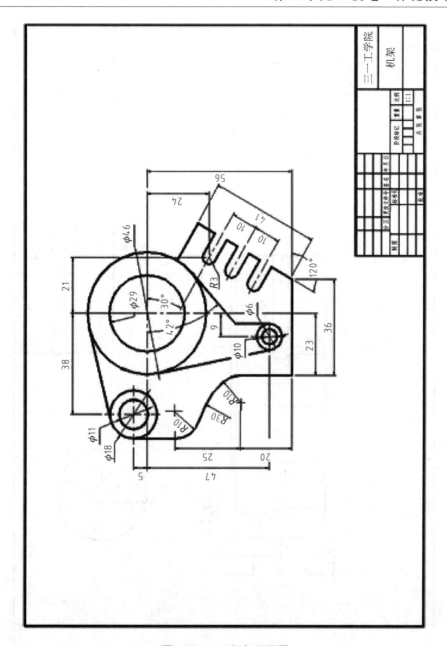

图 J-J1-2-2 机架平面图

3) 考核时间

90 分钟。

4) 评分标准

CAD 制图项目评分标准如表 J-J1-2-3 所示。

3. 试题编号：J-J1-2-3 旋轴零件图绘制

1) 任务描述

根据旋轴零件图样图，使用 CAD 绘制旋轴零件图。旋轴零件图样图如图 J-J1-2-3 所示。

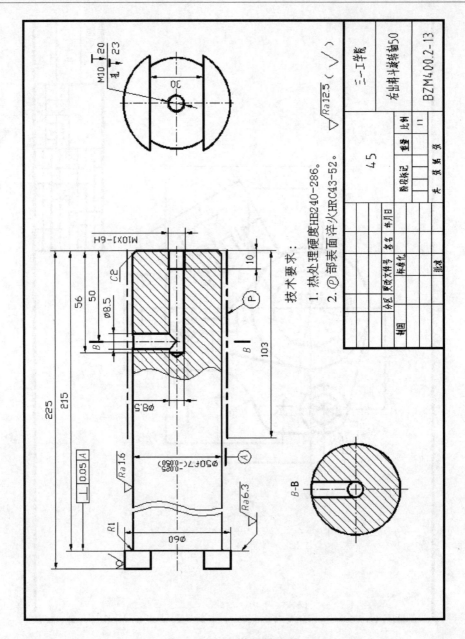

图 J-J1-2-3　旋轴零件图

2) 实施条件

CAD 制图实施条件如表 J-J1-2-2 所示。

3) 考核时间

90 分钟。

4) 评分标准

CAD 制图项目评分标准如表 J-J1-2-3 所示。

4. 试题编号：J-J1-2-4 吊钩轮廓图的绘制

1) 任务描述

根据吊钩轮廓图样图，使用 CAD 绘制吊钩轮廓图。吊钩轮廓图样图如图 J-J1-2-4 所示。

2) 实施条件

CAD 制图实施条件如表 J-J1-2-2 所示。

3) 考核时间

90 分钟。

4) 评分标准

CAD 制图项目评分标准如表 J-J1-2-3 所示。

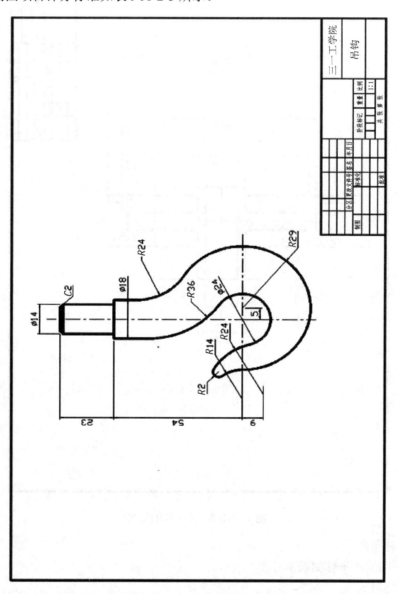

图 J-J1-2-4　吊钩轮廓图

5. 试题编号：J-J1-2-5 皮带轮剖视图绘制

1) 任务描述

根据提供的皮带轮剖视图样图，使用 CAD 绘制皮带轮剖视图。皮带轮剖视图样图如图 J-J1-2-5 所示。

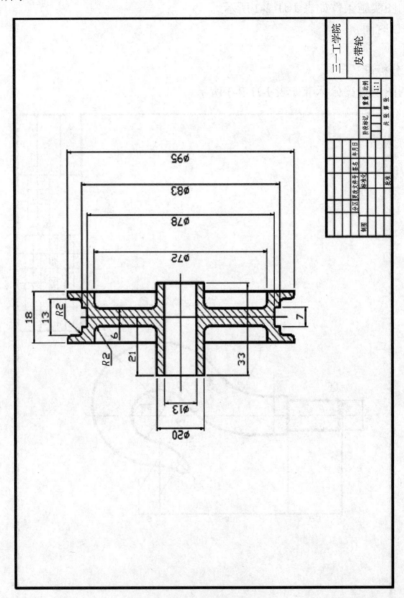

图 J-J1-2-5　皮带轮剖视图

2) 实施条件

CAD 制图实施条件如表 J-J1-2-2 所示。

3) 考核时间

90 分钟。

4) 评分标准

CAD 制图项目评分标准如表 J-J1-2-3 所示。

6. 试题编号：J-J1-2-6 端盖零件图绘制

1) 任务描述

根据端盖零件图样图，使用 CAD 绘制端盖零件图。端盖零件图样图如图 J-J1-2-6 所示。

2) 实施条件

CAD 制图实施条件如表 J-J1-2-2 所示。

3) 考核时间

90 分钟。

4) 评分标准

CAD 制图项目评分标准如表 J-J1-2-3 所示。

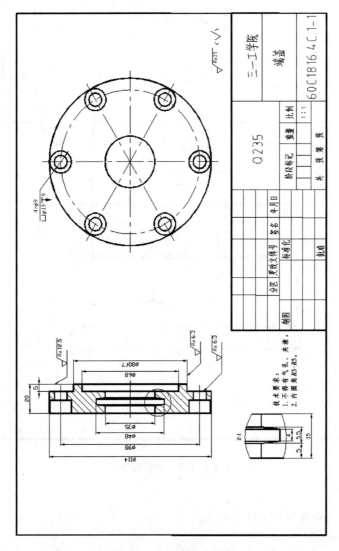

图 J-J1-2-6　端盖零件图

7. 试题编号：J-J1-2-7 齿轮零件图绘制

1) 任务描述

根据齿轮零件图样图，使用 CAD 绘制齿轮零件图。齿轮零件图样图如图 J-J1-2-7 所示。

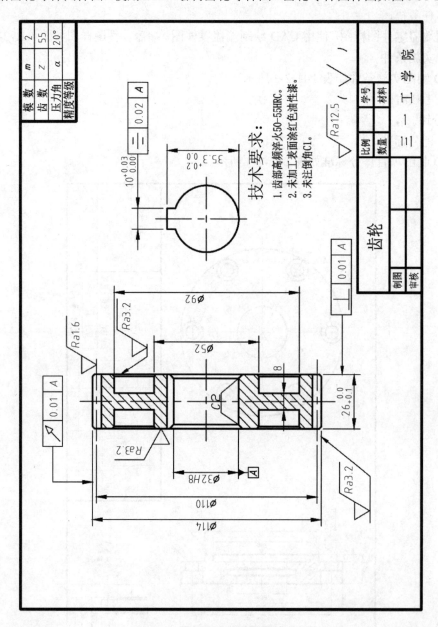

图 J-J1-2-7　齿轮零件图

2) 实施条件

CAD 制图实施条件如表 J-J1-2-2 所示。

3) 考核时间

90 分钟。

4) 评分标准

CAD 制图项目评分标准如表 J-J1-2-3。

8. 试题编号：J-J1-2-8 法兰零件图绘制

1) 任务描述

根据法兰零件图样图，使用 CAD 绘制法兰零件图。法兰零件图样图如图 J-J1-2-8 所示。

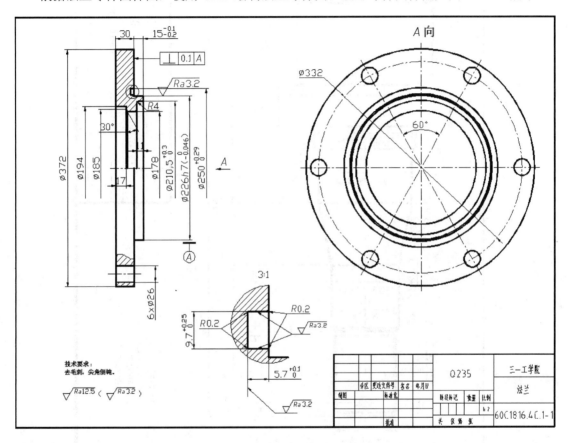

图 J-J1-2-8 法兰零件图

2) 实施条件

CAD 制图实施条件如表 J-J1-2-2 所示。

3) 考核时间

90 分钟。

4) 评分标准

CAD 制图项目评分标准如表 J-J1-2-3 所示。

9. 试题编号：J-J1-2-9 轮轴零件图绘制

1) 任务描述

根据轮轴零件图样图，使用 CAD 绘制轮轴零件图。轮轴零件图样图如图 J-J1-2-9 所示。

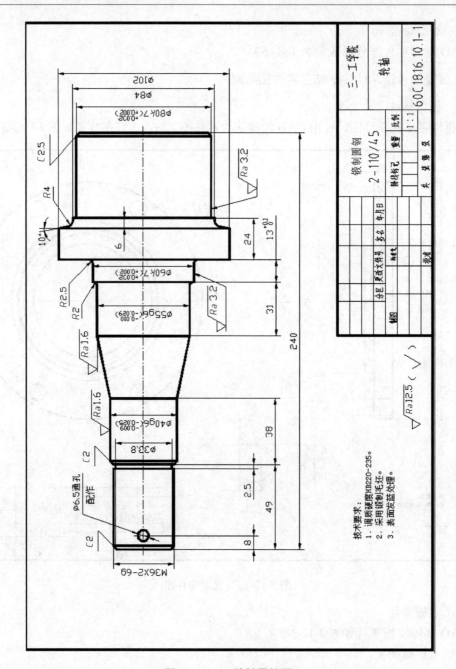

图 J-J1-2-9 轮轴零件图

2) 实施条件

CAD 制图实施条件如表 J-J1-2-2 所示。

3) 考核时间

90 分钟。

4) 评分标准

CAD 制图项目评分标准如表 J-J1-2-3 所示。

10. 试题编号：J-J1-2-10 齿轮轴零件图绘制

1) 任务描述

根据齿轮轴零件图样图，使用CAD绘制齿轮轴零件图。齿轮轴零件图样图如图J-J1-2-10所示。

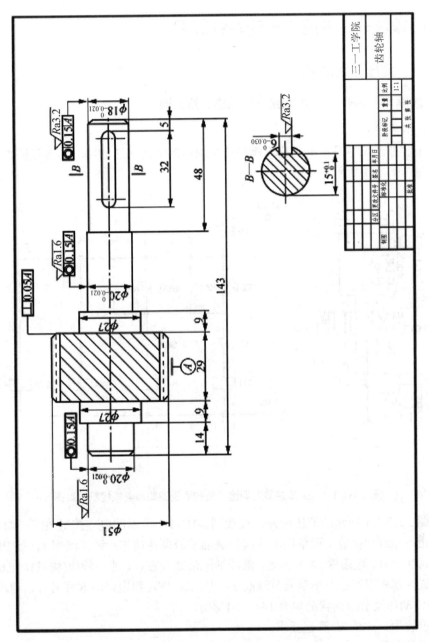

图 J-J1-2-10　齿轮轴零件图

2) 实施条件

CAD制图实施条件如表J-J1-2-2所示。

3) 考核时间

90 分钟。

4) 评分标准

CAD 制图项目评分标准如表 J-J1-2-3 所示。

二、核心模块一：液压与气动系统装调

项目 1　液压系统装调

1. 试题编号：J-H1-1-1　进油路节流调速回路装调

1) 任务描述

在液压实训系统中采用单向节流阀搭建进油路的节流调速回路，其液压回路和电气控制线路如图 J-H1-1-1 所示。

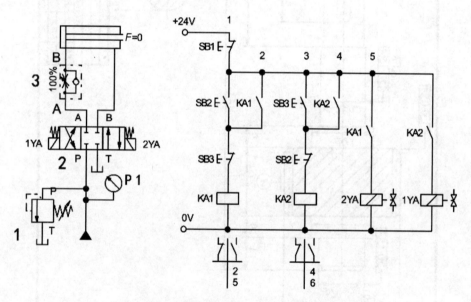

图 J-H1-1-1　进油路节流调速回路的液压回路和电气控制线路图

搭建图 J-H1-1-1 所示的液压回路，连接图 J-H1-1-1 所示的电气控制线路；油泵能正常启动与停止、加载卸荷能实现单向节流阀的进油节流调速动作：调溢流阀 1，使 P1=4MPa，单向节流阀 3 全开，电磁铁 2YA 得电，液压油缸活塞杆右行，速度较快(快进)。电磁铁 1YA 得电，油缸活塞杆退回；关小单向节流阀 3，电磁铁 2YA 得电，活塞杆右行，速度变慢(工进)。电磁铁动作及节流阀状况如表 J-H1-1-1 所示。

考核过程中，注意 6S 管理要求。

2) 实施条件

液压系统装调项目实施条件如表 J-H1-1-2 所示。

3) 考核时间

60 分钟。

表 J-H1-1-1　电磁铁动作及节流阀状况表

工况	1YA	2YA	节流阀
快进	−	+	全开
工进	−	+	关小
快退	+	−	/
原位停止	−	−	/

表 J-H1-1-2　液压系统装调项目实施条件

项目	基本实施条件	备注
场地	8 个液压系统装调工位，且采光、照明良好	必备
设备	液压系统装调设备 8 套	必备
工具	万用表 8 只，活动扳手 16 把	根据需求选备
测评专家	每 5 名考生配备 1 名测评专家，且不少于 3 名测评专家；辅助人员与考生配比为 1∶20，且不少于 2 名辅助人员；测评专家要求具备至少 1 年以上液压设备装调工作经验或 3 年以上液压系统装调实训指导经历	必备

4) 评分标准

液压系统装调项目评分标准如表 J-H1-1-3 所示。

表 J-H1-1-3　液压系统装调项目评分标准

评价内容	序号	主要内容	考核要求	评分细则	配分	扣分	得分
职业素养与操作规范(20 分)	1	工作前准备	清点仪表、电工工具，并摆放整齐，穿戴好劳动保护用品	(1)工作前，未检查电源、仪表，未清点工具、元器件扣 2 分。(2)仪表、工具等摆放不整齐扣 3 分。(3)未穿戴好劳动防护用品扣 5 分	10		
	2	6S 规范	操作过程中及作业完成后，保持工具、仪表、元器件、设备等摆放整齐。操作过程中无不文明行为，具有良好的职业操守，独立完成考核任务，合理解决突发事件。具有安全意识，操作符合规范要求，作业完成后清理、清扫工作现场	(1)操作过程中及作业完成后，工具等摆放不整齐扣 2 分。(2)工作过程出现违反安全规范的每次扣 5 分。(3)作业完成后未清理、清扫工作现场扣 3 分	10		

续表

评价内容	序号	主要内容	考核要求	评分细则	配分	扣分	得分
作品(80分)	3	元件选择与安装	按图示要求，正确选择和安装元件；元件安装要紧固，位置合适，元件连接规范、美观	(1)元件选择不正确，每个扣2分。 (2)元件安装不牢固，每个扣2分。 (3)方向控制阀轴线没呈水平位置安装，每个扣2分。 (4)行程开关安装位置不正确扣2分。 (5)元器件布置不整齐、不合理，扣2分	10		
	4	系统连接	按要求，正确连接液压回路和电气控制线路	(1)液压回路连接不正确每处扣10分。 (2)电气控制线路连接不正确扣10分	20		
	5	调试	检查油压输出并调整；检查电源输出并单独检查电路；上述两个步骤完成后对系统进行电路油路联调	(1)不检查电源输出以及线路连线，扣2分。 (2)不检查油压输出并调整扣2分。 (3)阀门调整不正确扣2分。 (4)压力不调整的扣2分。 (5)油泵不能启动/停止扣5分，油泵不能加载/卸荷扣5分	20		
	6	功能	系统功能完整、正确	(1)功能缺失按比例得分(功能参照每道试题中的电磁阀及行程开关动作状况表)。 (2)若功能全部不能实现，本次测试直接判定为不及格	30		

2. 试题编号：J-H1-1-2 节流阀旁路节流调速回路装调

1) 任务描述

在液压实训系统中采用单向节流阀搭建旁路的节流调速回路，其液压回路和电气控制线路如图 J-H1-1-2 所示。

搭建图 J-H1-1-2 所示的液压回路，连接图 J-H1-1-2 所示的电气控制线路；油泵能正常启动与停止、加载卸荷。该液压系统能实现单向节流阀的旁路节流调速动作：调阀 1，使 P1=4MPa，单向节流阀 2 全关，2YA 得电，活塞杆右行，速度较快(快进)；1YA 得电，油缸退回(快退)；打开单向节流阀 2，2YA 得电，活塞杆右行，随着单向节流阀的开度越大，速度变慢(工进)。电磁铁动作及节流阀状况如表 J-H1-1-4。

考核过程中，注意 6S 管理要求。

2) 实施条件

液压系统装调项目实施条件如表 J-H1-1-2 所示。

3) 考核时间

60 分钟。

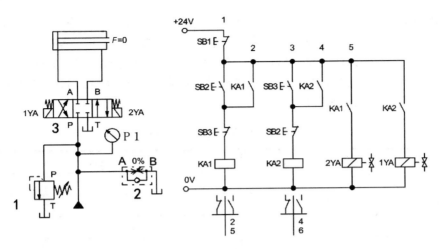

图 J-H1-1-2 节流阀旁路节流调速回路的液压回路和电气控制线路图

表 J-H1-1-4 电磁铁动作及节流阀状况表

工 况	1YA	2YA	节 流 阀
快进	−	+	全开
工进	−	+	开大
快退	+	−	全关
原位停止	−	−	/

4) 评分标准

液压系统装调项目评分标准如表 J-H1-1-3 所示。

3. 试题编号：J-H1-1-3 自动连续换向回路装调

1) 任务描述

在液压实训系统中采用行程开关搭建控制液压缸自动连续换向回路，其液压回路和电气控制线路如图 J-H1-1-3 所示。

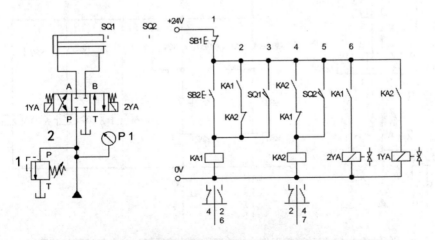

图 J-H1-1-3 自动连续换向回路的液压回路和电气控制线路图

搭建图 J-H1-1-3 所示的液压回路，连接图 J-H1-1-3 所示的电气控制线路；油泵能正常启动与停止、加载卸荷。实现该液压系统功能如下：调阀 1，使 P1=4MPa，按下按钮 SB2→1，缸前进→2；碰到行程开关 SQ2→3，缸后退→4；碰到行程开关 SQ1→1，缸前进，自动循环，直至按下按钮 SB1 停止。电磁铁及行程开关动作顺序如表 J-H1-1-5 所示。

考核过程中，注意 6S 管理要求。

表 J-H1-1-5　电磁铁及行程开关动作顺序表

工况	1YA	2YA	SQ1	SQ2
缸前进 1	−	+	−	−
进到位 2	+	−	−	+
缸后退 3	+	−	−	−
退到位 4	−	+	+	−
原位停止	−	−	−	−

2) 实施条件

液压系统装调项目实施条件如表 J-H1-1-2 所示。

3) 考核时间

60 分钟。

4) 评分标准

液压系统装调项目评分标准如表 J-H1-1-3 所示。

4. 试题编号：J-H1-1-4　差动连接工作进给快速回路装调

1) 任务描述

在液压实训系统中液压缸差动连接搭建能实现快进和工作进给的调速回路，其液压回路和电气控制线路如图 J-H1-1-4 所示。

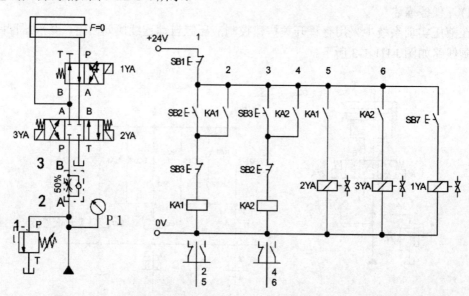

图 J-H1-1-4　差动连接工作进给快速回路的液压回路和电气控制线路图

搭建图 J-H1-1-4 所示的液压回路，连接图 J-H1-1-4 所示的电气控制线路；油泵能正常启动与停止、加载卸荷。该液压系统能实现差动连接调速动作：调阀 1，使 P1=4MPa，当 2YA 通电、1YA 通电时，液压泵输出的压力油同缸右腔的油都进入液压缸的左腔，实现了差动连接，使活塞快速向右运动；当快速运动结束，使 1YA1 失电，2YA 仍通电，这时是工作进给。当 3YA 通电、2YA 失电时，活塞向左快速退回(非差动连接)。电磁铁动作顺序如表 J-H1-1-6 所示。

考核过程中，注意 6S 管理要求。

表 J-H1-1-6　电磁铁动作顺序表

工　况	1YA	2YA	3YA
快进	+	+	-
工进	-	+	-
快退	-	-	+
原位停止	-	-	-

2) 实施条件

液压系统装调项目实施条件如表 J-H1-1-2 所示。

3) 考核时间

60 分钟。

4) 评分标准

液压系统装调项目评分标准如表 J-H1-1-3 所示。

5. 试题编号：J-H1-1-5 调速阀短接调速回路装调

1) 任务描述

在液压实训系统中调速阀的短接搭建能实现快进和工作进给的调速回路，其液压回路和电气控制线路如图 J-H1-1-5 所示。

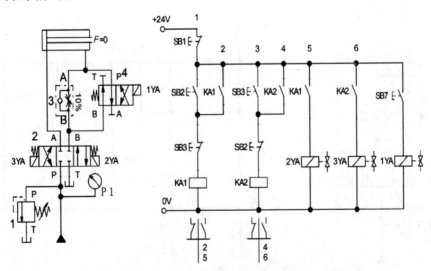

图 J-H1-1-5　调速阀短接调速回路的液压回路和电气控制线路图

搭建图 J-H1-1-5 所示的液压回路，连接图 J-H1-1-5 所示电气控制线路；油泵能正常启动与停止、加载卸荷。该液压系统能实现如下调速动作：调阀 1，使 P1=4MPa，阀 4 的 1YA 得电，活塞向右运动时，缸回油通过阀 4，调速阀不起作用，不能改变油缸运动速度(快进)；当阀 4 的 1YA 失电，阀 4 关闭，缸回油通过调速阀节流，缸速度减慢(工进)；当 3YA 通电，活塞向左快速退回。电磁铁动作顺序如表 J-H1-1-7 所示。

考核过程中，注意 6S 管理要求。

表 J-H1-1-7 电磁铁动作顺序表

工　况	1YA	2YA	3YA
快进	+	+	-
工进	-	+	-
快退	-	-	+
原位停止	-	-	-

2) 实施条件

液压系统装调项目实施条件如表 J-H1-1-2 所示。

3) 考核时间

60 分钟。

4) 评分标准

液压系统装调项目评分标准如表 J-H1-1-3 所示。

6. 试题编号：J-H1-1-6 并联调速回路调速阀装调

1) 任务描述

在液压实训系统中液压缸差动连接搭建能实现并联调速回路，其液压回路和电气控制线路如图 J-H1-1-6 所示。

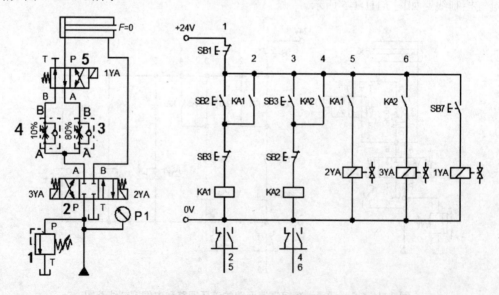

图 J-H1-1-6 并联调速回路调速阀的液压回路和电气控制线路图

搭建图 J-H1-1-6 所示的液压回路，连接图 J-H1-1-6 所示的电气控制线路；油泵能正常启动与停止、加载卸荷。该液压系统能实现调速阀的并联调速动作：调阀 1，使 P1=4MPa，调速阀 3 和 4 并联，两种进给速度不会相互影响，调节调速阀 4 开口小于阀 3 开口量；当 2YA 得电、1YA 失电时，缸运动速度为快进，2YA 得电、1YA 得电时，缸运动速度为工进(慢)，3YA 得电、2YA 失电时，使油缸返回。电磁铁动作顺序如表 J-H1-1-8 所示。

考核过程中，注意 6S 管理要求。

表 J-H1-1-8 电磁铁动作顺序表

工况	1YA	2YA	3YA
快进	−	+	−
工进	+	+	−
快退	+/−	−	+
原位停止	−	−	−

2) 实施条件

液压系统装调项目实施条件如表 J-H1-1-2 所示。

3) 考核时间

60 分钟。

4) 评分标准

液压系统装调项目评分标准如表 J-H1-1-3 所示。

7. 试题编号：J-H1-1-7 采用单向顺序阀控制液压缸的平衡回路装调

1) 任务描述

在液压实训系统中采用单向顺序阀搭建控制液压缸动作的平衡回路，其液压回路和电气控制线路如图 J-H1-1-7 所示。

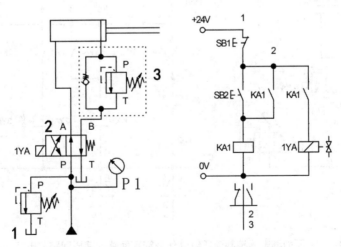

图 J-H1-1-7 采用单向顺序阀控制液压缸的平衡回路的液压回路和电气控制线路图

搭建图 J-H1-1-7 所示的液压回路，连接图 J-H1-1-7 所示的电气控制线路；油泵能正常启动与停止、加载卸荷。该液压系统能实现液压缸动作：1YA 得电，开泵油缸活塞杆后退，到底后调节阀 1 使 P1=3MPa，旋紧阀 3 的调压弹簧后，1YA 失电，活塞杆不前进，逐渐调小阀 3 的压力，直到活塞杆前进。电磁铁动作顺序及单向顺序阀状况如表 J-H1-1-9 所示。

考核过程中，注意 6S 管理要求。

表 J-H1-1-9　电磁铁动作顺序及单向顺序阀状况表

工　况	1YA	单向顺序阀
活塞杆退回	+	/
活塞杆停	−	全关
活塞杆前进	−	打开
原位停止	−	/

2) 实施条件

液压系统装调项目实施条件如表 J-H1-1-2 所示。

3) 考核时间

60 分钟。

4) 评分标准

液压系统装调项目评分标准如表 J-H1-1-3 所示。

8. 试题编号：J-H1-1-8 压力继电器控制液压缸动作及卸荷回路装调

1) 任务描述

在液压实训系统中采用压力继电器搭建控制液压缸动作及卸荷回路，其液压回路和电气控制线路如图 J-H1-1-8 所示。

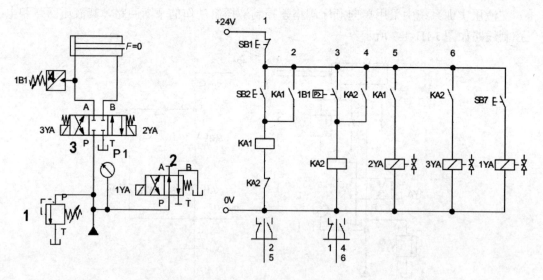

图 J-H1-1-8　压力继电器控制液压缸动作及卸荷回路的液压回路和电气控制线路图

搭建图 J-H1-1-8 所示的液压回路，连接图 J-H1-1-8 所示的电气控制线路；油泵能正常启动与停止、加载卸荷。该液压系统能实现的功能如下：调阀 1，使 P1=4MPa，当按下按钮 SB2 时,液压缸右行→压力继电器发信号→液压缸左行→液压缸停止,1YA 得电,液压泵卸荷。电磁铁的动作顺序如表 J-H1-1-10 所示。

考核过程中,注意 6S 管理要求。

表 J-H1-1-10 电磁铁动作顺序表

工 况	1YA	2YA	3YA
缸前进	−	+	−
缸后退	−	−	+
泵卸荷	+	−	−
原位停止	−	−	−

2) 实施条件

液压系统装调项目实施条件如表 J-H1-1-2 所示。

3) 考核时间

60 分钟。

4) 评分标准

液压系统装调项目评分标准如表 J-H1-1-3 所示。

9. 试题编号:J-H1-1-9 调速阀串联多级调速回路装调

1) 任务描述

在液压实训系统中采用调速阀串联搭建多级调速回路,其液压回路和电气控制线路如图 J-H1-1-9 所示。

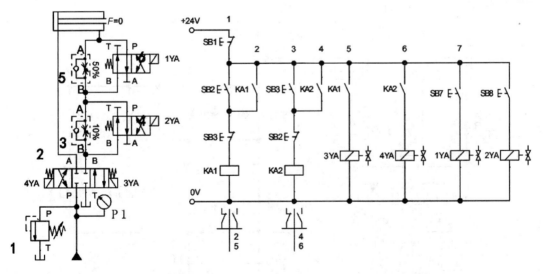

图 J-H1-1-9 调速阀串联多级调速回路的液压回路和电气控制线路图

搭建图 J-H1-1-9 所示的液压回路,连接图 J-H1-1-9 所示的电气控制线路;油泵能正常启动与停止、加载卸荷。该液压系统能实现的功能如下:调阀 1,使 P1=4MPa,调节调速阀 3 开口小于阀 5 开口量;当 2YA 得电、1YA 得电时,系统不节流,缸运动速度最快,缸退回；当2YA得电、1YA失电时，缸Ⅰ工进(稍慢)，缸退回；当1YA、2YA均失电时，缸Ⅱ工进(慢)，缸退回。电磁铁动作顺序如表J-H1-1-11所示。

考核过程中，注意6S管理要求。

表J-H1-1-11 电磁铁动作顺序表

工况	1YA	2YA	3YA	4YA
快进	+	+	+	−
Ⅰ工进	−	+	+	−
Ⅱ工进	−	−	+	−
快退	−	−	−	+
原位停止	−	−	−	−

2) 实施条件

液压系统装调项目实施条件如表J-H1-1-2所示。

3) 考核时间

60分钟。

4) 评分标准

液压系统装调项目评分标准如表J-H1-1-3所示。

10. 试题编号：J-H1-1-10 采用单向节流阀控制双缸同步动作回路装调

1) 任务描述

在液压实训系统中采用单向节流阀搭建控制双缸同步动作的回路，其液压回路和电气控制线路如图J-H1-1-10所示。

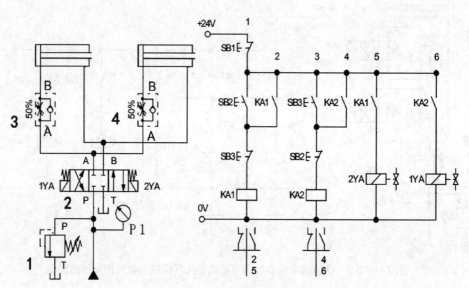

图J-H1-1-10 单向节流阀控制双缸同步动作回路的液压回路和电气控制线路图

搭建图J-H1-1-10所示的液压回路，连接图J-H1-1-10所示的电气控制线路；油泵能正常启动与停止、加载卸荷。该液压系统能实现的功能如下：调阀 1，使 P1=4MPa，液压缸左缸、右缸同步前进→两液压缸同时退回→液压缸停止运行。电磁铁动作顺序及单向节流阀状况如表 J-H1-1-12 所示。

考核过程中，注意 6S 管理要求。

表 J-H1-1-12　电磁铁动作顺序及单向节流阀状况表

工　况	1YA	2YA	阀 3	阀 4
缸进	−	+	+	+
缸退	+	−	+	+
原位停止	−	−	−	−

2) 实施条件

液压系统装调项目实施条件如表 J-H1-1-2 所示。

3) 考核时间

60 分钟。

4) 评分标准

液压系统装调项目评分标准如表 J-H1-1-3 所示。

项目 2　气动系统装调

1. 试题编号：J-H1-2-1 换向阀控制双作用气缸系统装调

1) 任务描述

安装并调试换向阀控制双作用气缸系统，气动回路和电气控制线路如图 J-H1-2-1 所示。

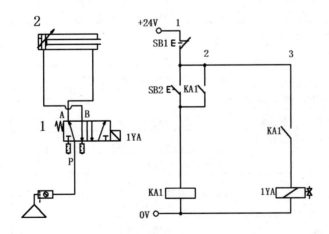

图 J-H1-2-1　换向阀控制双作用气缸系统回路和电气控制线路图

搭建气动回路，连接电气控制线路；启动气泵，调节气动三联件中的减压阀，使系统压力为 4Bar。该气压系统可以实现以下动作：按下按钮 SB2，气缸活塞杆伸出，再按下按钮 SB1，气缸活塞杆缩回。电磁阀、磁性开关触点动作顺序如表 J-H1-2-1 所示。

考核过程中，注意 6S 管理要求。

表 J-H1-2-1 电磁阀、磁性开关触点动作顺序表

工 况	1YA
缸进	+
缸进到位	+
缸退	−
缸退到位	−

2) 实施条件

气动系统装调项目实施条件如表 J-H1-2-2 所示。

3) 考核时间

60 分钟。

4) 评分标准

气动系统装调项目评分标准如表 J-H1-2-3 所示。

表 J-H1-2-2 气动系统装调项目实施条件

项 目	基本实施条件		备 注
场地	气动系统装调工位,且采光、照明良好		必备
设备	气动系统装调实训台、空气压缩机和储气罐若干		必备
工具	工具包(包括万用表一只,十字螺丝刀一把,一字螺丝刀一把,气管钳一个),每个工位一套		根据需求选备
元件	名称	型号	由考生根据题目自行选用
	常闭型单电控二位三通阀	3V210—08—NC	
	常开型单电控二位三通阀	3V210—08—NO	
	单电控二位五通阀	4V201—08	
	双电控二位五通阀	4V201—08	
	常闭型单气控二位三通阀	3A210—08—NC	
	常开型单气控二位三通阀	3A210—08—NO	
	单气控二位五通阀	4A201—08	
	双电控二位五通阀	4A201—08	
	手旋阀	S3HS—08	
	按钮阀(绿)	S3HS—08	
	按钮阀(红)	S3PP—08	
	行程阀	S3R—08	
	减压阀	SR200—08	
	单向节流阀	ASC200—08	
	双压阀	STH—01	
	梭阀	ST—01	
	快速排气阀	Q—08	

续表

项目	基本实施条件		备注
元件	压力开关	PK510	由考生根据题目自行选用
	行程开关	LXME—8108	
	单作用气缸	MSAL32*50—CA	
	双作用气缸	MAL32*125—S—CA	
	磁性开关	CS1M020A32	
测评专家	每4名考生配备1名测评专家，且不少于3名测评专家。辅助人员与考生的比例为1:20，且不少于2名辅助人员。测评专家要求具备至少1年以上气压设备装调工作经验或3年以上气动系统装调实训指导经历。		必备

表 J-H1-2-3 气动系统装调项目评分标准

评价内容	序号	主要内容	考核要求	评分细则	配分	扣分	得分
职业素养与操作规范(20分)	1	工作前准备	清点仪表、电工工具，并摆放整齐，穿戴好劳动防护用品	(1)工作前，未检查电源、仪表，未清点工具、元件扣2分。(2)仪表、工具等摆放不整齐扣3分。(3)未穿戴好劳动防护用品扣5分	10		
	2	6S规范	操作过程中及作业完成后，保持工具、仪表、元器件、设备等摆放整齐。操作过程中无不文明行为、具有良好的职业操守，独立完成考核任务，合理解决突发事件。具有安全意识，操作符合规范要求，作业完成后清理、清扫工作现场	(1)操作过程中及作业完成后，工具等摆放不整齐扣2分。(2)工作过程中出现违反安全规范的每次扣5分。(3)作业完成后未清理、清扫工作现场扣3分	10		

续表

评价内容	序号	主要内容	考核要求	评分细则	配分	扣分	得分
作品(80分)	3	元件选择与安装	按图示要求,正确选择和安装元件。元件安装要紧固,位置合适,元件连接规范、美观	(1)元件选择不正确,每个扣2分。(2)元件安装不牢固,每个扣2分。(3)行程开关、磁性开关、行程阀等安装位置不正确,每个扣5分。(4)元件布置不整齐、不合理扣5分。(5)元件连接不规范、不美观扣5分	20		
	4	系统连接	按图示要求,正确连接气动回路和电气控制线路	(1)气动回路连接不正确,每处扣10分。(2)电气控制线路连接不正确扣5分	15		
	5	调试	检查气压输出并调整,单独检查气路。检查电源输出并单独检查电路。上述两个步骤完成后对系统进行电路气路联调	(1)不检查气压输出并作出调整,扣3分。(2)气压阀调整不正确扣2分。(3)不检查气路连线,扣5分。(4)气压调整不合适(偏大或偏小)扣5分。(5)不检查电源输出以及电路,扣5分(纯气压回路本项不检查)	15		
	6	功能	系统功能完整、正确	(1)功能缺失按比例得分(功能参照每道试题中的电磁阀及行程开关动作状况表)。(2)若功能全部不能实现,本次测试直接判定为不及格	30		

2. 试题编号：J-H1-2-2 单气缸往复气动系统装调

1) 任务描述

安装并调试单气缸往复气动系统，气动回路和电气控制线路，如图 J-H1-2-2 所示。

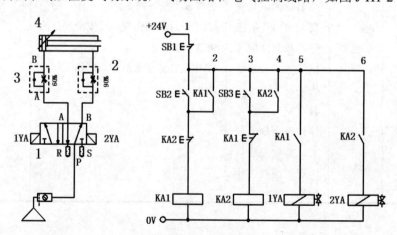

图 J-H1-2-2 单气缸往复气动回路和电气控制线路图

搭建气动回路,连接电气控制线路;启动气泵,调节气动三联件中的减压阀,使系统压力为 4Bar。该气压系统可以实现以下动作:按下按钮 SB2,气缸活塞杆伸出,再按下按钮 SB3,气缸活塞杆缩回。电磁阀、磁性开关触点动作顺序如表 J-H1-2-4 所示。

考核过程中,注意 6S 管理要求。

表 J-H1-2-4 电磁阀、磁性开关触点动作顺序表

工况	1YA	2YA
缸 4 进	+	-
缸 4 进到位	+	-
缸 4 退	-	+
缸 4 退到位	-	+

2) 实施条件

气动系统装调项目实施条件如表 J-H1-2-2 所示。

3) 考核时间

60 分钟。

4) 评分标准

气动系统装调项目评分标准如表 J-H1-2-3 所示。

3. **试题编号:J-H1-2-3 单气缸延时往复气动系统装调**

1) 任务描述

安装并调试单气缸延时往复气动系统,气动回路和电气控制线路如图 J-H1-2-3 所示。

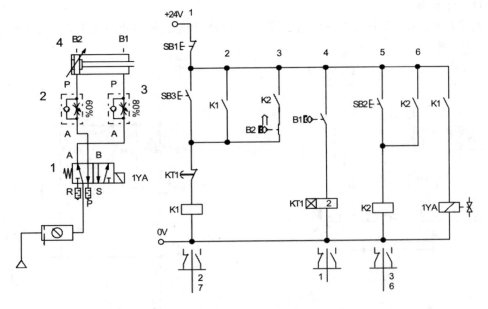

图 J-H1-2-3 单气缸延时往复气动回路和电气控制线路图

搭建气动回路,连接电气控制线路;启动气泵,调节气动三联件中的减压阀,使系统

压力为 4Bar。该气压系统可以实现两种动作。一种是单次往复：按下按钮 SB3，气缸活塞杆伸出，活塞杆伸出到位后，延时 2 秒后，活塞杆缩回。另一种是多次往复：按下按钮 SB2，气缸活塞杆伸出，活塞杆伸出到位后，延时 2 秒后，活塞杆缩回，缩回到位后，气缸活塞杆继续伸出，气缸活塞杆不断重复往复动作直至按下按钮 SB1。电磁阀、磁性开关触点动作顺序如表 J-H1-2-5 所示。

考核过程中，注意 6S 管理要求。

表 J-H1-2-5 电磁阀、磁性开关触点动作顺序表

工况	1YA	B1	B2
缸 4 进	+	+	-
缸 4 进到位	+	-	+
缸 4 退	-	-	+
缸 4 退到位	-	+	-

2) 实施条件

气动系统装调项目实施条件如表 J-H1-2-2 所示。

3) 考核时间

60 分钟。

4) 评分标准

气动系统装调项目评分标准如表 J-H1-2-3 所示。

4. 试题编号：J-H1-2-4 双气缸顺序动作气动系统装调

1) 任务描述

安装并调试双气缸顺序动作气动系统，气动回路和电气控制线路如图 J-H1-2-4 所示。

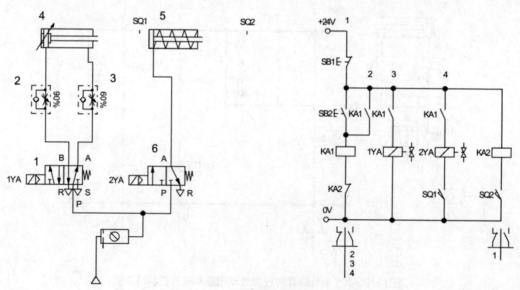

图 J-H1-2-4 双气缸顺序动作控制系统气动回路和电气控制线路图

搭建气动回路，连接电气控制线路；启动气泵，调节气动三联件中的减压阀，使系统压力为 4Bar。该气压系统能实现以下功能：按下按钮 SB2，气缸 4 活塞杆伸出，当气缸 4 活塞杆伸出到位后，行程开关 SQ1 动作，气缸 5 活塞杆伸出，当气缸 5 活塞杆到位后，行程开关 SQ2 动作，气缸 4 和气缸 5 退回到初始位置。当再次按下按钮 SB2 时，气缸 4、5 又重复上述动作。电磁阀、行程开关触点动作顺序如表 J-H1-2-6 所示。

考核过程中，注意 6S 管理要求。

表 J-H1-2-6 电磁阀及行程开关动作状况表

工 况	1YA	2YA	SQ1	SQ2
缸 4 进	+	−	−	−
缸 4 进到位	+	−	+	−
缸 5 进	+	+	+	−
缸 5 进到位	+	+	+	+
缸 4、5 退到位	−	−	−	−

2) 实施条件

气动系统装调项目实施条件如表 J-H1-2-2 所示。

3) 考核时间

60 分钟。

4) 评分标准

气动系统装调项目评分标准如表 J-H1-2-3 所示。

5. 试题编号：J-H1-2-5 板材切断装置气压回路装调

1) 任务描述

安装并调试板材切断装置气压回路，气动回路如图 J-H1-2-5 所示。

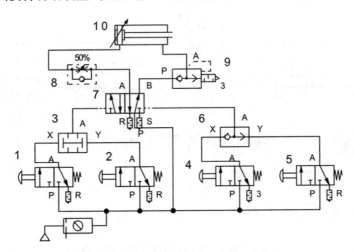

图 J-H1-2-5 板材切断装置气压回路图

搭建气动回路，启动气泵，调节气动三联件中的减压阀，使系统压力为 4Bar。该气压系统能实现以下功能：同时按下手动阀 1 和手动阀 2 后，气缸 10 活塞杆快速伸出；气缸 6 活塞杆伸出到位(斩断板材)，任意关掉手动阀 1 或者手动阀 2 中的一个，任意按下手动阀 4 或手动阀 5 中的一个，气缸 10 活塞杆缩回。

考核过程中，注意 6S 管理要求。

2) 实施条件

气动系统装调项目实施条件如表 J-H1-2-2 所示。

3) 考核时间

60 分钟。

4) 评分标准

气动系统装调项目评分标准如表 J-H1-2-3 所示。

6. 试题编号：J-H1-2-6 标签粘贴设备气动系统装调

1) 任务描述

安装并调试标签粘贴设备气动系统，气动回路如图 J-H1-2-6 所示。

搭建气动回路，启动气泵，调节气动三联件中的减压阀，使系统压力为 4Bar。该气压系统能实现以下功能：气缸 7 缩回到位，按下手动阀 1，气缸 7 和气缸 8 的活塞杆伸出，气缸 7 活塞杆伸出到位，行程阀 3 的滚轮被压下，延时阀 5 开始计时，约 3 秒后，气缸 7 和气缸 8 的活塞杆缩回。

考核过程中，注意 6S 管理要求。

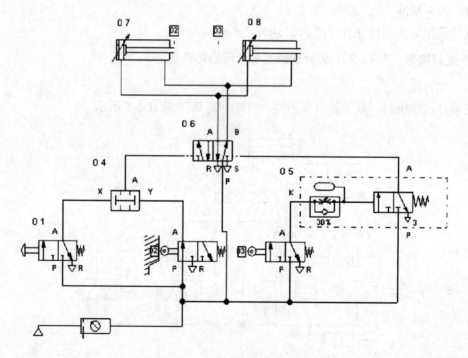

图 J-H1-2-6 标签粘贴设备气动回路图

2) 实施条件

气动系统装调项目实施条件如表 J-H1-2-2 所示。

3) 考核时间

60 分钟。

4) 评分标准

气动系统装调项目评分标准如表 J-H1-2-3 所示。

7. 试题编号：J-H1-2-7 圆柱塞分送装置气动回路装调

1) 任务描述

选用气动元件，搭建回路实现圆柱塞分送装置动作，气动回路和电气控制线路如图 J-H1-2-7 所示。

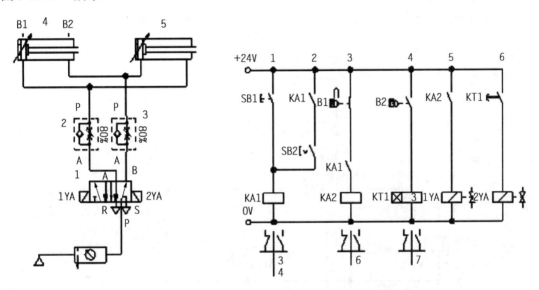

图 J-H1-2-7　圆柱塞分送装置气动回路和电气控制线路图

搭建气动回路，连接电气控制线路；启动气泵，调节气动三联件中的减压阀，使系统压力为 4Bar。

该气压系统能实现以下功能：气缸 4 活塞杆缩回到位(气缸 5 活塞杆伸出到位)，磁性开关 B1 动作，按下按钮 SB1，气缸 4 活塞杆伸出，同时气缸 5 活塞杆缩回。气缸 4 活塞杆伸出到位，磁性开关 B2 动作，延时 3 秒后气缸 4 活塞杆缩回，气缸 5 的活塞杆伸出。此为一个工作循环。若按下带自锁的按钮 SB2 后，再按下按钮 SB1，则该系统进入自动循环工作。电磁线圈、磁性开关触点动作顺序如表 J-H1-2-7 所示。

考核过程中，注意 6S 管理要求。

表 J-H1-2-7　电磁线圈及磁性开关状况表

工　况	B1	B2	1YA	2YA
气缸 4 前进，气缸 5 后退	−	−	+	−
气缸 4 进到位，气缸 5 退到位	−	+	+	−
气缸 4 后退，气缸 5 前进	−	−	−	+
气缸 4 退到位，气缸 5 进到位	+	−	−	+

2) 实施条件

气动系统装调项目实施条件如表 J-H1-2-2 所示。

3) 考核时间

60 分钟。

4) 评分标准

气动系统装调项目评分标准如表 J-H1-2-3 所示。

8. 试题编号：J-H1-2-8 拉门自动延时关闭气动系统装调

1) 任务描述

安装并调试拉门自动延时关闭气动系统，气动回路如图 H1-2-8 所示。

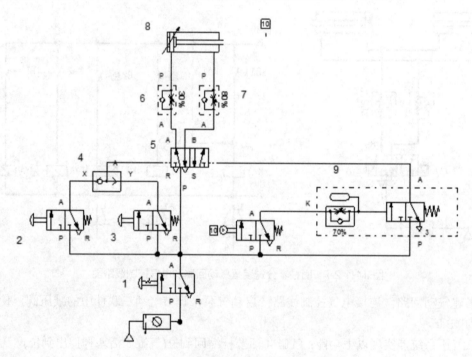

图 J-H1-2-8　拉门自动延时关闭气动回路图

搭建气动回路，启动气泵，调节气动三联件中的减压阀，使系统压力为 4Bar。该气压系统能实现以下功能：当旋转手动阀 1 后，门内按下按钮(阀 2)或门外按下按钮(阀 3)，活塞杆快速伸出(开门)；活塞杆伸出到位(门完全打开)，行程阀 10 动作，延时 3 秒后，活塞杆慢速缩回(关门)。

考核过程中，注意 6S 管理要求。

2) 实施条件

气动系统装调项目实施条件如表 J-H1-2-2 所示。

3) 考核时间

60 分钟。

4) 评分标准

气动系统装调项目评分标准如表 J-H1-2-3 所示。

9. 试题编号：J-H1-2-9 慢进快退气动系统装调

1) 任务描述

安装并调试生产线上一个慢进快退的气动系统，气动回路如图 J-H1-2-9 所示。

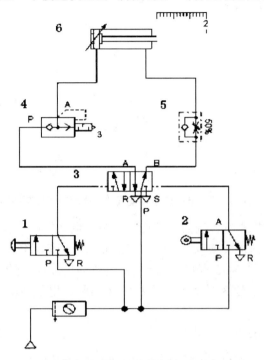

图 J-H1-2-9　慢进快退气动回路图

搭建气动回路，启动气泵，调节气动三联件中的减压阀，使系统压力为 4Bar。该气压系统能实现以下功能：按下手动阀 1，压缩气体经二位五通阀 3 经快速排气阀 4 进入双作用气缸 6 的无杆腔，有杆腔的气体经过单向节流阀 5 排出，活塞杆缓慢伸出；活塞杆到达行程阀 2 的位置，行程阀 2 动作，压缩气体经过二位五通阀 3 经单向节流阀 5 进入双作用气缸 6 的有杆腔，双作用气缸 6 无杆腔的气体经过快速排气阀排向大气，活塞杆快退。

考核过程中，注意 6S 管理要求。

2) 实施条件

气动系统装调项目实施条件如表 J-H1-2-2 所示。

3) 考核时间

60 分钟。

4) 评分标准

气动系统装调项目评分标准如表 J-H1-2-3 所示。

10. 试题编号：J-H1-2-10 电控切断装置气动系统装调

1) 任务描述

安装并调试电控切断装置气动系统，气动回路和电气控制线路如图 J-H1-2-10 所示。

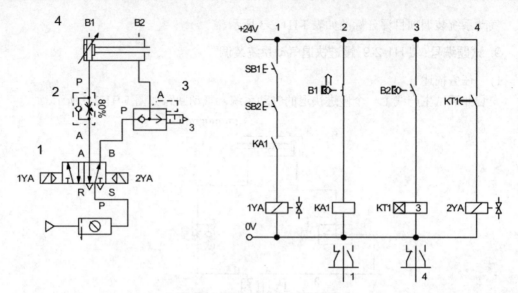

图 J-H1-2-10 电控切断装置气动回路和电气控制线路图

搭建气动回路,连接电气控制回路;启动气泵,调节气动三联件中的减压阀,使系统压力为4Bar。该气压系统能实现以下功能:气缸4活塞杆缩回到位,磁性传感器B1动作,同时按下启动按钮 SB1 和 SB2,气缸4活塞杆快速伸出(切断物体);活塞杆伸出到位后,磁性传感器 B2 动作,延时 3 秒后,活塞杆慢速缩回。电磁线圈和磁性开关动作状况如表 J-H1-2-8 所示。

考核过程中,注意 6S 管理要求。

表 J-H1-2-8 电磁线圈和磁性开关动作状况表

工 况	1YA	2YA	B1	B2
气缸 4 前进	+	−	+	−
气缸 4 前进到位	+	−	−	+
气缸 4 后退	−	+	−	−
气缸 4 后退到位	−	+	+	−

2) 实施条件

气动系统装调项目实施条件如表 J-H1-2-2 所示。

3) 考核时间

60 分钟。

4) 评分标准

气动系统装调项目评分标准如表 J-H1-2-3 所示。

三、核心模块二：可编程控制系统技术改造与设计

项目1　可编程控制系统技术改造

1. 试题编号：J-H2-1-1　速度换接回路电气控制线路改造

1)　任务描述

某企业现采用 PLC 对某液压系统中速度换接回路的电气控制部分进行改造，速度阀短接的速度换接回路和继电器控制线路如图 J-H2-1-1 所示。请分析该控制线路图的控制功能，采用可编程控制器对其控制线路进行技术改造，完成系统功能演示。

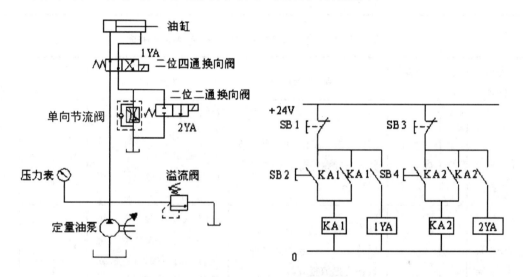

图 J-H2-1-1　速度换接回路及电气控制线路图

2)　考核内容
(1) 根据现场提供的继电器控制线路图，分析该线路的控制功能。
(2) 按控制要求完成 I/O 地址分配表的编写。
(3) 完成 PLC 控制系统硬件接线图的绘制。
(4) 完成 PLC 的 I/O 口接线。
(5) 按控制要求编写程序并调试。
(6) 通电调试可以利用发光二极管进行模拟调试或利用考点现有的实训设备调试。
(7) 考核过程中，注意 6S 管理要求。

3)　实施条件

可编程控制系统技术改造模块实施条件如表 J-H2-1-1 所示。

4)　考核时间

60 分钟。

5)　评分标准

可编程控制系统技术改造模块评分表如表 J-H2-1-2 所示。

表 J-H2-1-1 可编程控制系统技术改造模块实施条件

项 目	基本实施条件	备 注
场地	可编程控制系统设计工位 20 个，每个装接工位配有 220 V、380 V 三相电源插座，照明通风良好	必备
设备	PLC 实训台，配有西门子 S7—200 系列主机、安装有编程软件的计算机，连接导线若干	根据需求选备
工具	万用表 30 只，常用电工工具(剥线钳、十字起等)30 套	必备
测评专家	每 5 名考生配备 1 名测评专家，且不少于 3 名测评专家。辅助人员与考生配比为 1∶20，且不少于 2 名辅助人员。测评专家要求具备至少 1 年以上可编程控制系统设计工作经验	必备

表 J-H2-1-2 可编程控制系统技术改造模块评分表

评价内容	序号	主要内容	考核要求	评分细则	配分	扣分	得分
职业素养与操作规范(20 分)	1	工作前准备	清点仪表、电工工具，并摆放整齐，穿戴好劳动防护用品	(1)工作前，未检查电源、仪表，未清点工具、元件等每处扣 2 分。(2)未穿戴好劳动防护用品扣 10 分	10		
	2	6S 规范	操作过程中及作业完成后，保持工具、仪表、元器件、设备等摆放整齐。操作过程中无不文明行为，具有良好的职业操守，独立完成考核任务，合理解决突发事件。具有安全意识，操作符合规范要求。作业完成后清理、清扫工作现场	(1)未关闭电源开关，用手触摸电器线路或带电进行线路连接或改接，立即终止考试，考试成绩判定为"不合格"。(2)损坏考场设施或设备，考试成绩判定为"不合格"。(3)乱摆放工具，乱丢杂物等扣 5 分。(4)完成任务后不清理工位扣 5 分	10		
作品(80 分)	3	功能分析	能正确分析控制线路功能	能正确地用文字描述控制线路功能，功能分析不正确，每处扣 2 分	10		
	4	I/O 分配表	正确完成 I/O 地址分配表	输入输出地址遗漏或错误，缺少 I/O 分配表描述输入输出原件对应功能，每处扣 2 分	10		

续表

评价内容	序号	主要内容	考核要求	评分细则	配分	扣分	得分
作品(80分)	5	控制系统电气原理图	能正确绘制技术改造后的控制系统控制部分电气原理图	(1)原理图绘制错误，每处扣2分。(2)原理图绘制不规范，每处扣1分	10		
	6	系统安装与接线	按控制系统电气线路图在PLC实训台上正确接线，操作规范	(1)接线不规范造成导线损坏，每根扣5分。(2)不按PLC硬件接线图接线，每处扣2分。(3)少接线、多接线、接线错误，每处扣5分	15		
	7	系统程序设计	根据系统要求，完成控制程序设计；程序编写正确、规范；正确使用软件，下载PLC程序	(1)不能根据系统要求编写程序，在不影响主体功能的情况下每处扣3分，主体功能不能实现扣20分。(2)不能正确使用软件编写、调试、下载、监控程序，扣5分。(3)程序不正确，每处扣3分	20		
	8	功能实现	根据控制要求，准确完成系统的功能演示	(1)调试时熔断器熔断每次扣总成绩10分。(2)功能缺失或错误，按比例得分	15		

2. 试题编号：J-H2-1-2 气缸缓冲电气控制线路改造

1) 任务描述

某企业现拟对某系统气缸缓冲回路电气控制系统线路进行改造，气缸缓冲回路及电气控制线路如图 J-H2-1-2 所示。请分析该控制线路图的控制功能，采用可编程控制器对其控制线路进行技术改造，完成系统功能演示。

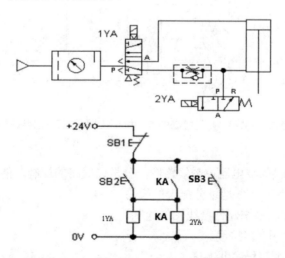

图 J-H2-1-2　气缸缓冲回路及电气控制线路图

2) 考核内容

(1) 根据现场提供的继电器控制线路图，分析该线路的控制功能。

(2) 按控制要求完成 I/O 地址分配表的编写。

(3) 完成 PLC 控制系统硬件接线图的绘制。

(4) 完成 PLC 的 I/O 口接线。

(5) 按控制要求编写程序并调试。

(6) 通电调试可以利用发光二极管进行模拟调试或利用考点现有的实训设备调试。

(7) 考核过程中，注意 6S 管理要求。

3) 实施条件

可编程控制系统技术改造模块实施条件如表 J-H2-1-1 所示。

4) 考核时间

60 分钟。

5) 评分标准

可编程控制系统技术改造模块评分标准如表 J-H2-1-2 所示。

3. 试题编号：J-H2-1-3 两地控制的电动机 Y-△降压启动控制系统设计

1) 任务描述

某企业现采用继电接触控制系统实现电机两地控制，控制线路如图 J-H2-1-3 所示。请分析该控制线路图的控制功能，采用可编程控制器对控制电路进行技术改造，完成功能演示。

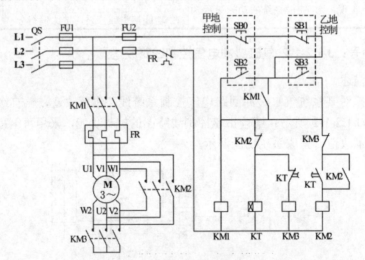

图 J-H2-1-3 两地控制的电动机 Y-△降压启动控制线路图

2) 考核内容

(1) 根据现场提供的继电器控制线路图，分析该线路的控制功能。

(2) 按控制要求完成 I/O 地址分配表的编写。

(3) 完成 PLC 控制系统硬件接线图的绘制。

(4) 完成 PLC 的 I/O 口接线。

(5) 按控制要求编写程序并调试。

(6) 通电调试可以利用发光二极管进行模拟调试或利用考点现有的实训设备调试。
(7) 考核过程中，注意 6S 管理要求。
3) 实施条件
可编程控制系统技术改造模块实施条件如表 J-H2-1-1 所示。
4) 考核时间
60 分钟。
5) 评分标准
可编程控制系统技术改造模块评分标准如表 J-H2-1-2 所示。

4. 试题编号：J-H2-1-4 C620 型车床电气控制线路改造

1) 任务描述

某企业现采用 PLC 对 C620 型车床进行技术改造，C620 型车床电气控制线路如图 J-H2-1-4 所示。请分析该控制线路图的控制功能，采用可编程控制器对其电路进行技术改造，完成系统功能演示。

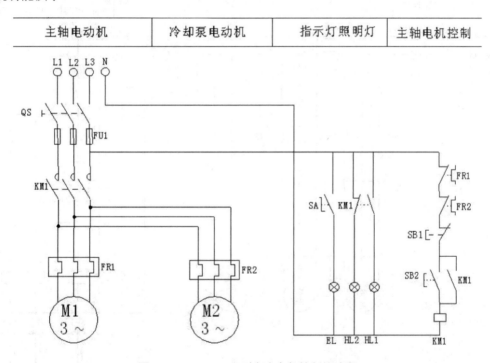

图 J-H2-1-4 C620 型车床电气控制线路图

2) 考核内容
(1) 根据现场提供的继电器控制线路图，分析该线路的控制功能。
(2) 按控制要求完成 I/O 地址分配表的编写。
(3) 完成 PLC 控制系统硬件接线图的绘制。
(4) 完成 PLC 的 I/O 口接线。
(5) 按控制要求编写程序并调试。
(6) 通电调试可以利用发光二极管进行模拟调试或利用考点现有的实训设备调试。

(7) 考核过程中，注意 6S 管理要求。

3) 实施条件

可编程控制系统技术改造模块实施条件如表 J-H2-1-1 所示。

4) 考核时间

60 分钟。

5) 评分标准

可编程控制系统技术改造模块评分标准如表 J-H2-1-2 所示。

5. **试题编号：J-H2-1-5 C6140 型车床电气控制线路改造**

1) 任务描述

某企业现需对 C6140 型车床进行 PLC 技术改造，C6140 车床电气控制线路如图 J-H2-1-5 所示。请分析该控制线路图的控制功能，采用可编程控制器对其控制电路进行技术改造，完成系统功能演示。

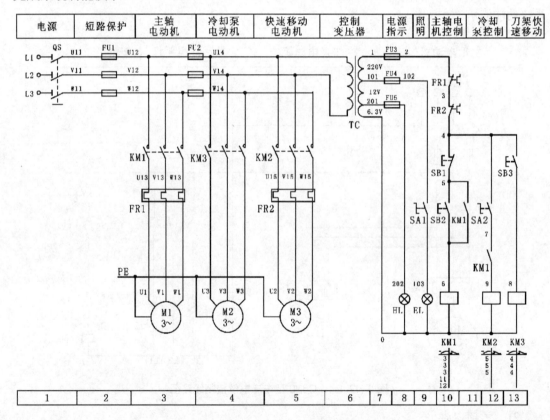

图 J-H2-1-5　C6140 型车床电气控制线路图

2) 考核内容

(1) 根据现场提供的继电器控制线路图，分析该线路的控制功能。

(2) 按控制要求完成 I/O 地址分配表的编写。

(3) 完成 PLC 控制系统硬件接线图的绘制。

(4) 完成 PLC 的 I/O 口接线。

(5) 按控制要求编写程序并调试。
(6) 通电调试可以利用发光二极管进行模拟调试或利用考点现有的实训设备调试。
(7) 考核过程中，注意 6S 管理要求。
3) 实施条件
可编程控制系统技术改造模块实施条件如表 J-H2-1-1 所示。
4) 考核时间
60 分钟。
5) 评分标准
可编程控制系统技术改造模块评分标准如表 J-H2-1-2 所示。

6. **试题编号：J-H2-1-6 电动机定子绕组串电阻降压自动启动控制线路改造**

1) 任务描述

某企业现采用继电器接触器控制系统实现对一台大功率电机的电动机定子绕组串电阻降压自动启动控制线路，串电阻降压自动启动控制线路如图 J-H2-1-6 所示。请分析该控制线路图的控制功能，并用可编程控制器对其控制线路进行改造。

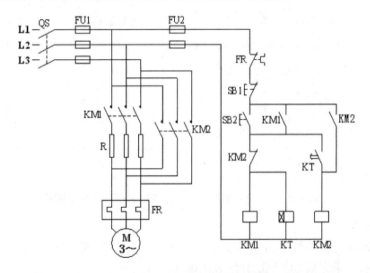

图 J-H2-1-6　电动机定子绕组串电阻降压自动启动控制线路图

2) 考核内容
(1) 根据现场提供的继电器控制线路图，分析该线路的控制功能。
(2) 按控制要求完成 I/O 地址分配表的编写。
(3) 完成 PLC 控制系统硬件接线图的绘制。
(4) 完成 PLC 的 I/O 口接线。
(5) 按控制要求编写程序并调试。
(6) 通电调试可以利用发光二极管进行模拟调试或利用考点现有的实训设备调试。
(7) 考核过程中，注意 6S 管理要求。
3) 实施条件
可编程控制系统技术改造模块实施条件如表 J-H2-1-1 所示。

4) 考核时间

60 分钟。

5) 评分标准

可编程控制系统技术改造模块评分标准如表 J-H2-1-2 所示。

7. 试题编号：J-H2-1-7 电动机正反转连续控制和点动控制线路改造

1) 任务描述

某企业现采用继电接触控制系统实现电动机正反转连续控制和点动控制，控制线路如图 J-H2-1-7 所示。请分析该控制线路图的功能，采用可编程控制器对其控制线路进行技术改造，完成系统功能演示。

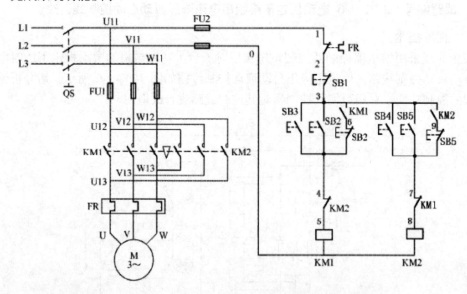

图 J-H2-1-7　电动机正反转连续控制和点动控制线路图

2) 考核内容

(1) 根据现场提供的继电器控制线路图，分析该线路的控制功能。

(2) 按控制要求完成 I/O 地址分配表的编写。

(3) 完成 PLC 控制系统硬件接线图的绘制。

(4) 完成 PLC 的 I/O 口接线。

(5) 按控制要求编写程序并调试。

(6) 通电调试可以利用发光二极管进行模拟调试或利用考点现有的实训设备调试。

(7) 考核过程中，注意 6S 管理要求。

3) 实施条件

可编程控制系统技术改造模块实施条件如表 J-H2-1-1 所示。

4) 考核时间

60 分钟。

5) 评分标准

可编程控制系统技术改造模块评分标准如表 J-H2-1-2 所示。

8. 试题编号：J-H2-1-8 双气缸顺序动作回路电气控制线路改造

1) 任务描述

某企业现采用 PLC 对某设备中双气缸顺序动作回路电气控制线路进行技术改造，气动回路和电气控制线路如图 J-H2-1-8 所示。请分析该控制线路图的控制功能，采用可编程控制器对其控制电路进行技术改造，完成系统功能演示。

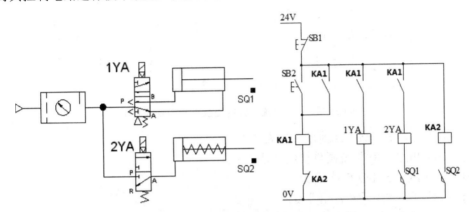

图 J-H2-1-8　双气缸顺序动作回路及电气控制线路图

2) 考核内容

(1) 根据现场提供的继电器控制线路图，分析该线路的控制功能。
(2) 按控制要求完成 I/O 地址分配表的编写。
(3) 完成 PLC 控制系统硬件接线图的绘制。
(4) 完成 PLC 的 I/O 口接线。
(5) 按控制要求编写程序并调试。
(6) 通电调试可以利用发光二极管进行模拟调试或利用考点现有的实训设备调试。
(7) 考核过程中，注意 6S 管理要求。

3) 实施条件

可编程控制系统技术改造模块实施条件如表 J-H2-1-1 所示。

4) 考核时间

60 分钟。

5) 评分标准

可编程控制系统技术改造模块评分标准如表 J-H2-1-2 所示。

9. 试题编号：J-H2-1-9 节流调速回路电气控制线路改造

1) 任务描述

某企业现拟对某系统节流调速回路电气控制线路进行改造，节流调速回路及电气控制线路如图 J-H2-1-9 所示。请分析该控制线路的控制功能，采用可编程控制器对其控制电路进行技术改造，完成系统功能演示。

2) 考核内容

(1) 根据现场提供的继电器控制线路图，分析该线路的控制功能。

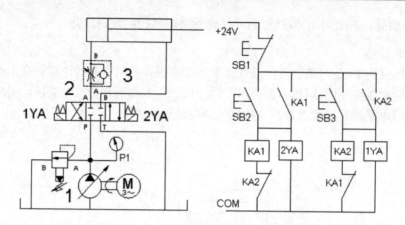

图 J-H2-1-9 节流调速回路及电气控制线路图

(2) 按控制要求完成 I/O 地址分配表的编写。
(3) 完成 PLC 控制系统硬件接线图的绘制。
(4) 完成 PLC 的 I/O 口接线。
(5) 按控制要求编写程序并调试。
(6) 通电调试可以利用发光二极管进行模拟调试或利用考点现有的实训设备调试。
(7) 考核过程中,注意 6S 管理要求。

3) 实施条件

可编程控制系统技术改造模块实施条件如表 J-H2-1-1 所示。

4) 考核时间

60 分钟。

5) 评分标准

可编程控制系统技术改造模块评分标准如表 J-H2-1-2 所示。

10. 试题编号：J-H2-1-10 进给快速回路电气控制线路改造

1) 任务描述

某企业现拟对某系统差动连接工作进给快速回路电气控制线路进行改造,差动连接工作进给快速回路和电气控制线路如图 J-H2-1-10 所示。请分析该控制线路图的控制功能,采用可编程控制器对其控制电路进行技术改造,完成系统功能演示。

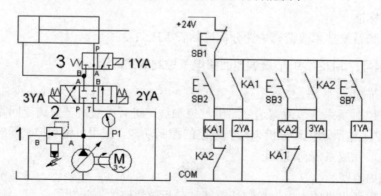

图 J-H2-1-10 进给快速回路及电气控制线路图

2) 考核内容
(1) 根据现场提供的继电器控制线路图,分析该线路的控制功能。
(2) 按控制要求完成 I/O 地址分配表的编写。
(3) 完成 PLC 控制系统硬件接线图的绘制。
(4) 完成 PLC 的 I/O 口接线。
(5) 按控制要求编写程序并调试。
(6) 通电调试可以利用发光二极管进行模拟调试或利用考点现有的实训设备调试。
(7) 考核过程中,注意 6S 管理要求。
3) 实施条件
可编程控制系统技术改造模块实施条件如表 J-H2-1-1 所示。
4) 考核时间
60 分钟。
5) 评分标准
可编程控制系统技术改造模块评分标准如表 J-H2-1-2 所示。

项目 2 可编程控制系统设计

1. 试题编号:J-H2-2-1 LED 音乐喷泉控制系统设计

1) 任务描述

某企业承担了一个 LED 音乐喷泉控制系统设计任务,音乐喷泉彩灯控制示意图如图 J-H2-2-1 所示。此音乐喷泉由 8 个 LED 灯组成,要求喷泉的 LED 灯按照 1、2→3、4→5、6→7、8→1、2、3、4、5、6、7、8 的顺序循环点亮,每个状态停留 1 秒。请用可编程控制器设计其控制系统并调试。

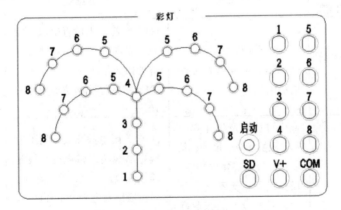

图 J-H2-2-1 彩灯控制面板示意图

2) 考核内容
(1) 按控制要求完成 I/O 地址分配表的编写。
(2) 完成 PLC 控制系统硬件接线图的绘制。
(3) 完成 PLC 的 I/O 口接线。
(4) 按控制要求编写程序并调试。

(5) 通电调试可以利用发光二极管进行模拟调试或利用考点现有的实训设备调试。

(6) 考核过程中，注意6S管理要求。

3) 实施条件

可编程控制系统设计模块实施条件如表 J-H2-2-1 所示。

表 J-H2-2-1　可编程控制系统设计模块实施条件

项目	基本实施条件	备注
场地	可编程控制系统设计工位20个，每个装接工位配有220 V、380 V三相电源插座，照明通风良好	必备
设备	PLC实训台，配有西门子S7—200系列主机，安装有编程软件的计算机，连接导线若干	根据需求选备
工具	万用表30只，常用电工工具(剥线钳、十字起等)30套	必备
测评专家	每5名考生配备1名测评专家，且不少于3名测评专家。辅助人员与考生配比为1∶20，且不少于2名辅助人员。测评专家要求具备至少1年以上可编程控制系统设计工作经验	必备

4) 考核时间

60分钟。

5) 评分标准

可编程控制系统设计模块评分标准如表 J-H2-2-2 所示。

表 J-H2-2-2　可编程控制系统设计模块评分表

评价内容	序号	主要内容	考核要求	评分细则	配分	扣分	得分
职业素养与操作规范(20分)	1	工作前准备	清点仪表、电工工具，并摆放整齐，穿戴好劳动防护用品	(1)工作前，未检查电源、仪表，未清点工具、元件等，每处扣2分。(2)未穿戴好劳动防护用品扣10分	10		
	2	6S规范	操作过程中及作业完成后，保持工具、仪表、元器件、设备等摆放整齐。操作过程中无不文明行为，具有良好的职业操守，独立完成考核任务，合理解决突发事件。具有安全意识，操作符合规范要求。作业完成后清理、清扫工作现场	(1)未关闭电源开关，用手触摸电器线路或带电进行线路连接或改接，立即终止考试，考试成绩判定为"不合格"。(2)损坏考场设施或设备，考试成绩判定为"不合格"。(3)乱摆放工具，乱丢杂物等扣5分。(4)完成任务后不清理工位扣5分	10		

续表

评价内容	序号	主要内容	考核要求	评分细则	配分	扣分	得分
作品(80分)	3	I/O分配表	正确完成 I/O 地址分配表	(1)输入输出地址遗漏,每处扣2分。(2)编写不规范及错误,每处扣1分	10		
	4	PLC硬件接线图	正确绘制PLC硬件接线图	(1)接线图绘制错误,每处扣2分。(2)接线图绘制不规范,每处扣1分	10		
	5	安装与接线	按PLC硬件接线图在PLC实训台上正确接线,操作规范	(1)接线不规范造成导线损坏,每根扣5分。(2)不按 PLC 硬件接线图接线,每处扣2分。(3)少接线、多接线、接线错误,每处扣5分	15		
作品(80分)	6	系统程序设计	根据系统要求,完成控制程序设计。程序编写正确、规范;正确使用软件,下载PLC程序	(1)不能根据系统要求编写程序,在不影响主体功能的情况下每处扣3分,主体功能不能实现扣20分。(2)不能正确使用软件编写、调试、下载、监控程序,扣5分。(3)程序不正确,每处扣3分	25		
	7	功能实现	根据控制要求,准确完成系统的功能演示	(1)调试时熔断器熔断每次扣总成绩10分。(2)功能缺失或错误,按比例得分	20		

2. 试题编号:J-H2-2-2 四节传送带控制系统设计

1) 任务描述

某企业承担了一个四节传送带装置的设计任务,四节传送带装置模拟示意图如图 J-H2-2-2 所示,系统由传动电机 M1、M2、M3、M4 组成,完成物料的运送功能。

控制要求:闭合启动开关,首先启动最末一条传送带(M4),每经过 2 秒延时,依次启动一条传送带(电机 M3、M2、M1);关闭启动开关,先停止最前一条传送带(电机 M1),每经过 2 秒延时,依次停止 M2、M3 及 M4 电机。请根据控制要求用可编程控制器设计其控制系统并调试。

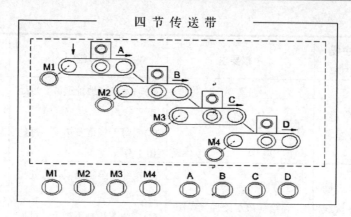

图 J-H2-2-2　四节传送带装置模拟示意图

2）考核内容

(1) 按控制要求完成 I/O 地址分配表的编写。

(2) 完成 PLC 控制系统硬件接线图的绘制。

(3) 完成 PLC 的 I/O 口接线。

(4) 按控制要求编写程序并调试。

(5) 通电调试可以利用发光二极管进行模拟调试或利用考点现有的实训设备调试。

(6) 考核过程中，注意 6S 管理要求。

3）实施条件

可编程控制系统设计模块实施条件如表 J-H2-2-1 所示。

4）考核时间

60 分钟。

5）评分标准

可编程控制系统设计模块评分标准如表 J-H2-2-2 所示。

3. 试题编号：J-H2-2-3 十字路口交通灯控制系统设计

1）任务描述

某企业承担了一个十字路口交通灯控制系统设计任务，其控制要求如图 J-H2-2-3 所示。请根据控制要求用可编程控制器设计其控制系统并调试。

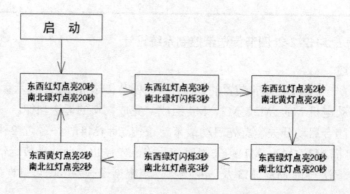

图 J-H2-2-3　十字路口交通灯控制要求

2) 考核内容

(1) 按控制要求完成 I/O 地址分配表的编写。

(2) 完成 PLC 控制系统硬件接线图的绘制。

(3) 完成 PLC 的 I/O 口接线。

(4) 按控制要求编写程序并调试。

(5) 通电调试可以利用发光二极管进行模拟调试或利用考点现有的实训设备调试。

(6) 考核过程中，注意 6S 管理要求。

3) 实施条件

可编程控制系统设计模块实施条件如表 J-H2-2-1 所示。

4) 考核时间

60 分钟。

5) 评分标准

可编程控制系统设计模块评分标准如表 J-H2-2-2 所示。

4. 试题编号：J-H2-2-4 LED 数码显示控制系统设计

1) 任务描述

某企业承担了一个 LED 数码显示设计任务，数码管内部自带转换线路示意图如图 J-H2-2-4 所示，其逻辑关系如表 J-H2-2-3 所示。显示要求：LED 数码管依次循环显示 9→8→7→6→5，每个状态停留 1 秒。请用可编程控制器设计其控制系统并调试。

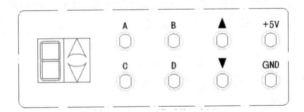

图 J-H2-2-4　LED 数码管示意图

表 J-H2-2-3　LED 数码管输出显示逻辑

D、C、B、A 输入	数码管输出显示
0000	0
0001	1
0010	2
0011	3
0100	4
0101	5
0110	6
0111	7
1000	8
1001	9

2) 考核内容
(1) 按控制要求完成 I/O 地址分配表的编写。
(2) 完成 PLC 控制系统硬件接线图的绘制。
(3) 完成 PLC 的 I/O 口接线。
(4) 按控制要求编写程序并调试。
(5) 通电调试可以利用发光二极管进行模拟调试或利用考点现有的实训设备调试。
(6) 考核过程中，注意 6S 管理要求。

3) 实施条件
可编程控制系统设计模块实施条件如表 J-H2-2-1 所示。

4) 考核时间
60 分钟。

5) 评分标准
可编程控制系统设计模块评分标准如表 J-H2-2-2 所示。

5. 试题编号：J-H2-2-5 专用加工装置控制系统设计

1) 任务描述

某企业承担了一个某专用加工装置控制系统设计任务。其加工工艺是：按启动按钮 SB1→接触器 KM1 得电，电机 M1 正转，刀具快进→按压行程开关 SQ1→接触器 KM1 失电，KM2 得电，电机 M2 正转工进→按压行程开关 SQ2，KM2 失电，光刀停留 5 秒→接触器 KM3 得电，电机 M1 翻转，刀具快退→按压行程开关 SQ0，接触器 KM3 失电，停车(原位)。请用可编程控制器设计其控制系统并调试。

2) 考核内容
(1) 按控制要求完成 I/O 地址分配表的编写。
(2) 完成 PLC 控制系统硬件接线图的绘制。
(3) 完成 PLC 的 I/O 口接线。
(4) 按控制要求编写程序并调试。
(5) 通电调试可以利用发光二极管进行模拟调试或利用考点现有的实训设备调试。
(6) 考核过程中，注意 6S 管理要求。

3) 实施条件
可编程控制系统设计模块实施条件如表 J-H2-2-1 所示。

4) 考核时间
60 分钟。

5) 评分标准
可编程控制系统设计模块评分标准如表 J-H2-2-2 所示。

6. 试题编号：J-H2-2-6 抢答器控制系统设计

1) 任务描述

某企业承担了某抢答比赛抢答器系统的设计，系统初始化上电后或开始抢答前，主持人先按"开始"按钮，各队队员才可以开始抢答，即各队抢答按键有效；抢答过程中，1～4 队中的任何一队抢答成功后，该队的指示灯点亮，其他队的队员继续抢答无效；抢答答题完成后，主持人确认此次抢答答题完毕后，按下"复位"按钮，开始新一轮抢答。

2) 考核内容

(1) 按控制要求完成 I/O 地址分配表的编写。

(2) 完成 PLC 控制系统硬件接线图的绘制。

(3) 完成 PLC 的 I/O 口接线。

(4) 按控制要求编写程序并调试。

(5) 通电调试可以利用发光二极管进行模拟调试或利用考点现有的实训设备调试。

(6) 考核过程中，注意 6S 管理要求。

3) 实施条件

可编程控制系统设计模块实施条件如表 J-H2-2-1 所示。

4) 考核时间

60 分钟。

5) 评分标准

可编程控制系统设计模块评分标准如表 J-H2-2-2 所示。

7. 试题编号：J-H2-2-7 运料小车控制系统设计

1) 任务描述

某企业承担了一个运料小车控制系统设计任务。控制要求：小车停在最左端 A 地时按下启动按钮开始装料，延时 10 秒装料结束向右 B 地出发，达到 B 地进行卸料，延时 5 秒卸料结束又返回到 A 地继续装料，如此周而复始，按停止按钮停止工作。请用可编程控制器设计其控制系统并调试。

2) 考核内容

(1) 按控制要求完成 I/O 地址分配表的编写。

(2) 完成 PLC 控制系统硬件接线图的绘制。

(3) 完成 PLC 的 I/O 口接线。

(4) 按控制要求编写程序并调试。

(5) 通电调试可以利用发光二极管进行模拟调试或利用考点现有的实训设备调试。

(6) 考核过程中，注意 6S 管理要求。

3) 实施条件

可编程控制系统设计模块实施条件如表 J-H2-2-1 所示。

4) 考核时间

60 分钟。

5) 评分标准

可编程控制系统设计模块评分标准如表 J-H2-2-2 所示。

8. 试题编号：J-H2-2-8 舞台灯光控制系统设计

1) 任务描述

某舞台用 6 个按钮控制 8 组舞台灯光。其控制要求是：当按下按钮 SB0 时，全部灯亮；当按下按钮 SB1 时，奇数灯亮；当按下按钮 SB2 时，偶数灯亮；当按下按钮 SB3 时，前半部灯亮；当按下按钮 SB4 时，后半部灯亮；当按下按钮 SB5 时，全部灯灭。

2) 考核内容

(1) 按控制要求完成 I/O 地址分配表的编写。
(2) 完成 PLC 控制系统硬件接线图的绘制。
(3) 完成 PLC 的 I/O 口接线。
(4) 按控制要求编写程序并调试。
(5) 通电调试可以利用发光二极管进行模拟调试或利用考点现有的实训设备调试。
(6) 考核过程中，注意 6S 管理要求。

3) 实施条件

可编程控制系统设计模块实施条件如表 J-H2-2-1 所示。

4) 考核时间

60 分钟。

5) 评分标准

可编程控制系统设计模块评分标准如表 J-H2-2-2 所示。

9. 试题编号：J-H2-2-9 传送带工件计数控制系统设计

1) 任务描述

某设备的传送带输送 20 个工件，用光电传感器计数。当工件数量小于 15 时，指示灯常亮；当工件数量大于等于 15 时，指示灯闪烁；当工件数量为 20 时，10s 后传送带停止，同时指示灯熄灭。

2) 考核内容

(1) 按控制要求完成 I/O 地址分配表的编写。
(2) 完成 PLC 控制系统硬件接线图的绘制。
(3) 完成 PLC 的 I/O 口接线。
(4) 按控制要求编写程序并调试。
(5) 通电调试可以利用发光二极管进行模拟调试或利用考点现有的实训设备调试。
(6) 考核过程中，注意 6S 管理要求。

3) 实施条件

可编程控制系统设计模块实施条件如表 J-H2-2-1 所示。

4) 考核时间

60 分钟。

5) 评分标准

可编程控制系统设计模块评分标准如表 J-H2-2-2 所示。

10. 试题编号：J-H2-2-10 三台电动机顺序启动与报警控制系统设计

1) 任务描述

某设备电动机组由 3 台电机构成，其控制要求如下：

按下启动按钮时，M1 启动；当 M1 运行 4s 后，M2 启动；当 M2 运行 5s 后，M3 启动；当按下停止按钮时，3 台电机同时停机；在启动过程中，指示灯 HL 常亮，表示正在启动中；

启动过程结束后，指示灯 HL 熄灭；当某台电机出现过载时，全部电机均停止，指示灯 HL 闪烁，表示出现过载故障。

2) 考核内容

(1) 按控制要求完成 I/O 地址分配表的编写。

(2) 完成 PLC 控制系统硬件接线图的绘制。

(3) 完成 PLC 的 I/O 口接线。

(4) 按控制要求编写程序并调试。

(5) 通电调试可以利用发光二极管进行模拟调试或利用考点现有的实训设备调试。

(6) 考核过程中，注意 6S 管理要求。

3) 实施条件

可编程控制系统设计模块实施条件如表 J-H2-2-1 所示。

4) 考核时间

60 分钟。

5) 评分标准

可编程控制系统设计模块评分标准如表 J-H2-2-2 所示。

第六单元 数控技术专业题库

一、基础模块：机械零件三维建模

1. 试题编号 S-J1-1

1) 任务描述

本试题根据零件图 S-J1-1 所示，按图示结构尺寸要求，使用三维 CAD 软件，进行该零件的三维实体建模，要求结构完整、尺寸正确，绘图环境设置为公制单位、比例 1∶1。结果文件以 J1-1 为文件名(扩展名由软件自动生成)，保存在考生文件夹内。

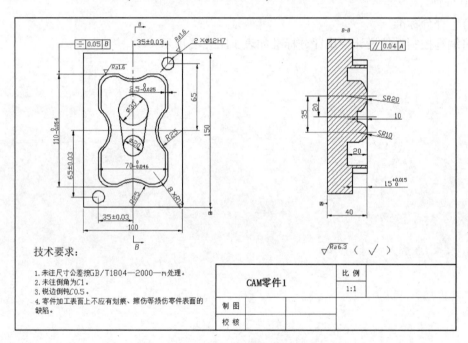

图 S-J1-1 CAM 零件 1

2) 考核时间

180 分钟

3) 评价标准

总成绩满分为 100 分。其中三维建模占 80%，职业素养占 20%。作品评分如表 S-J1-1 所示。

2. 试题编号 S-J1-2

1) 任务描述

本试题根据零件图 S-J1-2 所示，按图示结构尺寸要求，使用三维 CAD 软件，进行该零件的三维实体建模,要求结构完整、尺寸正确,绘图环境设置为公制单位、比例为1:1。结果文件以 J1-2 为文件名(扩展名由软件自动生成),保存在考生文件夹内。

表 S-J1-1　作品评分表

零件名称				试题编号		
姓名				机位号		
考试时间						
序号	考核项目	检测位置	配分	评分标准	检测结果	得分
1	作品 (80分)	完整性	40	形状特征及尺寸不符每处扣2分,扣完为止		
		外轮廓	10	形状特征及尺寸不符每处扣2分,位置错误扣1分,扣完为止		
		内轮廓	10	形状特征及尺寸不符每处扣2分,位置错误扣1分,扣完为止		
		孔	10	形状特征及尺寸不符每处扣2分,位置错误扣1分,扣完为止		
		SR20 曲面	5	形状不对不得分		
		SR10 曲面	5	形状不对不得分		
2	职业素养 (20分)	工作前准备	10	开关机不正确扣2分,损坏计算机扣5分		
		6S 规范	10	按 6S 规范执行		
合计				100	作品得分	
评卷教师签字						

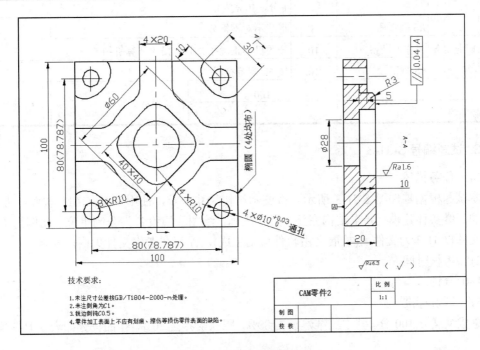

图 S-J1-2　CAM 零件 2

2) 考核时间

180 分钟

3) 评价标准

总成绩满分 100 分。其中三维建模占 80%，职业素养占 20%。作品评分如表 S-J1-2 所示。

表 S-J1-2 作品评分表

零件名称							
姓名			试题编号				
考试时间			机位号				
序号	考核项目	检测位置	配分	评分标准	检测结果	得分	
1	三维建模 (80分)	实体模型的完整性	40	形状特征及尺寸不符每处扣2分，扣完为止			
		外轮廓	10	形状特征及尺寸不符每处扣2分，位置错误扣1分，扣完为止			
		内轮廓	10	形状特征及尺寸不符每处扣2分，位置错误扣1分，扣完为止			
		椭圆凸台	10	形状特征及尺寸不符每处扣2分，位置错误扣1分，扣完为止			
		孔	5	形状特征及尺寸不符每处扣2分，位置错误扣1分，扣完为止			
		R3 圆弧面	5	形状不对不得分			
2	职业素养 (20分)	工作前准备	10	开关机不正确扣2分，损坏计算机扣5分			
		6S 规范	10	按 6S 规范执行			
合计			100	作品得分			
评卷教师签字							

3. 试题编号 S-J1-3

1) 任务描述

本试题根据零件图 S-J1-3 所示，按图示结构尺寸要求，使用三维 CAD 软件，进行该零件的三维实体建模，要求结构完整、尺寸正确，绘图环境设置为公制单位、比例为 1∶1。结果文件以 J1-3 为文件名(扩展名由软件自动生成)，保存在考生文件夹内。

2) 考核时间

180 分钟

3) 评价标准

总成绩满分 100 分。其中三维建模占 80%，职业素养占 20%。作品评分如表 S-J1-3 所示。

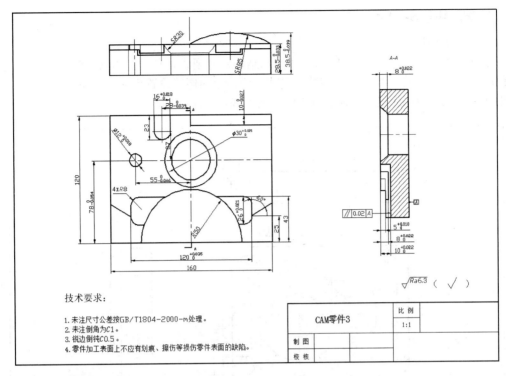

图 S-J1-3　CAM 零件 3

技术要求：
1. 未注尺寸公差按 GB/T1804-2000-m 处理。
2. 未注倒角为 C1。
3. 锐边倒钝 C0.5。
4. 零件加工表面上不应有划痕、擦伤等损伤零件表面的缺陷。

表 S-J1-3　作品评分表

零件名称				试题编号		
姓名				机位号		
考试时间						
序号	考核项目	检测位置	配分	评分标准	检测结果	得分
1	三维建模 (80 分)	实体模型的完整性	40	形状特征及尺寸不符每处扣 2 分，扣完为止		
		外轮廓	10	形状特征及尺寸不符每处扣 2 分，位置错误扣 1 分，扣完为止		
		内轮廓	15	形状特征及尺寸不符每处扣 2 分，位置错误扣 1 分，扣完为止		
		孔	5	形状特征及尺寸不符每处扣 2 分，位置错误扣 1 分，扣完为止		
		$R85$ 曲面	5	形状不对不得分		
		$R10$ 曲面	5	形状不对不得分		
2	职业素养 (20 分)	工作前准备	10	开关机不正确扣 2 分，损坏计算机扣 5 分		
		6S 规范	10	按 6S 规范执行		
合计			100	作品得分		
评卷教师签字						

4. 试题编号 S-J1-4

1) 任务描述

本试题根据零件图 S-J1-4 所示，按图示结构尺寸要求，使用三维 CAD 软件，进行该零件的三维实体建模，要求结构完整、尺寸正确，绘图环境设置为公制单位、比例为 1∶1。结果文件以 J1-4 为文件名(扩展名由软件自动生成)，保存在考生文件夹内。

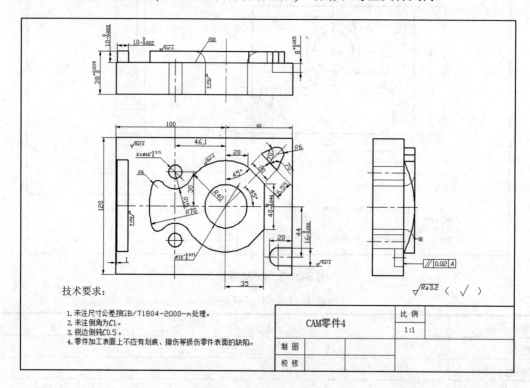

图 S-J1-4 CAM 零件 4

2) 考核时间

180 分钟

3) 评价标准

总成绩满分 100 分。其中三维建模占 80%，职业素养占 20%。作品评分如表 S-J1-4 所示。

表 S-J1-4 作品评分表

零件名称				试题编号		
姓名				机位号		
考试时间						
序号	考核项目	检测位置	配分	评分标准	检测结果	得分
1	三维建模 (80 分)	实体模型的完整性	40	形状特征及尺寸不符每处扣 2 分，扣完为止		
		外轮廓	15	形状特征及尺寸不符每处扣 2 分，位置错误扣 1 分，扣完为止		

续表

序号	考核项目	检测位置	配分	评分标准	检测结果	得分
1	三维建模 (80 分)	内轮廓	10	形状特征及尺寸不符每处扣 2 分，位置错误扣 1 分，扣完为止		
		孔	5	形状特征及尺寸不符每处扣 2 分，位置错误扣 1 分，扣完为止		
		R85 曲面	5	形状不对不得分		
		R10 曲面	5	形状不对不得分		
2	职业素养 (20 分)	工作前准备	10	开关机不正确扣 2 分，损坏计算机扣 5 分		
		6S 规范	10	按 6S 规范执行		
合计			100	作品得分		
评卷教师签字						

5. 试题编号 S-J1-5

1) 任务描述

本试题根据零件图 S-J1-5 所示，按图示结构尺寸要求，使用三维 CAD 软件，进行该零件的三维实体建模，要求结构完整、尺寸正确，绘图环境设置为公制单位、比例为 1∶1。结果文件以 J1-5 为文件名(扩展名由软件自动生成)，保存在考生文件夹内。

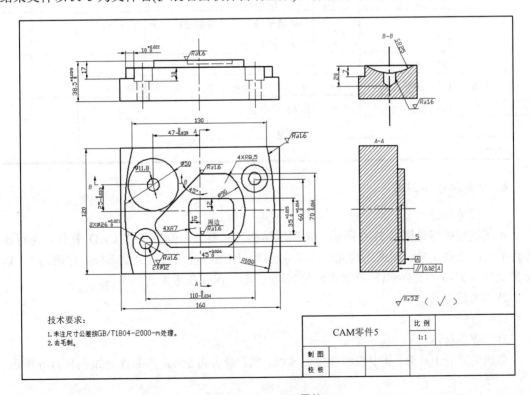

图 S-J1-5　CAM 零件 5

2) 考核时间

180 分钟

3) 评价标准

总成绩满分 100 分。其中三维建模占 80%，职业素养占 20%。作品评分如表 S-J1-5 所示。

表 S-J1-5 作品评分表

零件名称				试题编号			
姓名				机位号			
考试时间							
序号	考核项目	检测位置	配分	评分标准		检测结果	得分
1	三维建模 (80 分)	实体模型的完整性	40	形状特征及尺寸不符每处扣 2 分，扣完为止			
		$17_{0}^{+0.022}$ 凸台	10	形状特征及尺寸不符每处扣 2 分，位置错误扣 1 分，扣完为止			
		$10_{0}^{+0.022}$ 凸台	10	形状特征及尺寸不符每处扣 2 分，位置错误扣 1 分，扣完为止			
		内轮廓	10	形状特征及尺寸不符每处扣 2 分，位置错误扣 1 分，扣完为止			
		孔	5	形状特征及尺寸不符每处扣 2 分，位置错误扣 1 分，扣完为止			
		SR25 曲面	5	形状不对不得分			
2	职业素养 (20 分)	工作前准备	10	开关机不正确扣 2 分，损坏计算机扣 5 分			
		6S 规范	10	按 6S 规范执行			
合计			100	作品得分			
评卷教师签字							

6. 试题编号 S-J1-6

1) 任务描述

本试题根据零件图 S-J1-6 所示，按图示结构尺寸要求，使用三维 CAD 软件，进行该零件的三维实体建模，要求结构完整、尺寸正确，绘图环境设置为公制单位、比例为 1∶1。结果文件以 J1-6 为文件名(扩展名由软件自动生成)，保存在考生文件夹内。

2) 考核时间

180 分钟

3) 评价标准

总成绩满分 100 分。其中三维建模占 80%，职业素养占 20%。作品评分如表 S-J1-6 所示。

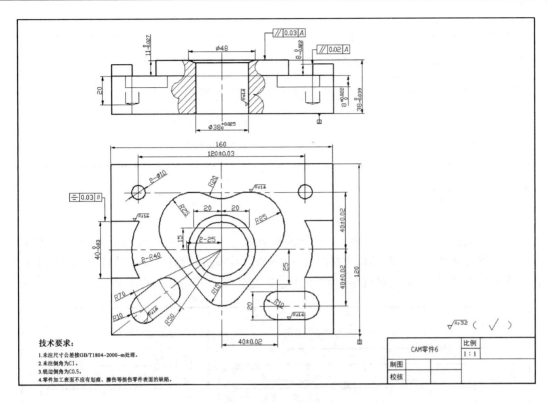

图 S-J1-6　CAM 零件 6

表 S-J1-6　作品评分表

零件名称						
姓名			试题编号			
考试时间			机位号			

序号	考核项目	检测位置	配分	评分标准	检测结果	得分
1	三维建模 (80 分)	实体模型的完整性	40	形状特征及尺寸不符每处扣 2 分，扣完为止		
		心形凸台	10	形状特征及尺寸不符每处扣 2 分，位置错误扣 1 分，扣完为止		
		$40_{-0.03}^{0}$ 凸台	10	形状特征及尺寸不符每处扣 2 分，位置错误扣 1 分，扣完为止		
		$20_{0}^{+0.021}$ 凸台	10	形状特征及尺寸不符每处扣 2 分，位置错误扣 1 分，扣完为止		
		孔	5	形状特征及尺寸不符每处扣 2 分，位置错误扣 1 分，扣完为止		
		SR28 曲面	5	形状不对不得分		

序号	考核项目	检测位置	配分	评分标准	检测结果	得分
2	职业素养(20分)	工作前准备	10	开关机不正确扣2分,损坏计算机扣5分		
		6S 规范	10	按 6S 规范执行		
合计			100	作品得分		
评卷教师签字						

7. 试题编号 S-J1-7

1) 任务描述

本试题根据零件图 S-J1-7 所示,按图示结构尺寸要求,使用三维 CAD 软件,进行该零件的三维实体建模,要求结构完整、尺寸正确,绘图环境设置为公制单位、比例为 1:1。结果文件以 J1-7 为文件名(扩展名由软件自动生成),保存在考生文件夹内。

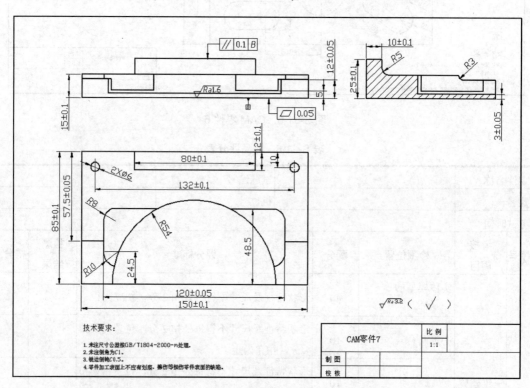

图 S-J1-7 CAM 零件 7

2) 考核时间

180 分钟

3) 评价标准

总成绩满分 100 分。其中三维建模占 80%,职业素养占 20%。作品评分如表 S-J1-7 所示。

表 S-J1-7　作品评分表

零件名称				试题编号			
姓名				机位号			
考试时间							
序号	考核项目	检测位置	配分	评分标准	检测结果	得分
---	---	---	---	---	---	---
1	三维建模(80分)	实体模型的完整性	40	形状特征及尺寸不符每处扣2分,扣完为止		
		内轮廓	10	形状特征及尺寸不符每处扣2分,位置错误扣1分,扣完为止		
		外轮廓	10	形状特征及尺寸不符每处扣2分,位置错误扣1分,扣完为止		
		宽12长80的台阶	10	形状特征及尺寸不符每处扣2分,位置错误扣1分,扣完为止		
		孔	5	形状特征及尺寸不符每处扣2分,位置错误扣1分,扣完为止		
		R5圆弧面	5	形状不对不得分		
2	职业素养(20分)	工作前准备	10	开关机不正确扣2分,损坏计算机扣5分		
		6S规范	10	按6S规范执行		
合计				100	作品得分	
评卷教师签字						

8. 试题编号 S-J1-8

1) 任务描述

本试题根据零件图 S-J1-8 所示,按图示结构尺寸要求,使用三维 CAD 软件,进行该零件的三维实体建模,要求结构完整、尺寸正确,绘图环境设置为公制单位、比例为1∶1。结果文件以 J1-8 为文件名(扩展名由软件自动生成),保存在考生文件夹内。

2) 考核时间

180 分钟

3) 评价标准

总成绩满分 100 分。其中三维建模占 80%,职业素养占 20%。作品评分如表 S-J1-8 所示。

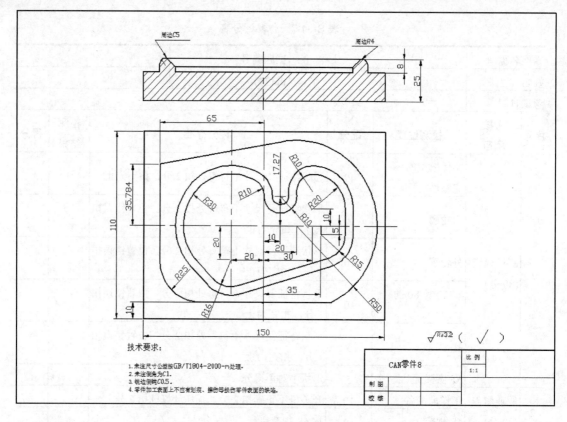

图 S-J1-8 CAM 零件 8

表 S-J1-8 作品评分表

零件名称						
姓名			试题编号			
考试时间			机位号			

序号	考核项目	检测位置	配分	评分标准	检测结果	得分
1	三维建模 (80分)	实体模型的完整性	40	形状特征及尺寸不符每处扣2分，扣完为止		
		内轮廓	15	形状特征及尺寸不符每处扣2分，位置错误扣1分，扣完为止		
		外轮廓	15	形状特征及尺寸不符每处扣2分，位置错误扣1分，扣完为止		
		C5 倒角	5	形状特征及尺寸不符每处扣2分，位置错误扣1分，扣完为止		
		R4 圆弧面	5	形状不对不得分		

续表

序号	考核项目	检测位置	配分	评分标准	检测结果	得分
2	职业素养 (20 分)	工作前准备	10	开关机不正确扣 2 分,损坏计算机扣 5 分。		
		6S 规范	10	按 6S 规范执行		
合计				100	作品得分	
评卷教师签字						

9. 试题编号 S-J1-9

1) 任务描述

本试题根据零件图 S-J1-9 所示,按图示结构尺寸要求,使用三维 CAD 软件,进行该零件的三维实体建模,要求结构完整、尺寸正确,绘图环境设置为公制单位、比例为 1∶1。结果文件以 J1-9 为文件名(扩展名由软件自动生成),保存在考生文件夹内。

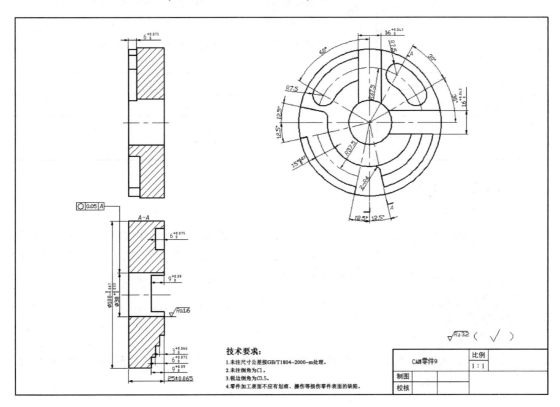

图 S-J1-9　CAM 零件 9

2) 考核时间

180 分钟

3) 评价标准

总成绩满分 100 分。其中三维建模占 80%,职业素养占 20%。作品评分如表 S-J1-9 所示。

表 S-J1-9　作品评分表

零件名称				试题编号		
姓名				机位号		
考试时间						
序号	考核项目	检测位置	配分	评分标准	检测结果	得分
1	三维建模 (80 分)	实体模型的完整性	40	形状特征及尺寸不符每处扣 2 分，扣完为止		
		$3_{\ 0}^{+0.06}$ 凸台	10	形状特征及尺寸不符每处扣 2 分，位置错误扣 1 分，扣完为止		
		$6_{\ 0}^{+0.075}$ 凸台	10	形状特征及尺寸不符每处扣 2 分，位置错误扣 1 分，扣完为止		
		$9_{\ 0}^{+0.09}$ 凸台	10	形状特征及尺寸不符每处扣 2 分，位置错误扣 1 分，扣完为止		
		孔	10	形状特征及尺寸不符每处扣 2 分，位置错误扣 1 分，扣完为止		
2	职业素养 (20 分)	工作前准备	10	开关机不正确扣 2 分，损坏计算机扣 5 分		
		6S 规范	10	按 6S 规范执行		
合计			100		作品得分	
评卷教师签字						

10. 试题编号 S-J1-10

1) 任务描述

本试题根据零件图 S-J1-10 所示，按图示结构尺寸要求，使用三维 CAD 软件，进行该零件的三维实体建模，要求结构完整、尺寸正确，绘图环境设置为公制单位、比例为 1∶1。结果文件以 J1-10 为文件名(扩展名由软件自动生成)，保存在考生文件夹内。

2) 考核时间

180 分钟

3) 评价标准

总成绩满分 100 分。其中三维建模占 80%，职业素养占 20%。作品评分如表 S-J1-10 所示。

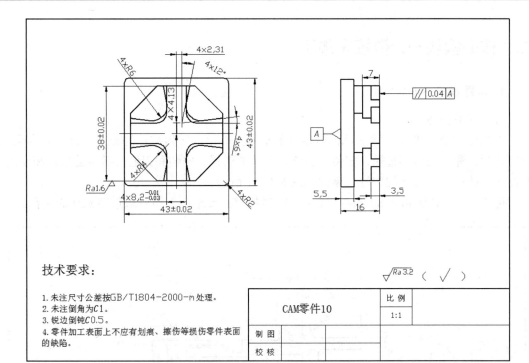

技术要求：
1. 未注尺寸公差按GB/T1804-2000-m处理。
2. 未注倒角为C1。
3. 锐边倒钝C0.5。
4. 零件加工表面上不应有划痕、擦伤等损伤零件表面的缺陷。

CAM零件10	比例	1:1
制图		
校核		

图 S-J1-10 CAM 零件 10

表 S-J1-10 作品评分表

零件名称			试题编号			
姓名			机位号			
考试时间						
序号	考核项目	检测位置	配分	评分标准	检测结果	得分
1	三维建模 (80分)	实体模型的完整性	40	形状特征及尺寸不符每处扣2分，扣完为止		
		38±0.02 凸台	20	形状特征及尺寸不符每处扣2分，位置错误扣1分，扣完为止		
		3.5mm 凸台	10	形状特征及尺寸不符每处扣2分，位置错误扣1分，扣完为止		
		7mm 凸台	10	形状特征及尺寸不符每处扣2分，位置错误扣1分，扣完为止		
2	职业素养 (20分)	工作前准备	10	开关机不正确扣2分，损坏计算机扣5分		
		6S 规范	10	按 6S 规范执行		
合计			100	作品得分		
评卷教师签字						

二、核心模块一：数控车加工

1. 试题编号 S-H1-1

1) 任务描述

本试题主要用来检验学生是否具备以下基本技能：回转体零件的加工工艺分析和数控程序编制，通用夹具的选择、安装、调整，刀具的选择、安装和刃磨，量具的选择和使用，数控车床的操作和日常维护等。零件如图 S-H1-1 所示。

毛坯尺寸：$\phi 50$ mm×80 mm；材料：45 号棒材；要求：毛坯要求预钻 $\phi 20$ 的通孔。

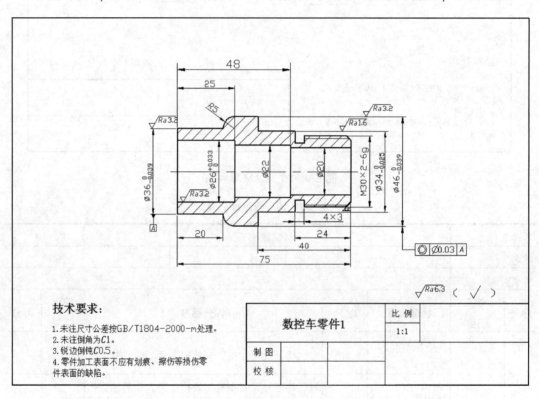

图 S-H1-1　数控车零件 1

2) 考核时间

180 分钟。

3) 评分标准

总成绩满分 100 分。其中轮廓形状占 10%，尺寸精度占 50%，表面粗糙度与形位公差占 10%，学生零件自检占 10%，职业素养部分(包括安全意识、工作态度、操作规范等方面)占 20%。

(1) 零件检查评分如表 S-H1-1-1 所示(70 分)。

表 S-H1-1-1 作品评分表

零件名称		数控车零件 1			工件编号		
序号	考核项目	检测位置	配分	评分标准		检测结果	得分
1	形状 (10 分)	外轮廓	4	外轮廓形状与图纸不符，每处扣 1 分			
		螺纹	3	螺纹形状与图纸不符，每处扣 1 分			
		内孔	3	内孔形状与图纸不符，每处扣 1 分			
2	尺寸精度 (50 分)	$\phi 34_{-0.025}^{0}$	8	每超差 0.01mm 扣 2 分			
		$\phi 36_{-0.035}^{0}$	6	每超差 0.01mm 扣 2 分			
		$\phi 46_{-0.035}^{0}$	6	每超差 0.01mm 扣 2 分			
		$\phi 26 \pm 0.2$	4	超差不得分			
		$\phi 22 \pm 0.2$	4	超差不得分			
		螺纹 M30×-6g	6	用螺纹环规检验，不合格不得分			
		槽 4×3	4	超差不得分			
		C2	1	超差不得分			
		$R5 \pm 0.5$	1	超差不得分			
		75 ± 0.3	2	超差不得分			
		40 ± 0.3	2	超差不得分			
		25 ± 0.3	2	超差不得分			
		48 ± 0.3	2	超差不得分			
		20 ± 0.2	1	超差不得分			
		24 ± 0.2	1	超差不得分			
3	表面粗糙度 (5 分)	$Ra1.6$	2	降一级不得分			
		$Ra3.2$	2	降一级不得分			
		其余 $Ra6.3$	1	降一级不得分			
4	形状位置精度 (5 分)	同轴度 0.03	5	超差不得分			
5	碰伤、划伤		—	每处扣 3~5 分(只扣分，无得分)			
6	去毛刺		—	锐边没倒钝或倒钝尺寸太大等每处扣 3~5 分(只扣分，无得分)			
合计			70	零件得分			
检测教师签字							

(2) 学生自检零件评分如表 S-H1-1-2 所示(10 分)。

表 S-H1-1-2 自检评分

零件名称		数控车零件 1		工件编号		工位号	
序号	考核项目	检测内容	配分	评分标准	自检结果	检测结果	得分
1	外圆检测	$\phi 34_{-0.025}^{0}$	2.5	用外径千分尺检测,检测结果超差实际尺寸的 0.01 扣 1.5 分,超差 0.02 不得分			
		$\phi 36_{-0.035}^{0}$	2.5	用外径千分尺检测,检测结果超差实际尺寸的 0.01 扣 1.5 分,超差 0.02 不得分			
2	长度检测	75 ± 0.3	2.5	用游标卡尺检测,检测结果超差实际尺寸的 0.02 扣 1.5 分,超差 0.04 不得分			
3	表面粗糙度检测	$Ra1.6$	2.5	用表面粗糙度样板检测,超差不得分			
合计			10	项目得分			
检测教师签字							

(3) 职业素养评分如表 S-H1-1-3 所示(20 分)。

表 S-H1-1-3 职业素养评分表

学校名称			日期		职业素养项目得分	
姓名			工位号			
考试时间			试卷号			
类别	考核项目		考核内容		配分	得分
6S规范	人身与设备安全		出现人伤械损事故整个测评成绩记 0 分		—	
	纪律		服从组考方及现场监考教师安排,如有违反不得分		1	
	安全防护		按安全生产要求穿工作服、戴防护帽,如有违反不得分		1	
	机床、场地清扫		对机床及周围工作环境进行清扫,如不做不得分		1	
	刀具安装		刀具安装正确、夹紧可靠,如违反不得分		1	
	工件安装		工件安装正确、夹紧可靠,如违反不得分		1	
	机床日常保养		机床的打油加液等,如违反不得分		1	
	安全用电		机床的用电安全操作,如违反不得分		1	
	成本与效率		按时完成零件加工,如超时不得分		1	

续表

类别	考核项目	考核内容	配分	得分
职业规范	开机前检查记录	机床开机前按要求对机床进行检查并记录，少做一项扣0.5分	1	
	机床开关机规范	按操作规程开机、关机，如违反不得分	1	
	回参考点	按操作规程回参考点，如违反不得分	1	
	工具、刀具、量具摆放	工具、刀具、量具摆放整齐，如违反不得分	2	
	程序输入及检查	程序正确输入并按操作规程进行检验，如违反不得分	1	
	加工操作规范	按操作规程进行加工操作，如出现打刀或其他不规范操作，每次扣1分，本项分数扣完为止	4	
	量具使用	量具安全、正确使用，如违反不得分	1	
	机床状态登记	机床使用完成后进行状态登记，如不做不得分	1	
总分			20	
备注(现场未尽事项记录)				
监考员签字		学生签字：		

2. 试题编号 S-H1-2

1) 任务描述

本试题主要用来检验学生是否具备以下基本技能：回转体零件的加工工艺分析和数控程序编制，通用夹具的选择、安装、调整，刀具的选择、安装和刃磨，量具的选择和使用，数控车床的操作和日常维护等。零件如图 S-H1-2 所示。

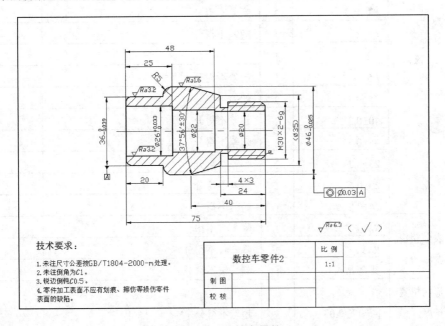

图 S-H1-2　数控车零件2

毛坯尺寸：ϕ50 mm×80 mm；材料：45号棒材；要求：毛坯要求预钻ϕ20的通孔。

2) 考核时间

180分钟。

3) 评分标准

总成绩满分100分。其中轮廓形状占10%，尺寸精度占50%，表面粗糙度与形位公差占10%，学生零件自检占10%，职业素养部分(包括安全意识、工作态度、操作规范等方面)占20%。

(1) 零件检查评分如表S-H1-2-1所示(70分)。

表 S-H1-2-1 作品评分表

零件名称		数控车零件2			工件编号		
序号	考核项目	检测内容	配分	评分标准		检测结果	得分
1	形状 (10分)	外轮廓	4	外轮廓形状与图纸不符，每处扣1分			
		螺纹	3	螺纹形状与图纸不符，每处扣1分			
		内孔	3	内孔形状与图纸不符，每处扣1分			
2	尺寸精度 (50分)	$\phi 46_{-0.039}^{0}$	8	每超差0.01mm扣2分			
		$\phi 36_{-0.039}^{0}$	6	每超差0.01mm扣2分			
		$\phi 26_{0}^{+0.033}$	6	每超差0.01mm扣2分			
		37º56′±30′	4	超差不得分			
		$\phi 22\pm 0.2$	4	超差不得分			
		螺纹 M30×2-6g	6	用螺纹环规检验，不合格不得分			
		槽 4×3	3	超差不得分			
		C1	1	超差不得分			
		C2	1	超差不得分			
		R5	1	超差不得分			
		75±0.3	2	超差不得分			
		40±0.3	2	超差不得分			
		48±0.3	2	超差不得分			
		25±0.2	2	超差不得分			
		20±0.2	1	超差不得分			
		24±0.2	1	超差不得分			
3	表面粗糙度(5分)	Ra1.6	2	降一级不得分			
		Ra3.2	2	降一级不得分			
		其余Ra6.3	1	降一级不得分			
4	形状位置精度(5分)	同轴度0.03	5	超差不得分			

续表

序号	考核项目	检测内容	配分	评分标准	检测结果	得分
5	碰伤、划伤	—		每处扣 3～5 分(只扣分，无得分)		
合计			70	零件得分		
检测教师签字						

(2) 学生自检零件评分如表 S-H1-2-2 所示(10 分)。

表 S-H1-2-2　自检评分表

零件名称		数控车零件 2		工件编号		工位号		
序号	考核项目	检测内容	配分	评分标准		自检结果	检测结果	得分
1	外圆检测	$\phi 46_{-0.025}^{0}$	2.5	用外径千分尺检测，检测结果超差实际尺寸 0.01 扣 1.5 分，超差 0.02 不得分				
		$\phi 36_{-0.039}^{0}$	2.5	用外径千分尺检测，检测结果超差实际尺寸 0.01 扣 1.5 分，超差 0.02 不得分				
2	长度检测	75±0.3	2.5	用游标卡尺检测，检测结果超差实际尺寸 0.02 扣 1.5 分，超差 0.04 不得分				
3	表面粗糙度检测	Ra1.6	2.5	用表面粗糙度样板检测，超差不得分				
合计			10	项目得分				
检测教师签字								

(3) 职业素养评分如表 S-H1-1-3 所示(20 分)。

3. 试题编号 S-H1-3

1) 任务描述

本试题主要用来检验学生是否具备以下基本技能：回转体零件的加工工艺分析和数控程序编制，通用夹具的选择、安装、调整，刀具的选择、安装和刃磨，量具的选择和使用，数控车床的操作和日常维护等。零件如图 S-H1-3 所示。

毛坯尺寸：$\phi 50$ mm×80 mm；材料：45 号棒材；要求：毛坯要求预钻 $\phi 20$ 的通孔。

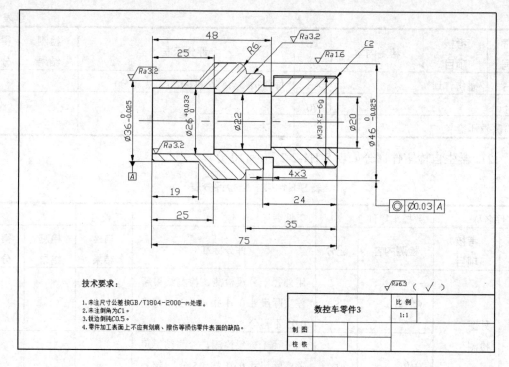

图 S-H1-3 数控车零件 3

2) 考核时间

180 分钟。

3) 评分标准

总成绩满分 100 分。其中轮廓形状占 10%，尺寸精度占 50%，表面粗糙度与形位公差占 10%，学生零件自检占 10%，职业素养部分(包括安全意识、工作态度、操作规范等方面)占 20%。

(1) 零件检查评分如表 S-H1-3-1 所示(70 分)。

表 S-H1-3-1 作品评分表

零件名称	数控车零件 3			工件编号		
序号	考核项目	检测内容	配分	评分标准	检测结果	得分
1	形状 (10分)	外轮廓	4	外轮廓形状与图纸不符，每处扣 1 分		
		螺纹	3	螺纹形状与图纸不符，每处扣 1 分		
		内孔	3	内孔形状与图纸不符，每处扣 1 分		
2	尺寸精度 (50分)	$\phi 46_{-0.039}^{0}$	8	每超差 0.01mm 扣 2 分		
		$\phi 36_{-0.039}^{0}$	6	每超差 0.01mm 扣 2 分		
		$\phi 34_{-0.039}^{0}$	6	每超差 0.01mm 扣 2 分		
		$\phi 26 \pm 0.2$	4	超差不得分		
		$\phi 22 \pm 0.2$	4	超差不得分		

续表

序号	考核项目	检测内容	配分	评分标准	检测结果	得分
2	尺寸精度 (50 分)	螺纹 M30×2-6g	6	用螺纹环规检验，不合格不得分		
		槽 4×3	3	超差不得分		
		C1	1	超差不得分		
		C2	1	超差不得分		
		R6	1	超差不得分		
		75±0.3	2	超差不得分		
		48±0.3	2	超差不得分		
		35±0.3	2	超差不得分		
		25±0.2	2	每处 1 分，超差不得分(2 处)		
		19±0.2	1	超差不得分		
		24±0.2	1	超差不得分		
3	表面粗糙度 (15 分)	Ra1.6	5	降一级不得分		
		Ra3.2	6	降一级不得分		
		其余 Ra6.3	4	降一级不得分		
4	形状位置精度 (5 分)	同轴度 0.03	5	超差不得分		
5	碰伤、划伤	—		每处扣 3～5 分(只扣分，无得分)		
6	去毛刺	—		锐边没倒钝或倒钝尺寸太大等每处扣 3～5 分(只扣分，无得分)		
合计			70	零件得分		
检测教师签字						

(2) 学生自检零件评分如表 S-H1-3-2 所示(10 分)。

表 S-H1-3-2 自检评分表

零件名称	数控车零件 3			工件编号		工位号		
序号	考核项目	检测内容	配分	评分标准		自检结果	检测结果	得分
1	外圆检测	$\phi 46_{-0.025}^{0}$	2.5	用外径千分尺检测，检测结果超差实际尺寸 0.01 扣 1.5 分，超差 0.02 不得分				
		$\phi 36_{-0.035}^{0}$	2.5	用外径千分尺检测，检测结果超差实际尺寸 0.01 扣 1.5 分，超差 0.02 不得分				

续表

序号	考核项目	检测内容	配分	评分标准	自检结果	检测结果	得分
2	长度检测	75±0.3	2.5	用游标卡尺检测,检测结果超差实际尺寸 0.02 扣 1.5 分,超差 0.04 不得分			
3	表面粗糙度检测	Ra1.6	2.5	用表面粗糙度样板检测,超差不得分			
合计			10	项目得分			
检测教师签字							

(3) 职业素养评分如表 S-H1-1-3 所示(20 分)。

4. 试题编号 S-H1-4

1) 任务描述

本试题主要用来检验学生是否具备以下基本技能:回转体零件的加工工艺分析和数控程序编制,通用夹具的选择、安装、调整,刀具的选择、安装和刃磨,量具的选择和使用,数控车床的操作和日常维护等。零件如图 S-H1-4 所示。

毛坯尺寸:$\phi 50$ mm×80 mm;材料:45 号棒材;要求:毛坯要求预钻$\phi 20$ 的通孔。

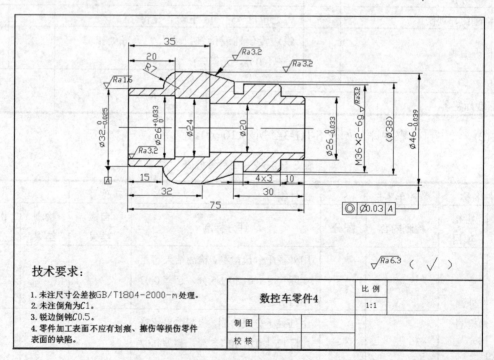

图 S-H1-4 数控车零件 4

2) 考核时间

180 分钟。

3) 评分标准

总成绩满分 100 分。其中轮廓形状占 10%，尺寸精度占 50%，表面粗糙度与形位公差占 10%，学生零件自检占 10%，职业素养部分(包括安全意识、工作态度、操作规范等方面)占 20%。

(1) 零件检查评分如表 S-H1-4-1 所示(70 分)。

表 S-H1-4-1 作品评分表

零件名称		数控车零件 4				工件编号		
序号	考核项目	检测内容	配分	评分标准			检测结果	得分
1	形状 (10 分)	外轮廓	4	外轮廓形状与图纸不符，每处扣 1 分				
		螺纹	3	螺纹形状与图纸不符，每处扣 1 分				
		内孔	3	内孔形状与图纸不符，每处扣 1 分				
2	尺寸精度 (50 分)	$\phi 32_{-0.025}^{0}$	8	每超差 0.01mm 扣 2 分				
		$\phi 46_{-0.039}^{0}$	6	每超差 0.01mm 扣 2 分				
		$\phi 26_{-0.033}^{0}$	6	每超差 0.01mm 扣 2 分				
		$\phi 38\pm0.3$	3	超差不得分				
		$\phi 26\pm0.2$	3	超差不得分				
		$\phi 24\pm0.2$	3	超差不得分				
		螺纹 M36×-6g	6	用螺纹环规检验，不合格不得分				
		槽 4×3	3	超差不得分				
		C1	1	超差不得分				
		R7	1	超差不得分				
		75±0.3	2	超差不得分				
		32±0.3	2	超差不得分				
		30±0.2	2	超差不得分				
		20±0.3	1	超差不得分				
		35±0.3	1	超差不得分				
		15±0.2	1	超差不得分				
		10±0.2	1	超差不得分				
3	表面粗糙度(5 分)	Ra1.6	2	降一级不得分				
		Ra3.2	2	降一级不得分				
		其余 Ra6.3	1	降一级不得分				
4	形状位置精度 (5 分)	同轴度 0.03	5	超差不得分				

续表

序号	考核项目	检测内容	配分	评分标准	检测结果	得分
5	碰伤、划伤	—		每处扣 3~5 分(只扣分，无得分)		
6	去毛刺	—		锐边没倒钝或倒钝尺寸太大等每处扣 3~5 分(只扣分，无得分)		
合计			70	零件得分		
检测教师签字						

(2) 学生自检零件评分如表 S-H1-4-2 所示(10 分)。

表 S-H1-4-2 自检评分

零件名称		数控车零件 4		工件编号		工位号	
序号	考核项目	检测内容	配分	评分标准	自检结果	检测结果	得分
1	外圆检测	$\phi32_{-0.025}^{0}$	2.5	用外径千分尺检测，检测结果超差实际尺寸 0.01 扣 1.5 分，超差 0.02 不得分			
		$\phi46_{-0.039}^{0}$	2.5	用外径千分尺检测，检测结果超差实际尺寸 0.01 扣 1.5 分，超差 0.02 不得分			
2	长度检测	75±0.3	2.5	用游标卡尺检测，检测结果超差实际尺寸 0.02 扣 1.5 分，超差 0.04 不得分			
3	表面粗糙度检测	$Ra1.6$	2.5	用表面粗糙度样板检测，超差不得分			
合计			10	项目得分			
检测教师签字							

(3) 职业素养评分如表 S-H1-1-3 所示(20 分)。

5. 试题编号 S-H1-5

1) 任务描述

本试题主要用来检验学生是否具备以下基本技能：回转体零件的加工工艺分析和数控程序编制，通用夹具的选择、安装、调整，刀具的选择、安装和刃磨，量具的选择和使用，数控车床的操作和日常维护等。零件如图 S-H1-5 所示。

毛坯尺寸：$\phi50$ mm×80 mm；材料：45 号棒材；要求：毛坯要求预钻$\phi20$ 的通孔。

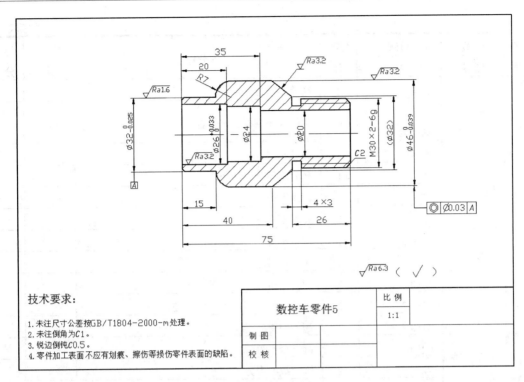

图 S-H1-5 数控车零件 5

2) 考核时间

180 分钟。

3) 评分标准

总成绩满分 100 分。其中轮廓形状占 10%，尺寸精度占 50%，表面粗糙度与形位公差占 10%，学生零件自检占 10%，职业素养部分(包括安全意识、工作态度、操作规范等方面)占 20%。

(1) 零件检查评分如表 S-H1-5-1 所示(70 分)。

表 S-H1-5-1 作品评分表

零件名称	数控车零件 5			工件编号		
序号	考核项目	检测内容	配分	评分标准	检测结果	得分
1	形状 (10 分)	外轮廓	4	外轮廓形状与图纸不符，每处扣 1 分		
		螺纹	3	螺纹形状与图纸不符，每处扣 1 分		
		内孔	3	内孔形状与图纸不符，每处扣 1 分		
2	尺寸 精度 (50 分)	$\phi 32_{-0.025}^{0}$	8	每超差 0.01mm 扣 2 分		
		$\phi 46_{-0.039}^{0}$	6	每超差 0.01mm 扣 2 分		
		$\phi 26_{0}^{+0.033}$	6	每超差 0.01mm 扣 2 分		
		$\phi 32 \pm 0.3$	4	超差不得分		

续表

序号	考核项目	检测内容	配分	评分标准	检测结果	得分
2	尺寸精度(50分)	$\phi 24\pm 0.2$	4	超差不得分		
		螺纹 M30×2-6g	6	用螺纹环规检验,不合格不得分		
		槽 4×3	3	超差不得分		
		C2	1	超差不得分		
		R7	1	超差不得分		
		75±0.3	2	超差不得分		
		40±0.3	1	超差不得分		
		35±0.3	2	超差不得分		
		26±0.2	2	超差不得分		
		15±0.2	2	每处一分,超差不得分(2处)		
		20±0.2	2	超差不得分		
3	表面粗糙度(5分)	Ra1.6	2	降一级不得分		
		Ra3.2	2	降一级不得分		
		其余 Ra6.3	1	降一级不得分		
4	形状位置精度(5分)	同轴度 0.03	5	超差不得分		
5	碰伤、划伤	—		每处扣 3~5 分(只扣分,无得分)		
6	去毛刺	—		锐边没倒钝或倒钝尺寸太大等每处扣 3~5 分(只扣分,无得分)		
合计			70	零件得分		
检测教师签字						

(2) 学生自检零件评分如表 S-H1-5-2 所示(10分)。

表 S-H1-5-2 自检评分表

零件名称		数控车零件5		工件编号		工位号	
序号	考核项目	检测内容	配分	评分标准	自检结果	检测结果	得分
1	外圆检测	$\phi 32_{-0.025}^{0}$	2.5	用外径千分尺检测,检测结果超差实际尺寸 0.01 扣 1.5 分,超差 0.02 不得分			

续表

序号	考核项目	检测内容	配分	评分标准	自检结果	检测结果	得分
1	外圆检测	$\phi 46_{-0.039}^{0}$	2.5	用外径千分尺检测,检测结果超差实际尺寸 0.01 扣 1.5 分,超差 0.02 不得分			
2	长度检测	75±0.3	2.5	用游标卡尺检测,检测结果超差实际尺寸 0.02 扣 1.5 分,超差 0.04 不得分			
3	表面粗糙度检测	Ra1.6	2.5	用表面粗糙度样板检测,超差不得分			
合计			10	项目得分			
检测教师签字							

(3) 职业素养评分如表 S-H1-1-3 所示(20 分)。

6. 试题编号 S-H1-6

1) 任务描述

本试题主要用来检验学生是否具备以下基本技能:回转体零件的加工工艺分析和数控程序编制,通用夹具的选择、安装、调整,刀具的选择、安装和刃磨,量具的选择和使用,数控车床的操作和日常维护等。零件如图 S-H1-6 所示。

毛坯尺寸:ϕ50 mm×80 mm;材料:45 号棒材;要求:毛坯要求预钻ϕ20 的通孔。

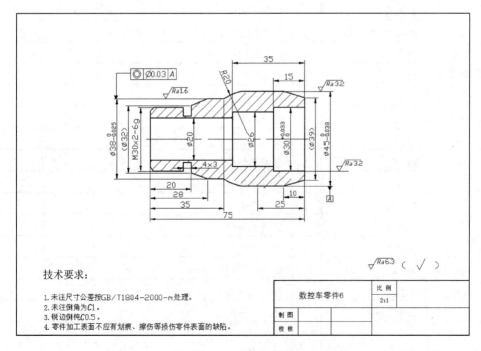

图 S-H1-6 数控车零件 6

2) 考核时间

180 分钟。

3) 评分标准

总成绩满分 100 分。其中轮廓形状占 10%，尺寸精度占 50%，表面粗糙度与形位公差占 10%，学生零件自检占 10%，职业素养部分(包括安全意识、工作态度、操作规范等方面)占 20%。

(1) 零件检查评分如表 S-H1-6-1 所示(70 分)。

表 S-H1-6-1　作品评分表

零件名称		数控车零件6			工件编号		
序号	考核项目	检测内容	配分	评分标准		检测结果	得分
1	形状 (10 分)	外轮廓	4	外轮廓形状与图纸不符，每处扣 1 分			
		螺纹	3	螺纹形状与图纸不符，每处扣 1 分			
		内孔	3	内孔形状与图纸不符，每处扣 1 分			
2	尺寸精度 (50 分)	$\phi 38_{-0.025}^{0}$	8	每超差 0.01mm 扣 2 分			
		$\phi 45_{-0.039}^{0}$	6	每超差 0.01mm 扣 2 分			
		$\phi 30_{0}^{+0.033}$	6	每超差 0.01mm 扣 2 分			
		$\phi 39 \pm 0.3$	3	超差不得分			
		$\phi 32 \pm 0.3$	3	超差不得分			
		$\phi 26 \pm 0.2$	3	超差不得分			
		螺纹 M30×2-6g	6	用螺纹环规检验，不合格不得分			
		槽 4×3	3	超差不得分			
		$C2$	1	超差不得分			
		$R20$	1	超差不得分			
		75±0.3	2	超差不得分			
		35±0.3	2	每处 1 分，超差不得分(两处)			
		28±0.2	2	超差不得分			
		25±0.2	1	超差不得分			
		20±0.2	1	超差不得分			
		15±0.2	1	超差不得分			
		10±0.2	1	超差不得分			
3	表面粗糙度 (5 分)	$Ra1.6$	2	降一级不得分			
		$Ra3.2$	2	降一级不得分			
		其余 $Ra6.3$	1	降一级不得分			
4	形状位置精度 (5 分)	同轴度 0.03	5	超差不得分			

续表

序号	考核项目	检测内容	配分	评分标准	检测结果	得分
5	碰伤、划伤	—		每处扣 3～5 分(只扣分，无得分)		
6	去毛刺	—		锐边没倒钝或倒钝尺寸太大等每处扣 3～5 分(只扣分，无得分)		
合计			70	零件得分		
检测教师签字						

(2) 学生自检零件评分如表 S-H1-6-2 所示(10 分)。

表 S-H1-6-2　自检评分表

零件名称		数控车零件6		工件编号		工位号	
序号	考核项目	检测内容	配分	评分标准	自检结果	检测结果	得分
1	外圆检测	$\phi38_{-0.025}^{0}$	2.5	用外径千分尺检测，检测结果超差实际尺寸 0.01 扣 1.5 分，超差 0.02 不得分			
		$\phi45_{-0.039}^{0}$	2.5	用外径千分尺检测，检测结果超差实际尺寸 0.01 扣 1.5 分，超差 0.02 不得分			
2	长度检测	75±0.3	2.5	用游标卡尺检测，检测结果超差实际尺寸 0.02 扣 1.5 分，超差 0.04 不得分			
3	表面粗糙度检测	Ra1.6	2.5	用表面粗糙度样板检测，超差不得分			
合计			10	项目得分			
检测教师签字							

(3) 职业素养评分如表 S-H1-1-3 所示(20 分)。

7. 试题编号 S-H1-7

1) 任务描述

本试题主要用来检验学生是否具备以下基本技能：回转体零件的加工工艺分析和数控程序编制，通用夹具的选择、安装、调整，刀具的选择、安装和刃磨，量具的选择和使用，数控车床的操作和日常维护等。零件如图 S-H1-7 所示。

毛坯尺寸：ϕ50 mm×80 mm；材料：45 号棒材；要求：毛坯要求预钻ϕ20 的通孔。

2) 考核时间

180 分钟。

3) 评分标准

总成绩满分 100 分。其中轮廓形状占 10%，尺寸精度占 50%，表面粗糙度与形位公差占 10%，学生零件自检占 10%，职业素养部分(包括安全意识、工作态度、操作规范等方面)占 20%。

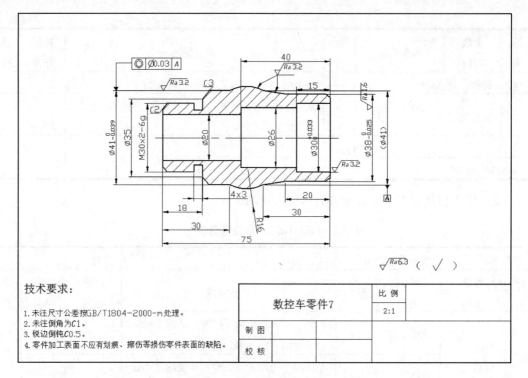

图 S-H1-7 数控车零件7

(1) 零件检查评分如表 S-H1-7-1 所示(70 分)。

表 S-H1-7-1 作品评分表

零件名称		数控车零件7			工件编号		
序号	考核项目	检测内容	配分	评分标准		检测结果	得分
1	形状 (10 分)	外轮廓	4	外轮廓形状与图纸不符，每处扣 1 分			
		螺纹	3	螺纹形状与图纸不符，每处扣 1 分			
		内孔	3	内孔形状与图纸不符，每处扣 1 分			
2	尺寸精度 (50 分)	$\phi 38_{-0.025}^{0}$	8	每超差 0.01mm 扣 2 分			
		$\phi 41_{-0.039}^{0}$	6	每超差 0.01mm 扣 2 分			
		$\phi 30_{0}^{+0.033}$	6	每超差 0.01mm 扣 2 分			
		$\phi 41 \pm 0.3$	3	超差不得分			
		$\phi 35 \pm 0.3$	3	超差不得分			
		$\phi 26 \pm 0.2$	3	超差不得分			
		螺纹 M30×2-6g	6	用螺纹环规检验，不合格不得分			
		槽 4×3	3	超差不得分			
		C1	1	超差不得分			
		C2	1	超差不得分			

续表

序号	考核项目	检测内容	配分	评分标准	检测结果	得分
2	尺寸精度(50分)	R16	1	超差不得分		
		75±0.3	2	超差不得分		
		40±0.3	2	超差不得分		
		30±0.2	2	超差不得分		
		20±0.2	1	超差不得分		
		15±0.2	1	超差不得分		
		18±0.2	1	超差不得分		
3	表面粗糙度(5分)	Ra1.6	2	降一级不得分		
		Ra3.2	2	降一级不得分		
		其余Ra6.3	1	降一级不得分		
4	形状位置精度(5分)	同轴度0.03	5	超差不得分		
5	碰伤、划伤		—	每处扣 3～5 分(只扣分,无得分)		
6	去毛刺		—	锐边没倒钝或倒钝尺寸太大等每处扣 3～5 分(只扣分,无得分)		
合计			70	零件得分		
检测教师签字						

(2) 学生自检零件评分如表 S-H1-7-2 所示(10 分)。

表 S-H1-7-2　自检评分表

零件名称	数控车零件7		工件编号		工位号		
序号	考核项目	检测内容	配分	评分标准	自检结果	检测结果	得分
1	外圆检测	$\phi38_{-0.025}^{0}$	2.5	用外径千分尺检测,检测结果超差实际尺寸0.01扣1.5分,超差0.02不得分			
		$\phi41_{-0.039}^{0}$	2.5	用外径千分尺检测,检测结果超差实际尺寸0.01扣1.5分,超差0.02不得分			
2	长度检测	75±0.3	2.5	用游标卡尺检测,检测结果超差实际尺寸0.02扣1.5分,超差0.04不得分			
3	表面粗糙度检测	Ra1.6	2.5	用表面粗糙度样板检测,超差不得分。			
合计			10	项目得分			
检测教师签字							

(3) 职业素养评分如表 S-H1-1-3 所示(20 分)。

8. 试题编号 S-H1-8

1) 任务描述

本试题主要用来检验学生是否具备以下基本技能：回转体零件的加工工艺分析和数控程序编制，通用夹具的选择、安装、调整，刀具的选择、安装和刃磨，量具的选择和使用，数控车床的操作和日常维护等。零件如图 S-H1-8 所示。

毛坯尺寸：ϕ50 mm×80 mm；材料：45 号棒材；要求：毛坯要求预钻ϕ20 的通孔。

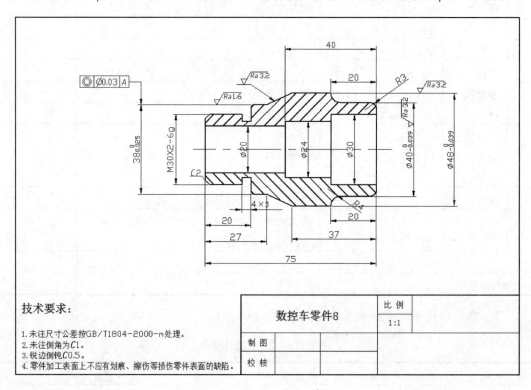

图 S-H1-8　数控车零件 8

2) 考核时间

180 分钟。

3) 评分标准

总成绩满分 100 分。其中轮廓形状占 10%，尺寸精度占 50%，表面粗糙度与形位公差占 10%，学生零件自检占 10%，职业素养部分(包括安全意识、工作态度、操作规范等方面)占 20%。

(1) 零件检查评分如表 S-H1-8-1 所示(70 分)。

(2) 学生自检零件评分如表 S-H1-8-2 所示(10 分)。

(3) 职业素养评分如表 S-H1-1-3 所示(20 分)。

表 S-H1-8-1　作品评分表

零件名称		数控车零件8		工件编号		
序号	考核项目	检测内容	配分	评分标准	检测结果	得分
1	形状 (10分)	外轮廓	4	外轮廓形状与图纸不符，每处扣1分		
		螺纹	3	螺纹形状与图纸不符，每处扣1分		
		内孔	3	内孔形状与图纸不符，每处扣1分		
2	尺寸精度 (50分)	$\phi 38_{-0.025}^{0}$	8	每超差0.01mm扣2分		
		$\phi 48_{-0.039}^{0}$	6	每超差0.01mm扣2分		
		$\phi 40_{-0.039}^{0}$	6	每超差0.01mm扣2分		
		$\phi 30\pm 0.3$	4	超差不得分		
		$\phi 24\pm 0.2$	4	超差不得分		
		螺纹 M30×2-6g	6	用螺纹环规检验，不合格不得分		
		槽 4×3	3	超差不得分		
		C2	1	超差不得分		
		R3	1	超差不得分		
		R4	1	超差不得分		
		75±0.3	2	超差不得分		
		40±0.3	2	超差不得分		
		37±0.3	2	超差不得分		
		27±0.3	1	超差不得分		
		20±0.2	1	每处1分，超差不得分(3处)		
3	表面粗糙度 (5分)	Ra1.6	2	降一级不得分		
		Ra3.2	2	降一级不得分		
		其余Ra6.3	1	降一级不得分		
4	形状位置精度 (5分)	同轴度0.03	5	超差不得分		
5	碰伤、划伤		—	每处扣3~5分(只扣分，无得分)		
6	去毛刺		—	锐边没倒钝或倒钝尺寸太大等每处扣3~5分(只扣分，无得分)		
合计			70	零件得分		
检测教师签字						

表 S-H1-8-2　自检评分表

零件名称		数控车零件 8		工件编号		工位号		
序号	考核项目	检测内容	配分	评分标准		自检结果	检测结果	得分
1	外圆检测	$\phi 38_{-0.025}^{0}$	2.5	用外径千分尺检测,检测结果超差实际尺寸 0.01 扣 1.5 分,超差 0.02 不得分				
		$\phi 48_{-0.039}^{0}$	2.5	用外径千分尺检测,检测结果超差实际尺寸 0.01 扣 1.5 分,超差 0.02 不得分				
2	长度检测	75 ± 0.3	2.5	用游标卡尺检测,检测结果超差实际尺寸 0.02 扣 1.5 分,超差 0.04 不得分				
3	表面粗糙度检测	$Ra1.6$	2.5	用表面粗糙度样板检测,超差不得分				
合计			10	项目得分				
检测教师签字								

9. 试题编号 S-H1-9

1) 任务描述

本试题主要用来检验学生是否具备以下基本技能：回转体零件的加工工艺分析和数控程序编制、通用夹具的选择、安装、调整，刀具的选择、安装和刃磨，量具的选择和使用，数控车床的操作和日常维护等。零件如图 S-H1-9 所示。

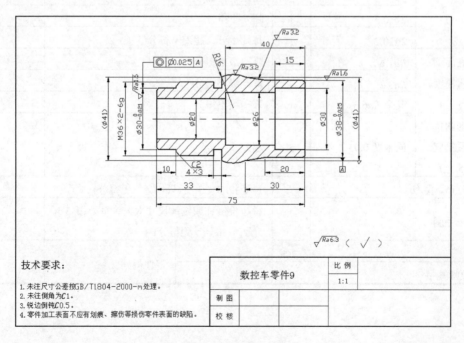

图 S-H1-9　数控车零件 9

毛坯尺寸：$\phi 50\ mm \times 80\ mm$；材料：45 号棒材；要求：毛坯要求预钻 $\phi 20$ 的通孔。

2) 考核时间

180 分钟。

3) 评分标准

总成绩满分 100 分。其中轮廓形状占 10%，尺寸精度占 50%，表面粗糙度与形位公差占 10%，学生零件自检占 10%，职业素养部分(包括安全意识、工作态度、操作规范等方面)占 20%。

(1) 零件检查评分如表 S-H1-9-1 所示(70 分)。

表 S-H1-9-1　作品评分表

零件名称		数控车零件 9			工件编号		
序号	考核项目	检测内容	配分	评分标准		检测结果	得分
1	形状 (10 分)	外轮廓	4	外轮廓形状与图纸不符，每处扣 1 分			
		螺纹	3	螺纹形状与图纸不符，每处扣 1 分			
		内孔	3	内孔形状与图纸不符，每处扣 1 分			
2	尺寸精度 (50 分)	$\phi 30_{-0.021}^{0}$	8	每超差 0.01mm 扣 2 分			
		$\phi 38_{-0.025}^{0}$	6	每超差 0.01mm 扣 2 分			
		$\phi 30 \pm 0.2$	3	超差不得分			
		$\phi 26 \pm 0.2$	3	超差不得分			
		螺纹 M30×2-6g	6	用螺纹环规检验，不合格不得分			
		槽 4×3	3	超差不得分			
		C2	2	超差不得分			
		R16	2	超差不得分			
		75±0.3	3	超差不得分			
2	尺寸精度 (50 分)	40±0.3	3	超差不得分			
		33±0.3	3	超差不得分			
		30±0.2	2	超差不得分			
		20±0.2	2	超差不得分			
		15±0.2	2	超差不得分			
		10±0.2	2	超差不得分			
3	表面粗糙度 (5 分)	Ra1.6	2	降一级不得分			
		Ra3.2	2	降一级不得分			
		其余 Ra6.3	1	降一级不得分			
4	形状位置精度 (5 分)	同轴度 0.03	5	超差不得分			
5	碰伤、划伤		—	每处扣 3~5 分(只扣分，无得分)			

续表

序号	考核项目	检测内容	配分	评分标准	检测结果	得分
6	去毛刺	—		锐边没倒钝或倒钝尺寸太大等每处扣 3～5 分(只扣分，无得分)		
合计			70	零件得分		
检测教师签字						

(2) 学生自检零件评分如表 S-H1-9-2 所示(10 分)。

表 S-H1-9-2　自检评分表

零件名称		数控车零件 9		工件编号		工位号		
序号	考核项目	检测内容	配分	评分标准		自检结果	检测结果	得分
1	外圆检测	$\phi 30_{-0.021}^{0}$	2.5	用外径千分尺检测，检测结果超差实际尺寸 0.01 扣 1.5 分，超差 0.02 不得分				
		$\phi 38_{-0.025}^{0}$	2.5	用外径千分尺检测，检测结果超差实际尺寸 0.01 扣 1.5 分，超差 0.02 不得分				
2	长度检测	75±0.3	2.5	用游标卡尺检测，检测结果超差实际尺寸 0.02 扣 1.5 分，超差 0.04 不得分				
3	表面粗糙度检测	Ra1.6	2.5	用表面粗糙度样板检测，超差不得分				
合计			10	项目得分				
检测教师签字								

(3) 职业素养评分如表 S-H1-1-3 所示(20 分)。

10. 试题编号 S-H1-10

1) 任务描述

本试题主要用来检验学生是否具备以下基本技能：回转体零件的加工工艺分析和数控程序编制，通用夹具的选择、安装、调整，刀具的选择、安装和刃磨，量具的选择和使用，数控车床的操作和日常维护等。零件如图 S-H1-10 所示。

毛坯尺寸：ϕ50 mm×80 mm；材料：45 号棒材；要求：毛坯要求预钻ϕ20 的通孔。

2) 考核时间

180 分钟。

3) 评分标准

总成绩满分 100 分。其中轮廓形状占 10%，尺寸精度占 50%，表面粗糙度与形位公差占 10%，学生零件自检占 10%，职业素养部分(包括安全意识、工作态度、操作规范等方面)占 20%。

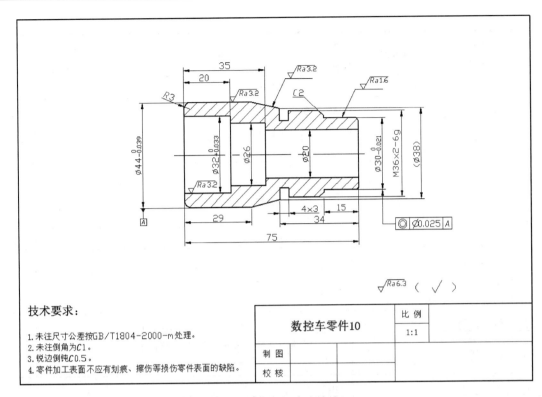

图 S-H1-10 数控车零件 10

(1) 零件检查评分如表 S-H1-10-1 所示(70 分)。

表 S-H1-10-1 作品评分表

零件名称	数控车零件 10			工件编号		
序号	考核项目	检测内容	配分	评分标准	检测结果	得分
1	形状 (10 分)	外轮廓	4	外轮廓形状与图纸不符,每处扣 1 分		
		螺纹	3	螺纹形状与图纸不符,每处扣 1 分		
		内孔	3	内孔形状与图纸不符,每处扣 1 分		
2	尺寸精度 (50 分)	$\phi 30_{-0.021}^{0}$	8	每超差 0.01mm 扣 2 分		
		$\phi 44_{-0.039}^{0}$	6	每超差 0.01mm 扣 2 分		
		$\phi 32_{0}^{+0.033}$	6	每超差 0.01mm 扣 2 分		
		$\phi 26 \pm 0.2$	4	超差不得分		
		螺纹 M30×2-6g	6	用螺纹环规检验,不合格不得分		
		槽 4×3	3	超差不得分		
		C2	1	超差不得分		
		R3	2	超差不得分		
		75±0.3	3	超差不得分		

续表

序号	考核项目	检测内容	配分	评分标准	检测结果	得分
2	尺寸精度(50分)	35±0.3	3	超差不得分		
		34±0.3	3	超差不得分		
		29±0.2	2	超差不得分		
		20±0.2	2	超差不得分		
		15±0.2	2	超差不得分		
3	表面粗糙度(5分)	Ra1.6	2	降一级不得分		
		Ra3.2	2	降一级不得分		
		其余Ra6.3	1	降一级不得分		
4	形状位置精度(5分)	同轴度0.03	5	超差不得分		
5	碰伤、划伤		—	每处扣3～5分(只扣分,无得分)		
6	去毛刺		—	锐边没倒钝或倒钝尺寸太大等每处扣3～5分(只扣分,无得分)		
合计			70			
检测教师签字				零件得分		

(2) 学生自检零件评分如表 S-H1-10-2 所示(10 分)。

表 S-H1-10-2 自检评分表

零件名称		数控车零件10		工件编号		工位号		
序号	考核项目	检测内容	配分	评分标准		自检结果	检测结果	得分
1	外圆检测	$\phi 30_{-0.021}^{0}$	2.5	用外径千分尺检测,检测结果超差实际尺寸0.01扣1.5分, 超差0.02不得分				
		$\phi 44_{-0.039}^{0}$	2.5	用外径千分尺检测,检测结果超差实际尺寸0.01扣1.5分, 超差0.02不得分				
2	长度检测	75±0.3	2.5	用游标卡尺检测,检测结果超差实际尺寸0.02扣1.5分,超差0.04不得分				
3	表面粗糙度检测	Ra1.6	2.5	用表面粗糙度样板检测,超差不得分				
合计			10	项目得分				
检测教师签字								

(3) 职业素养评分如表 S-H1-1-3 所示(20 分)。

11. 试题编号 S-H1-11

1) 任务描述

本试题主要用来检验学生是否具备以下基本技能：回转体零件的加工工艺分析和数控程序编制，通用夹具的选择、安装、调整，刀具的选择、安装和刃磨，量具的选择和使用，数控车床的操作和日常维护等。零件如图 S-H1-11 所示。

毛坯尺寸：$\phi 50$ mm×80 mm；材料：45 号棒材；要求：毛坯要求预钻 $\phi 20$ 的通孔。

2) 考核时间

180 分钟。

3) 评分标准

总成绩满分 100 分。其中轮廓形状占 10%，尺寸精度占 50%，表面粗糙度与形位公差占 10%，学生零件自检占 10%，职业素养部分(包括安全意识、工作态度、操作规范等方面)占 20%。

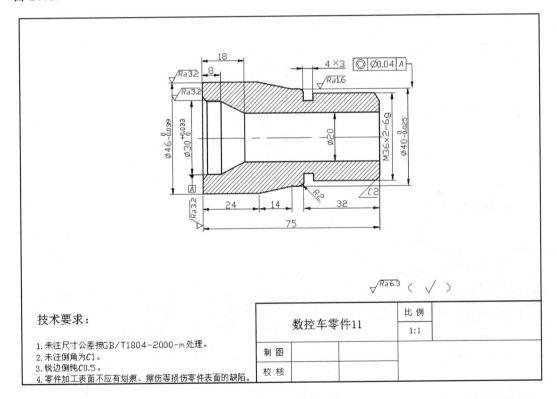

图 S-H1-11 数控车零件 11

(1) 零件检查评分如表 S-H1-11-1 所示(70 分)。

(2) 学生自检零件评分如表 S-H1-11-2 所示(10 分)。

(3) 职业素养评分如表 S-H1-1-3 所示(20 分)。

表 S-H1-11-1　作品评分表

零件名称		数控车零件 11			工件编号		
序号	考核项目	检测内容	配分	评分标准		检测结果	得分
1	形状 (10 分)	外轮廓	4	外轮廓形状与图纸不符，每处扣 1 分			
		螺纹	3	螺纹形状与图纸不符，每处扣 1 分			
		内孔	3	内孔形状与图纸不符，每处扣 1 分			
2	尺寸精度 (50 分)	$\phi 40_{-0.025}^{0}$	8	每超差 0.01mm 扣 2 分			
		$\phi 46_{-0.039}^{0}$	6	每超差 0.01mm 扣 2 分			
		$\phi 30_{0}^{+0.033}$	6	每超差 0.01mm 扣 2 分			
		螺纹 M36×-6g	6	用螺纹环规检验，不合格不得分			
		槽 4×3	2	超差不得分			
		C2	1	超差不得分			
		C1	1	超差不得分			
		75±0.3	3	超差不得分			
		32±0.3	3	超差不得分			
		8±0.2	3	超差不得分			
		18±0.2	3	超差不得分			
		14±0.2	3	超差不得分			
		24±0.2	3	超差不得分			
		R2±0.2	2	超差不得分			
3	表面粗糙度 (5 分)	Ra1.6	2	降一级不得分			
		Ra3.2	2	降一级不得分			
		其余 Ra6.3	1	降一级不得分			
4	形状位置精度(5 分)	同轴度 0.03	5	超差不得分			
5	碰伤、划伤		/	每处扣 3～5 分(只扣分，无得分)			
6	去毛刺		/	锐边没倒钝或倒钝尺寸太大等每处扣 3～5 分(只扣分，无得分)			
合计			70		零件得分		
检测教师签字							

12. 试题编号 S-H1-12

1) 任务描述

本试题主要用来检验学生是否具备以下基本技能：回转体零件的加工工艺分析和数控程序编制，通用夹具的选择、安装、调整，刀具的选择、安装和刃磨，量具的选择和使用，数控车床的操作和日常维护等。零件如图 S-H1-12 所示。

表 S-H1-11-2 自检评分表

零件名称		数控车零件11		工件编号		工位号		
序号	考核项目	检测内容	配分	评分标准		自检结果	检测结果	得分
1	外圆检测	$\phi40_{-0.025}^{0}$	2.5	用外径千分尺检测，检测结果超差实际尺寸0.01扣1.5分，超差0.02不得分				
		$\phi46_{-0.039}^{0}$	2.5	用外径千分尺检测，检测结果超差实际尺寸0.01扣1.5分，超差0.02不得分				
2	长度检测	75±0.3	2.5	用游标卡尺检测，检测结果超差实际尺寸0.02扣1.5分，超差0.04不得分				
3	表面粗糙度检测	Ra1.6	2.5	用表面粗糙度样板检测，超差不得分				
合计			10	项目得分				
检测教师签字								

毛坯尺寸：$\phi50\ mm\times80\ mm$；材料：45号棒材；要求：毛坯要求预钻$\phi20$的通孔。

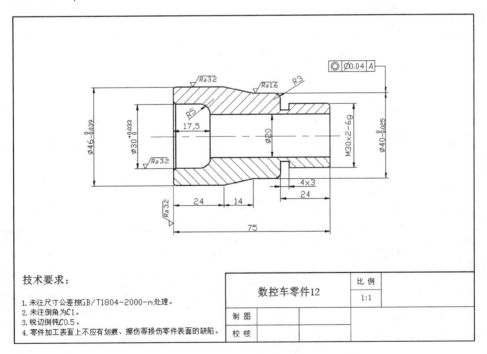

图 S-H1-12 数控车零件12

2) 考核时间

180分钟。

3) 评分标准

总成绩满分100分。其中轮廓形状占10%，尺寸精度占50%，表面粗糙度与形位公差占 10%，学生零件自检占 10%，职业素养部分(包括安全意识、工作态度、操作规范等方面)占 20%。

(1) 零件检查评分如表 S-H1-12-1 所示(70 分)。

表 S-H1-12-1 作品评分表

零件名称		数控车零件 12			工件编号		
序号	考核项目	检测内容	配分	评分标准		检测结果	得分
1	形状(10 分)	外轮廓	4	外轮廓形状与图纸不符，每处扣 1 分			
		螺纹	3	螺纹形状与图纸不符，每处扣 1 分			
		内孔	3	内孔形状与图纸不符，每处扣 1 分			
2	尺寸精度(50 分)	$\phi40_{-0.025}^{0}$	8	每超差 0.01mm 扣 2 分			
		$\phi46_{-0.039}^{0}$	6	每超差 0.01mm 扣 2 分			
		$\phi30_{0}^{+0.033}$	6	每超差 0.01mm 扣 2 分			
		螺纹 M30×2-6g	6	用螺纹环规检验，不合格不得分			
		75±0.3	3	超差不得分			
		24±0.2	3	超差不得分			
		14±0.2	3	超差不得分			
		17.5±0.2	3	超差不得分			
		24±0.2	3	超差不得分			
		R3±0.2	2	超差不得分			
		槽 4×3	2	超差不得分			
		C1	3	超差不得分			
		R5±1	2	超差不得分			
3	表面粗糙度(5 分)	Ra1.6	2	降一级不得分			
		Ra3.2	2	降一级不得分			
		其余 Ra6.3	1	降一级不得分			
4	形状位置精度(5 分)	同轴度 0.04	5	超差不得分			
5	碰伤、划伤		/	每处扣 3～5 分(只扣分，无得分)			
6	去毛刺		/	锐边没倒钝或倒钝尺寸太大等每处扣 3～5 分(只扣分，无得分)			
合计			70	零件得分			
检测教师签字							

(2) 学生自检零件评分如表 S-H1-12-2 所示(10 分)。

(3) 职业素养评分如表 S-H1-1-3 所示(20 分)。

表 S-H1-12-2　自检评分表

零件名称	数控车零件12	工件编号			工位号		
序号	考核项目	检测内容	配分	评分标准	自检结果	检测结果	得分
1	外圆检测	$\phi 40_{-0.025}^{0}$	2.5	用外径千分尺检测，检测结果超差实际尺寸 0.01 扣 1.5 分，超差 0.02 不得分			
1	外圆检测	$\phi 46_{-0.039}^{0}$	2.5	用外径千分尺检测，检测结果超差实际尺寸 0.01 扣 1.5 分，超差 0.02 不得分			
2	长度检测	75±0.3	2.5	用游标卡尺检测，检测结果超差实际尺寸 0.02 扣 1.5 分，超差 0.04 不得分			
3	表面粗糙度检测	Ra1.6	2.5	用表面粗糙度样板检测，超差不得分。			
合计			10	项目得分			
检测教师签字							

13. 试题编号 S-H1-13

1) 任务描述

本试题主要用来检验学生是否具备以下基本技能：回转体零件的加工工艺分析和数控程序编制，通用夹具的选择、安装、调整，刀具的选择、安装和刃磨，量具的选择和使用，数控车床的操作和日常维护等。零件如图 S-H1-13 所示。

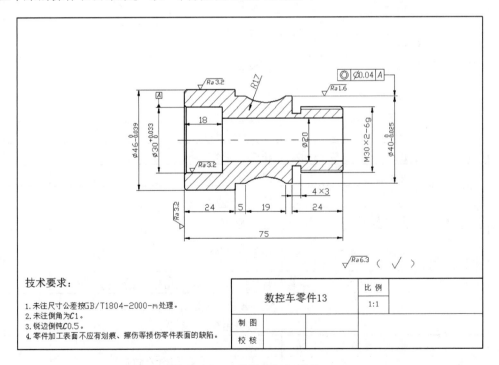

图 S-H1-13　数控车加工零件13

毛坯尺寸：$\phi50\text{ mm}\times80\text{ mm}$；材料：45号棒材；要求：毛坯要求预钻$\phi20$的通孔。

2) 考核时间

180分钟。

3) 评分标准

总成绩满分100分。其中轮廓形状占10%，尺寸精度占50%，表面粗糙度与形位公差占10%，学生零件自检占10%，职业素养部分(包括安全意识、工作态度、操作规范等方面)占20%。

(1) 零件检查评分如表S-H1-13-1所示(70分)。

表S-H1-13-1 作品评分

零件名称		数控车零件13			工件编号		
序号	考核项目	检测内容	配分	评分标准		检测结果	得分
1	形状 (10分)	外轮廓	4	外轮廓形状与图纸不符，每处扣1分			
		螺纹	3	螺纹形状与图纸不符，每处扣1分			
		内孔	3	内孔形状与图纸不符，每处扣1分			
2	尺寸精度 (50分)	$\phi40_{-0.025}^{0}$	8	每超差0.01mm扣2分			
		$\phi46_{-0.039}^{0}$	6	每超差0.01mm扣2分			
		$\phi30_{0}^{+0.033}$	6	每超差0.01mm扣2分			
		螺纹M30×2-6g	6	用螺纹环规检验，不合格不得分			
		槽4×3	3	超差不得分			
		C1	4	超差不得分			
		75±0.3	3	超差不得分			
		24±0.2	4	超差不得分			
		5±0.2	2	超差不得分			
		18±0.2	3	超差不得分			
		19±0.2	3	超差不得分			
		R17	2	超差不得分			
3	表面粗糙度(5分)	$Ra1.6$	2	降一级不得分			
		$Ra3.2$	2	降一级不得分			
		其余$Ra6.3$	1	降一级不得分			
4	形状位置精度(5分)	同轴度0.04	5	超差不得分			
5	碰伤、划伤		—	每处扣3~5分(只扣分，无得分)			
6	去毛刺		—	锐边没倒钝或倒钝尺寸太大等每处扣3~5分(只扣分，无得分)			
合计			70				
检测教师签字					零件得分		

(2) 学生自检零件评分如表 S-H1-13-2 所示(10 分)。

表 S-H1-13-2 自检评分表

零件名称	数控车零件 13		工件编号		工位号		
序号	考核项目	检测内容	配分	评分标准	自检结果	检测结果	得分
1	外圆检测	$\phi 40_{-0.025}^{0}$	2.5	用外径千分尺检测,检测结果超差实际尺寸 0.01 扣 1.5 分,超差 0.02 不得分			
		$\phi 46_{-0.039}^{0}$	2.5	用外径千分尺检测,检测结果超差实际尺寸 0.01 扣 1.5 分,超差 0.02 不得分			
2	长度检测	75±0.3	2.5	用游标卡尺检测,检测结果超差实际尺寸 0.02 扣 1.5 分,超差 0.04 不得分			
3	表面粗糙度检测	Ra1.6	2.5	用表面粗糙度样板检测,超差不得分			
合计			10	项目得分			
检测教师签字							

(3) 职业素养评分如表 S-H1-1-3 所示(20 分)。

14. 试题编号 S-H1-14

1) 任务描述

本试题主要用来检验学生是否具备以下基本技能:回转体零件的加工工艺分析和数控程序编制,通用夹具的选择、安装、调整,刀具的选择、安装和刃磨,量具的选择和使用,数控车床的操作和日常维护等。零件如图 S-H1-14 所示。

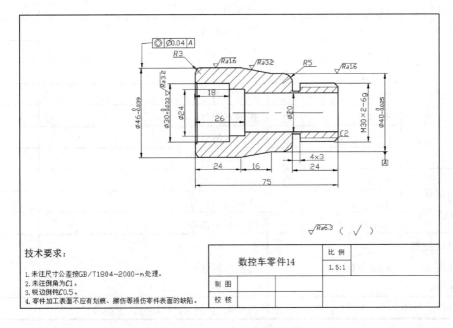

图 S-H1-14 数控车零件 14

毛坯尺寸：$\phi 50$ mm×80 mm；材料：45 号棒材；要求：毛坯要求预钻$\phi 20$ 的通孔。

2) 考核时间

180 分钟。

3) 评分标准

总成绩满分 100 分。其中轮廓形状占 10%，尺寸精度占 50%，表面粗糙度与形位公差占 10%，学生零件自检占 10%，职业素养部分(包括安全意识、工作态度、操作规范等方面)占 20%。

(1) 零件检查评分如表 S-H1-14-1 所示(70 分)。

表 S-H1-14-1　作品评分表

零件名称		数控车零件 14			工件编号		
序号	考核项目	检测内容	配分	评分标准		检测结果	得分
1	形状 (10 分)	外轮廓	4	外轮廓形状与图纸不符，每处扣 1 分			
		螺纹	3	螺纹形状与图纸不符，每处扣 1 分			
		内孔	3	内孔形状与图纸不符，每处扣 1 分			
2	尺寸精度 (50 分)	$\phi 40_{-0.025}^{0}$	8	每超差 0.01mm 扣 2 分			
		$\phi 46_{-0.039}^{0}$	6	每超差 0.01mm 扣 2 分			
		$\phi 30_{0}^{+0.033}$	6	每超差 0.01mm 扣 2 分			
		$\phi 24\pm 0.2$	3	超差不得分			
		螺纹 M30×2-6g	6	用螺纹环规检验，不合格不得分			
		75±0.3	3	超差不得分			
		24±0.2	2	超差不得分			
		26±0.2	2	超差不得分			
		16±0.2	2	超差不得分			
		18±0.2	3	超差不得分			
		R3	2	超差不得分			
		槽 4×3	2	超差不得分			
		C2	2	超差不得分			
		R5	2	超差不得分			
3	表面粗糙度(5 分)	Ra1.6	2	降一级不得分			
		Ra3.2	2	降一级不得分			
		其余 Ra6.3	1	降一级不得分			
4	形状位置精度 (5 分)	同轴度 0.04	5	超差不得分			
5	碰伤、划伤		—	每处扣 3~5 分(只扣分，无得分)			

续表

零件名称		数控车零件 14		工件编号			
序号	考核项目	检测内容	配分	评分标准		检测结果	得分
6	去毛刺	—		锐边没倒钝或倒钝尺寸太大等每处扣 3~5 分(只扣分,无得分)			
合计			70				
检测教师签字				零件得分			

(2) 学生自检零件评分如表 S-H1-14-2 所示(10 分)。

表 S-H1-14-2 自检评分表

零件名称		数控车零件 14		工件编号		工位号		
序号	考核项目	检测内容	配分	评分标准		自检结果	检测结果	得分
1	外圆检测	$\phi 40_{-0.025}^{0}$	2.5	用外径千分尺检测,检测结果超差实际尺寸 0.01 扣 1.5 分, 超差 0.02 不得分				
		$\phi 46_{-0.039}^{0}$	2.5	用外径千分尺检测,检测结果超差实际尺寸 0.01 扣 1.5 分, 超差 0.02 不得分				
2	长度检测	75±0.3	2.5	用游标卡尺检测,检测结果超差实际尺寸 0.02 扣 1.5 分,超差 0.04 不得分				
3	表面粗糙度检测	Ra1.6	2.5	用表面粗糙度样板检测,超差不得分				
合计			10	项目得分				
检测教师签字								

(3) 职业素养评分如表 S-H1-1-3 所示(20 分)。

15. 试题编号 S-H1-15

1) 任务描述

本试题主要用来检验学生是否具备以下基本技能:回转体零件的加工工艺分析和数控程序编制,通用夹具的选择、安装、调整,刀具的选择、安装和刃磨,量具的选择和使用,数控车床的操作和日常维护等。零件如图 S-H1-15 所示。

毛坯尺寸:$\phi 50$ mm×80 mm;材料:45 号棒材;要求:毛坯要求预钻$\phi 20$ 的通孔。

2) 考核时间

180 分钟。

3) 评分标准

总成绩满分 100 分。其中轮廓形状占 10%,尺寸精度占 50%,表面粗糙度与形位公差占 10%,学生零件自检占 10%,职业素养部分(包括安全意识、工作态度、操作规范等方面)占 20%。

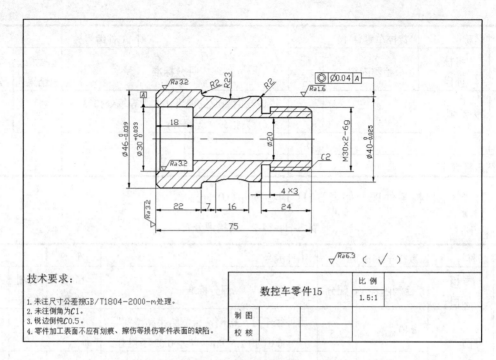

图 S-H1-15 数控车零件 15

(1) 零件检查评分如表 S-H1-15-1 所示(70 分)。

表 S-H1-15-1 作品评分表

零件名称		数控车零件15			工件编号		
序号	考核项目	检测内容	配分	评分标准		检测结果	得分
1	形状 (10分)	外轮廓	4	外轮廓形状与图纸不符，每处扣1分			
		螺纹	3	螺纹形状与图纸不符，每处扣1分			
		内孔	3	内孔形状与图纸不符，每处扣1分			
2	尺寸精度 (50分)	$\phi 40_{-0.025}^{0}$	8	每超差 0.01mm 扣 2 分			
		$\phi 46_{-0.039}^{0}$	6	每超差 0.01mm 扣 2 分			
		$\phi 30_{0}^{+0.033}$	6	每超差 0.01mm 扣 2 分			
		螺纹 M30×2-6g	6	用螺纹环规检验，不合格不得分			
		75±0.3	3	超差不得分			
		26±0.2	3	超差不得分			
		16±0.2	2	超差不得分			
		18±0.2	2	超差不得分			
		20±0.2	2	超差不得分			
		22±0.2	2	超差不得分			
		R2	2	超差不得分			

续表

序号	考核项目	检测内容	配分	评分标准	检测结果	得分
2	尺寸精度(50分)	槽 4×3	3	超差不得分		
		C2	3	超差不得分		
		R23	2	超差不得分		
3	表面粗糙度(5分)	Ra1.6	2	降一级不得分		
		Ra3.2	2	降一级不得分		
		其余 Ra6.3	1	降一级不得分		
4	形状位置精度(5分)	同轴度 0.04	5	超差不得分		
5	碰伤、划伤		—	每处扣 3~5 分(只扣分,无得分)		
6	去毛刺		—	锐边没倒钝或倒钝尺寸太大等每处扣 3~5 分(只扣分,无得分)		
合计			70	零件得分		
检测教师签字						

(2) 学生自检零件评分如表 S-H1-15-2 所示(10分)。

表 S-H1-15-2　自检评分表

零件名称		数控车零件15		工件编号		工位号		
序号	考核项目	检测内容	配分	评分标准	自检结果	检测结果	得分	
1	外圆检测	$\phi 40_{-0.025}^{0}$	2.5	用外径千分尺检测,检测结果超差实际尺寸 0.01 扣 1.5 分, 超差 0.02 不得分				
		$\phi 46_{-0.039}^{0}$	2.5	用外径千分尺检测,检测结果超差实际尺寸 0.01 扣 1.5 分, 超差 0.02 不得分				
2	长度检测	75±0.3	2.5	用游标卡尺检测,检测结果超差实际尺寸 0.02 扣 1.5 分, 超差 0.04 不得分				
3	表面粗糙度检测	Ra1.6	2.5	用表面粗糙度样板检测,超差不得分				
合计			10	项目得分				
检测教师签字								

(3) 职业素养评分如表 S-H1-1-3 所示(20分)。

三、核心模块二：数控铣加工

1. 试题编号 S-H2-1

1) 任务描述

本试题主要用来检验学生是否具备以下基本技能：零件铣加工工艺分析和数控程序编制，通用夹具的选择、安装、调整，刀具的选择、安装和刃磨，量具的使用，数控铣床的操作和日常维护等。零件如图 S-H2-1 所示。

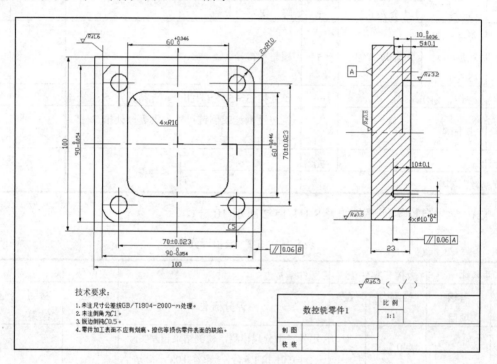

图 S-H2-1 数控铣零件 1

毛坯尺寸：100 mm×100 mm×23mm；材料：2A12 铝材；要求：平磨六个面，保证垂直度<0.05mm，尺寸公差为±0.05。

2) 考核时间

180 分钟。

3) 评分标准

总成绩满分 100 分。其中轮廓形状占 10%，尺寸精度占 50%，表面粗糙度与形位公差占 10%，学生零件自检占 10%，职业素养部分(包括安全意识、工作态度、操作规范等方面)占 20%。

(1) 零件作品检查评分如表 S-H2-1-1 所示。

(2) 学生自检零件评分如表 S-H2-1-2 所示。

(3) 职业素养评分如表 S-H2-1-3 所示。

表 S-H2-1-1 作品评分表

零件名称		数控铣零件1		工件编号		
序号	考核项目	检测内容	配分	评分标准	检测结果	得分
1	形状 (10分)	外轮廓	4	外轮廓形状与图纸不符,每处扣1分		
		内轮廓	4	内轮廓形状与图纸不符,每处扣1分		
		孔	2	孔数及位置与图纸不符,每处扣1分		
2	尺寸精度 (50分)	$90_{-0.054}^{0}$	8	每超差0.01mm扣2分		
		70 ± 0.023	8	每超差0.01mm扣2分		
		$60_{0}^{+0.046}$	8	每超差0.01mm扣2分		
		$R10$	6	样板塞尺检验,超差不得分(6分)		
		$C5$	2	超差不得分(2处)		
		$45°$	2	超差不得分(2处)		
		$10_{-0.036}^{0}$	5	每超差0.01mm扣2分		
		5 ± 0.1	4	超差不得分		
		10 ± 0.1	2	超差不得分		
		$\phi10_{0}^{+0.2}$	5	超差不得分		
3	表面粗糙度 (5分)	$Ra1.6$	2	降一级不得分		
		$Ra3.2$	2	降一级不得分		
		其余$Ra6.3$	1	降一级不得分		
4	形状位置精度 (5分)	平行度0.06	5	每超差0.01mm扣2分		
5	碰伤、划伤	/		每处扣3~5分(只扣分,无得分)		
6	去毛刺	/		锐边没倒钝或倒钝尺寸太大等每处扣1~3分(只扣分,无得分)		
合计			70	零件得分		
检测教师签字						

表 S-H2-1-2 自检评分表

零件名称		数控铣零件1		工件编号		工位号		
序号	考核项目	检测内容	配分	评分标准		自检结果	检测结果	得分
1	外轮廓检测	$90_{-0.054}^{0}$	2.5	用外径千分尺检测,检测结果超差实际尺寸0.01扣1.5分,超差0.02不得分				

续表

序号	考核项目	检测内容	配分	评分标准	自检结果	检测结果	得分
2	内轮廓检测	$60^{+0.046}_{0}$	2.5	用内测千分尺检测,检测结果超差实际尺寸 0.01 扣 1.5 分,超差 0.02 不得分			
3	深度检测	$10^{\ 0}_{-0.036}$	2.5	用游标卡尺检测,检测结果超差实际尺寸 0.02 扣 1.5 分,超差 0.04 不得分			
4	表面粗糙度检测	$Ra1.6$	2.5	用表面粗糙度样板检测,超差得分。			
合计			10	项目得分			
检测教师签字							

表 S-H2-1-3 职业素养评分表

学校名称		日期		职业素养项目得分	
姓名		工位号			
考试时间		试卷号			

类别	考核项目	考核内容	配分	得分
6S规范	人身与设备安全	出现人伤械损事故整个测评成绩记 0 分	—	
	纪律	服从组考方及现场监考老师安排,如有违反不得分	1	
	安全防护	按安全生产要求穿工作服、戴防护帽,如有违反不得分	1	
	机床、场地清扫	对机床及周围工作环境进行清扫,如不做不得分	1	
	刀具安装	刀具安装正确、夹紧可靠,如违反不得分	1	
	工件安装	工件安装正确、夹紧可靠,如违反不得分	1	
	机床日常保养	机床的打油加液等,如违反不得分	1	
	安全用电	机床的用电安全操作,如违反不得分	1	
	成本与效率	按时完成零件加工,如超时不得分	1	
职业规范	开机前检查记录	机床开机前按要求对机床进行检查并记录,少做一项扣 0.5 分	1	
	机床开关机规范	按操作规程开机、关机,如违反不得分	1	
	回参考点	按操作规程回参考点,如违反不得分	2	
	工具、刀具、量具摆放	工具、刀具、量具摆放整齐,如违反不得分	1	
	程序输入及检查	程序正确输入并按操作规程进行检验,如违反不得分	1	
	加工操作规范	按操作规程进行加工操作,如出现打刀或其他不规范操作,每次扣 1 分,本项分数扣完为止	4	
	量具使用	安全、正确地使用量具,如违反不得分	1	
	机床状态登记	机床使用完后进行状态登记,如不做不得分	1	

类别	考核项目	考核内容	配分	得分
总分			20	
备注 (现场未尽事项记录)				
监考员签字		学生签字		

2. 试题编号 S-H2-2

1) 任务描述

本试题主要用来检验学生是否具备以下基本技能：零件铣加工工艺分析和数控程序编制，通用夹具的选择、安装、调整，刀具的选择、安装和刃磨，量具的使用，数控铣床的操作和日常维护等。零件如图 S-H2-2 所示。

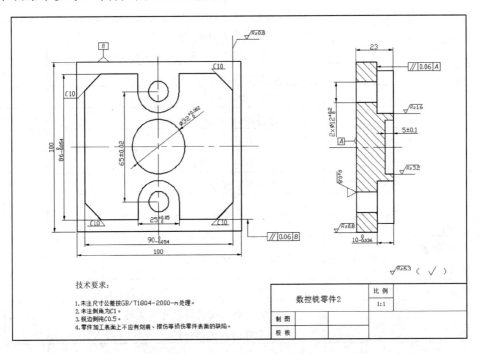

图 S-H2-2 数控铣零件 2

毛坯尺寸：100 mm×100 mm×23mm；材料：2A12 铝材；要求：平磨六个面，保证垂直度<0.05mm，尺寸公差为±0.05。

2) 考核时间

180 分钟。

3) 评分标准

总成绩满分 100 分。其中轮廓形状占 10%，尺寸精度占 50%，表面粗糙度与形位公差占 10%，学生零件自检占 10%，职业素养部分(包括安全意识、工作态度、操作规范等方面)占 20%。

(1) 零件作品检查评分如表 S-H2-2-1 所示(70 分)。

表 S-H2-2-1　作品评分表

零件名称		数控铣零件 2			工件编号		
序号	考核项目	检测内容	配分	评分标准		检测结果	得分
1	形状 (10 分)	外轮廓	4	外轮廓形状与图纸不符，每处扣 1 分			
		内轮廓	4	内轮廓形状与图纸不符，每处扣 1 分			
		孔	2	孔数及位置与图纸不符，每处扣 1 分			
2	尺寸精度 (50 分)	$90_{-0.054}^{0}$	8	每超差 0.01 mm 扣 2 分			
		$86_{-0.054}^{0}$	8	每超差 0.01 mm 扣 2 分			
		$\phi32_{0}^{+0.061}$	6	每超差 0.01 mm 扣 1 分			
		65 ± 0.02	4	超差不得分			
		$25_{0}^{+0.05}$	6	每超差 0.01 mm 扣 2 分			
		$R12.5$	4	样板塞尺检验，超差不得分(2 处)			
		$C10$	2	超差不得分(4 处)			
		45°	2	超差不得分(4 处)			
		$10_{-0.036}^{0}$	4	每超差 0.01mm 扣 2 分			
		5 ± 0.1	2	超差不得分			
		$\phi12_{0}^{+0.2}$	5	超差不得分(2 处)			
3	表面粗糙度 (5 分)	$Ra1.6$	2	降一级不得分			
		$Ra3.2$	2	降一级不得分			
		其余 $Ra6.3$	1	降一级不得分			
4	形状位置精度(5 分)	平行度 0.06	5	每超差 0.01 mm 扣 2 分			
5	碰伤、划伤		—	每处扣 3～5 分(只扣分，无得分)			
6	去毛刺		—	锐边没倒钝或倒钝尺寸太大等每处扣 1～3 分(只扣分，无得分)			
合计			70	零件得分			
检测教师签字							

(2) 学生自检零件评分如表 S-H2-2-2 所示(10 分)。

(3) 职业素养评分如表 S-H2-1-3 所示(20 分)。

3. 试题编号　S-H2-3

1) 任务描述

本试题主要用来检验学生是否具备以下基本技能：零件铣加工工艺分析和数控程序编制、通用夹具的选择、安装、调整、刀具的选择、安装和刃磨、量具的使用、数控铣床的操作和日常维护等。零件如图 S-H2-3 所示。

表 S-H2-2-2　自检评分表

零件名称	数控铣零件2		工件编号		工位号		
序号	考核项目	检测内容	配分	评分标准	自检结果	检测结果	得分
1	外轮廓检测	$90_{-0.054}^{0}$	2.5	用外径千分尺检测，检测结果超差实际尺寸 0.01 扣 1.5 分，超差 0.02 不得分			
2	内轮廓检测	$25_{0}^{+0.05}$	2.5	用内测千分尺检测，检测结果超差实际尺寸 0.01 扣 1.5 分，超差 0.02 不得分			
3	深度检测	$10_{-0.036}^{0}$	2.5	用游标卡尺检测，检测结果超差实际尺寸 0.02 扣 1.5 分，超差 0.04 不得分			
4	表面粗糙度检测	$Ra1.6$	2.5	用表面粗糙度样板检测，超差不得分			
合计			10	项目得分			
检测教师签字							

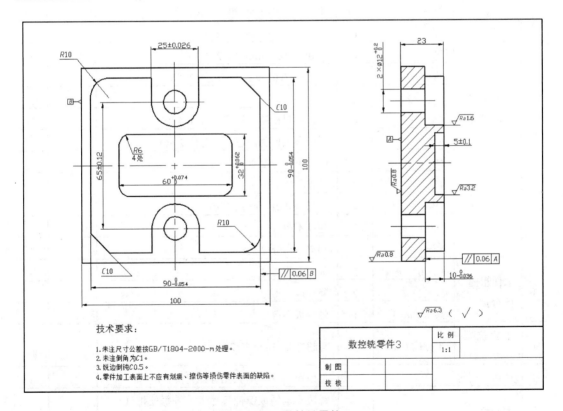

图 S-H2-3　数控铣零件 3

毛坯尺寸：100 mm×100 mm×23mm；材料：2A12 铝材；要求：平磨六个面，保证垂直度<0.05mm，尺寸公差为±0.05。

2) 考核时间

180 分钟。

3) 评分标准

总成绩满分 100 分。其中轮廓形状占 10%，尺寸精度占 50%，表面粗糙度与形位公差占 10%，学生零件自检占 10%，职业素养部分(包括安全意识、工作态度、操作规范等方面)占 20%。

(1) 零件作品检查评分如表 S-H2-3-1 所示(70 分)。

表 S-H2-3-1　作品评分表

零件名称		数控铣零件 3		工件编号		
序号	考核项目	检测内容	配分	评分标准	检测结果	得分
1	形状(10 分)	外轮廓	4	外轮廓形状与图纸不符，每处扣 1 分		
		内轮廓	4	内轮廓形状与图纸不符，每处扣 1 分		
		孔	2	孔数及位置与图纸不符，每处扣 1 分		
2	尺寸精度(50 分)	$90_{-0.054}^{0}$	10	每超差 0.01 mm 扣 2 分(2 处)		
		$32_{0}^{+0.062}$	6	每超差 0.01 mm 扣 2 分		
		$60_{0}^{+0.074}$	6	每超差 0.01 mm 扣 2 分		
		25 ± 0.026	3	每超差 0.01 mm 扣 1 分(2 处)		
		65 ± 0.12	2	超差不得分		
		$R6$	4	样板塞尺检验，超差不得分(4 处)		
		$R10$	4	样板塞尺检验，超差不得分(2 处)		
		$C10$	2	超差不得分(2 处)		
		45°	2	超差不得分(2 处)		
		$10_{-0.036}^{0}$	4	每超差 0.01 mm 扣 2 分		
		5 ± 0.1	2	超差不得分		
		$\phi12_{0}^{+0.1}$	5	超差不得分(2 处)		
3	表面粗糙(5 分)	$Ra1.6$	2	降一级不得分		
		$Ra3.2$	2	降一级不得分		
		其余 $Ra6.3$	1	降一级不得分		
4	形状位置精度(5 分)	平行度 0.06	5	每超差 0.01mm 扣 2 分		
5	碰伤、划伤		/	每处扣 3～5 分(只扣分，无得分)		
6	去毛刺		/	锐边没倒钝或倒钝尺寸太大等每处扣 1～3 分(只扣分，无得分)		
合计			70	零件得分		
检测教师签字						

(2) 学生自检零件评分如表 S-H2-3-2 所示(10 分)。

表 S-H2-3-2　自检评分表

零件名称	数控铣零件3		工件编号		工位号		
序号	考核项目	检测内容	配分	评分标准	自检结果	检测结果	得分
1	外轮廓检测	$90_{-0.054}^{0}$	2.5	用外径千分尺检测,检测结果超差实际尺寸0.01扣1.5分,超差0.02不得分			
2	内轮廓检测	$60_{0}^{+0.074}$	2.5	用内测千分尺检测,检测结果超差实际尺寸0.01扣1.5分,超差0.02不得分			
3	深度检测	$10_{-0.036}^{0}$	2.5	用游标卡尺检测,检测结果超差实际尺寸0.02扣1.5分,超差0.04不得分			
4	表面粗糙度检测	$Ra1.6$	2.5	用表面粗糙度样板检测,超差不得分			
合计			10	项目得分			
检测教师签字							

(3) 职业素养评分如表 S-H2-1-3 所示(20 分)。

4. 试题编号 S-H2-4

1) 任务描述

本试题主要用来检验学生是否具备以下基本技能：零件铣加工工艺分析和数控程序编制，通用夹具的选择、安装、调整，刀具的选择、安装和刃磨，量具的使用，数控铣床的操作和日常维护等。零件如图 S-H2-4 所示。

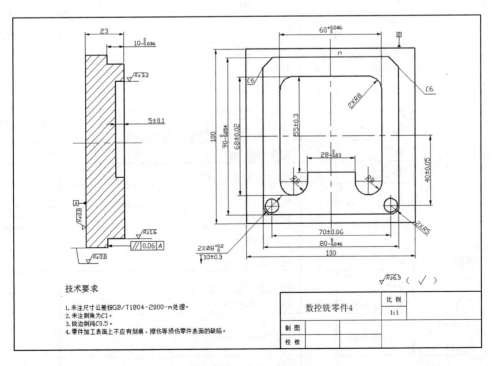

图 S-H2-4　数控铣零件4

毛坯尺寸：100 mm×100 mm×23mm；材料：2A12 铝材；要求：平磨六个面，保证垂直度<0.05mm，尺寸公差为±0.05。

2) 考核时间

180 分钟。

3) 评分标准

总成绩满分 100 分。其中轮廓形状占 10%，尺寸精度占 50%，表面粗糙度与形位公差占 10%，学生零件自检占 10%，职业素养部分(包括安全意识、工作态度、操作规范等方面)占 20%。

(1) 零件作品检查评分如表 S-H2-4-1 所示(70 分)。

表 S-H2-4-1 作品评分表

零件名称		数控铣零件 4			工件编号		
序号	考核项目	检测内容	配分	评分标准		检测结果	得分
1	形状 (10 分)	外轮廓	4	外轮廓形状与图纸不符，每处扣 1 分			
		内轮廓	4	内轮廓形状与图纸不符，每处扣 1 分			
		孔	2	孔数及位置与图纸不符，每处扣 1 分			
2	尺寸精度 (50 分)	$90_{-0.054}^{0}$	6	每超差 0.01mm 扣 2 分			
		$80_{-0.046}^{0}$	6	每超差 0.01mm 扣 2 分			
		68±0.02	6	每超差 0.01mm 扣 2 分(2 处)			
		$60_{0}^{+0.046}$	6	每超差 0.01mm 扣 2 分			
		$28_{-0.03}^{0}$	4	超差不得分			
		70±0.06	4	超差不得分			
		40±0.05	4	超差不得分			
		55±0.3	1	超差不得分			
		R5	4	样板塞尺检验，超差不得分(2 处)			
		R8	4	样板塞尺检验，超差不得分(4 处)			
		45°	1	超差不得分(2 处)			
		$10_{-0.036}^{0}$	3	每超差 0.01mm 扣 1 分			
		5±0.1	1	超差不得分			
		10±0.1	2	超差不得分			
		$\phi 8_{0}^{+0.2}$	3	超差不得分			
3	表面粗糙度 (5 分)	Ra1.6	2	降一级不得分			
		Ra3.2	2	降一级不得分			
		其余 Ra6.3	1	降一级不得分			
4	形状位置精度(5 分)	平行度 0.06	5	每超差 0.01mm 扣 2 分			
5	碰伤、划伤		—	每处扣 3~5 分(只扣分，无得分)			

续表

零件名称	数控铣零件4			工件编号		检测结果	得分
序号	考核项目	检测内容	配分	评分标准			
6	去毛刺		—	锐边没倒钝或倒钝尺寸太大等每处扣 1~3 分(只扣分,无得分)			
合计			70		零件得分		
检测教师签字							

(2) 学生自检零件评分如表 S-H2-4-2 所示(10 分)。

表 S-H2-4-2 自检评分表

零件名称	数控铣零件4			工件编号		工位号		
序号	考核项目	检测内容	配分	评分标准		自检结果	检测结果	得分
1	外轮廓检测	$90_{-0.054}^{0}$	2.5	用外径千分尺检测,检测结果超差实际尺寸 0.01 扣 1.5 分,超差 0.02 不得分				
2	内轮廓检测	$60_{0}^{+0.046}$	2.5	用内测千分尺检测,检测结果超差实际尺寸 0.01 扣 1.5 分,超差 0.02 不得分				
3	深度检测	$10_{-0.036}^{0}$	2.5	用游标卡尺检测,检测结果超差实际尺寸 0.02 扣 1.5 分,超差 0.04 不得分				
4	表面粗糙度检测	$Ra1.6$	2.5	用表面粗糙度样板检测,超差不得分				
合计			10	项目得分				
检测教师签字								

(3) 职业素养评分如表 S-H2-1-3 所示(20 分)。

5. 试题编号 S-H2-5

1) 任务描述

本试题主要用来检验学生是否具备以下基本技能:零件铣加工工艺分析和数控程序编制,通用夹具的选择、安装、调整,刀具的选择、安装和刃磨,量具的使用,数控铣床的操作和日常维护等。零件如图 S-H2-5 所示。

毛坯尺寸:100 mm×100 mm×23mm;材料:2A12 铝材;要求:平磨六个面,保证垂直度<0.05mm,尺寸公差为±0.05。

2) 考核时间

180 分钟。

3) 评分标准

总成绩满分 100 分。其中轮廓形状占 10%,尺寸精度占 50%,表面粗糙度与形位公差占 10%，学生零件自检占 10%，职业素养部分(包括安全意识、工作态度、操作规范等方面)占 20%。

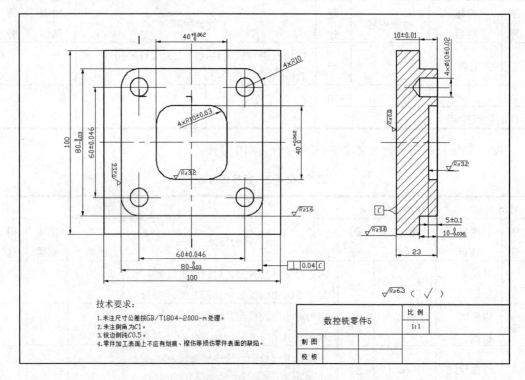

图 S-H2-5　数控铣零件 5

(1) 零件作品检查评分如表 S-H2-5-1 所示。

表 S-H2-5-1　作品评分表

零件名称		数控铣零件 5			工件编号		
序号	考核项目	检测内容	配分	评分标准		检测结果	得分
1	形状 (10 分)	外轮廓	4	外轮廓形状与图纸不符，每处扣 1 分			
		内轮廓	4	内轮廓形状与图纸不符，每处扣 1 分			
		孔	2	孔数及位置与图纸不符，每处扣 1 分			
2	尺寸精度 (50 分)	$80_{-0.03}^{0}$	8	每超差 0.01 mm 扣 2 分(2 处)			
		60 ± 0.046	8	每超差 0.01 mm 扣 2 分(2 处)			
		$40_{0}^{+0.062}$	8	每超差 0.01 mm 扣 2 分(2 处)			
		$R10$	4	样板塞尺检验，超差不得分(4 处)			
		$10_{-0.036}^{0}$	5	超差不得分			
		5 ± 0.1	6	超差不得分			
		10 ± 0.1	6	超差不得分			
		$\phi 10\pm0.02$	5	超差不得分(4 处)			

续表

序号	考核项目	检测内容	配分	评分标准	检测结果	得分
3	表面粗糙(5分)	$Ra1.6$	2	降一级不得分		
		$Ra3.2$	2	降一级不得分		
		其余 $Ra6.3$	1	降一级不得分		
4	形状位置精度(5分)	平行度0.06	5	每超差0.01mm扣2分		
5	碰伤、划伤		—	每处扣 3~5 分(只扣分,无得分)		
6	去毛刺		—	锐边没倒钝或倒钝尺寸太大等每处扣 1~3 分(只扣分,无得分)		
合计			70	零件得分		
检测教师签字						

(2) 学生自检零件评分如表 S-H2-5-2 所示(10 分)。

表 S-H2-5-2 自检评分表

零件名称		数控铣零件5		工件编号		工位号		
序号	考核项目	检测内容	配分	评分标准		自检结果	检测结果	得分
1	外轮廓检测	$80_{-0.03}^{0}$	2.5	用外径千分尺检测,检测结果超差实际尺寸 0.01 扣 1.5 分,超差 0.02 不得分				
2	内轮廓检测	$40_{0}^{+0.062}$	2.5	用内测千分尺检测,检测结果超差实际尺寸 0.01 扣 1.5 分,超差 0.02 不得分				
3	深度检测	$10_{-0.036}^{0}$	2.5	用游标卡尺检测,检测结果超差实际尺寸 0.02 扣 1.5 分,超差 0.04 不得分				
4	表面粗糙度检测	$Ra1.6$	2.5	用表面粗糙度样板检测,超差不得分				
合计			10	项目得分				
检测教师签字								

(3) 职业素养评分如表 S-H2-1-3 所示(20 分)。

6. 试题编号 S-H2-6

1) 任务描述

本试题主要用来检验学生是否具备以下基本技能:零件铣加工工艺分析和数控程序编制,通用夹具的选择、安装、调整,刀具的选择、安装和刃磨,量具的使用,数控铣床的操作和日常维护等。零件如图 S-H2-6 所示。

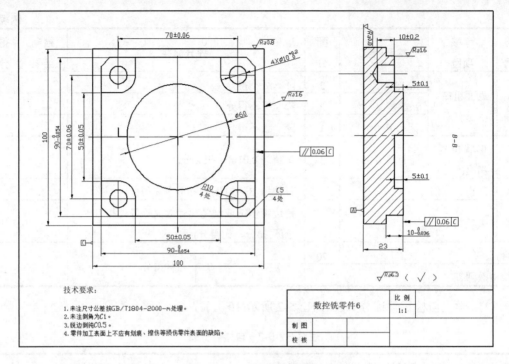

图 S-H2-6　数控铣零件 6

毛坯尺寸：100 mm×100 mm×23mm；材料：2A12 铝材；要求：平磨六个面，保证垂直度<0.05mm，尺寸公差为±0.05。

2）考核时间

180 分钟。

3）评分标准

总成绩满分 100 分。其中轮廓形状占 10%，尺寸精度占 50%，表面粗糙度与形位公差占 10%，学生零件自检占 10%，职业素养部分(包括安全意识、工作态度、操作规范等方面)占 20%。

(1) 零件作品检查评分见表 S-H2-6-1。

表 S-H2-6-1　作品评分表

零件名称	数控铣零件 6			工件编号		
序号	考核项目	检测内容	配分	评分标准	检测结果	得分
1	形状 (10 分)	外轮廓	4	外轮廓形状与图纸不符，每处扣 1 分		
		内轮廓	4	内轮廓形状与图纸不符，每处扣 1 分		
		孔	2	孔数及位置与图纸不符，每处扣 1 分		
2	尺寸精度 (50 分)	$90_{-0.054}^{0}$	8	每超差 0.01mm 扣 2 分(2 处)		
		50±0.05	6	每超差 0.01mm 扣 2 分(2 处)		
		70±0.06	6	每超差 0.01mm 扣 2 分(2 处)		

续表

序号	考核项目	检测内容	配分	评分标准	检测结果	得分
2	尺寸精度(50分)	$60^{+0.046}_{0}$	8	每超差 0.01mm 扣 2 分		
		$R10$	4	样板塞尺检验,超差不得分(4 处)		
		$C5$	2	超差不得分(4 处)		
		$45°$	2	超差不得分(4 处)		
		$10^{0}_{-0.036}$	5	每超差 0.01mm 扣 2 分		
		$5±0.1$	4	超差不得分(2 处)		
		$10±0.2$	2	超差不得分		
		$\phi 10^{+0.2}_{0}$	3	超差不得分		
3	表面粗糙度(5分)	$Ra1.6$	2	降一级不得分		
		$Ra3.2$	2	降一级不得分		
		其余 $Ra6.3$	1	降一级不得分		
4	形状位置精度(5分)	平行度 0.06	5	每超差 0.01mm 扣 2 分		
5	碰伤、划伤	—		每处扣 3～5 分(只扣分,无得分)		
6	去毛刺	—		锐边没倒钝或倒钝尺寸太大等每处扣 1～3 分(只扣分,无得分)		
合计			70	零件得分		
检测教师签字						

(2) 学生自检零件评分如表 S-H2-6-2 所示(10 分)。

表 S-H2-6-2　自检评分表

零件名称		数控铣零件6		工件编号		工位号	
序号	考核项目	检测内容	配分	评分标准	自检结果	检测结果	得分
1	外轮廓检测	$90^{0}_{-0.054}$	2.5	用外径千分尺检测,检测结果超差实际尺寸 0.01 扣 1.5 分,超差 0.02 不得分			
2	内轮廓检测	$60^{+0.046}_{0}$	2.5	用内测千分尺检测,检测结果超差实际尺寸 0.01 扣 1.5 分,超差 0.02 不得分			
3	深度检测	$10^{0}_{-0.036}$	2.5	用游标卡尺检测,检测结果超差实际尺寸 0.02 扣 1.5 分,超差 0.04 不得分			
4	表面粗糙度检测	$Ra1.6$	2.5	用表面粗糙度样板检测,超差不得分			
合计			10	项目得分			
检测教师签字							

(3) 职业素养评分如表 S-H2-1-3 所示(20 分)。

7. 试题编号 S-H2-7

1) 任务描述

本试题主要用来检验学生是否具备以下基本技能：零件铣加工工艺分析和数控程序编制，通用夹具的选择、安装、调整，刀具的选择、安装和刃磨，量具的使用，数控铣床的操作和日常维护等。零件如图 S-H2-7 所示。

毛坯尺寸：100 mm×100 mm×23mm；材料：2A12 铝材；要求：平磨六个面，保证垂直度<0.05mm，尺寸公差为±0.05。

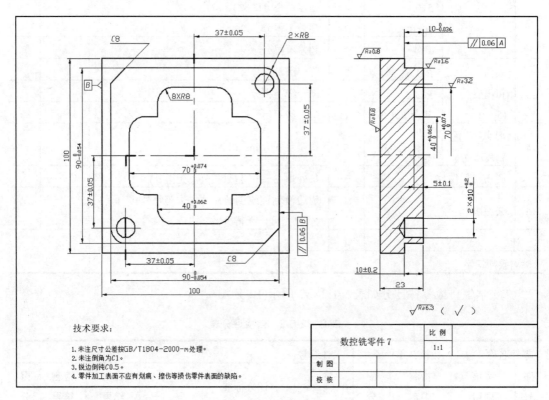

图 S-H2-7　数控铣零件 7

2) 考核时间

180 分钟。

3) 评分标准

总成绩满分 100 分。其中轮廓形状占 10%，尺寸精度占 50%，表面粗糙度与形位公差占 10%，学生零件自检占 10%，职业素养部分(包括安全意识、工作态度、操作规范等方面)占 20%。

(1) 零件作品检查评分如表 S-H2-7-1 所示。

表 S-H2-7-1　作品评分表

零件名称		数控铣零件 7		工件编号		
序号	考核项目	检测内容	配分	评分标准	检测结果	得分
1	形状(10分)	外轮廓	4	外轮廓形状与图纸不符，每处扣1分		
		内轮廓	4	内轮廓形状与图纸不符，每处扣1分		
		孔	2	孔数及位置与图纸不符，每处扣1分		
2	尺寸精度(50分)	$90_{-0.054}^{0}$	8	每超差 0.01 mm 扣 2 分(2处)		
		$70_{0}^{+0.074}$	6	每超差 0.01 mm 扣 2 分(2处)		
		$40_{0}^{+0.062}$	6	每超差 0.01 mm 扣 2 分(2处)		
		37±0.05	4	超差不得分(4处)		
		R8	5	样板塞尺检验，超差不得分(10处)		
		C8	2	超差不得分(2处)		
		45°	2	超差不得分(2处)		
		$10_{-0.036}^{0}$	6	每超差 0.01 mm 扣 2 分		
		5±0.1	4	超差不得分		
		10±0.1	2	超差不得分		
		$\phi 10_{0}^{+0.2}$	3	超差不得分		
3	表面粗糙(5分)	Ra1.6	2	降一级不得分		
		Ra3.2	2	降一级不得分		
		其余 Ra6.3	1	降一级不得分		
4	形状位置精度(5分)	平行度 0.06	5	每超差 0.01mm 扣 2 分		
5	碰伤、划伤	/		每处扣 3～5 分(只扣分，无得分)		
6	去毛刺	/		锐边没倒钝或倒钝尺寸太大等每处扣 1～3 分(只扣分，无得分)		
合计			70	零件得分		
检测教师签字						

(2) 学生自检零件评分如表 S-H2-7-2 所示(10分)。

表 S-H2-7-2　自检评分表

零件名称		数控铣零件 7		工件编号		工位号		
序号	考核项目	检测内容	配分	评分标准		自检结果	检测结果	得分
1	外轮廓检测	$90_{-0.054}^{0}$	2.5	用外径千分尺检测，检测结果超差实际尺寸 0.01 扣 1.5 分，超差 0.02 不得分				

续表

序号	考核项目	检测内容	配分	评分标准	自检结果	检测结果	得分
2	内轮廓检测	$70^{+0.074}_{0}$	2.5	用内测千分尺检测,检测结果超差实际尺寸0.01扣1.5分,超差0.02不得分			
3	深度检测	$10^{0}_{-0.036}$	2.5	用游标卡尺检测,检测结果超差实际尺寸0.02扣1.5分,超差0.04不得分			
4	表面粗糙度检测	$Ra1.6$	2.5	用表面粗糙度样板检测,超差不得分			
合计			10	项目得分			
检测教师签字							

(3) 职业素养评分如表 S-H2-1-3 所示(20 分)。

8. 试题编号 S-H2-8

1) 任务描述

本试题主要用来检验学生是否具备以下基本技能：零件铣加工工艺分析和数控程序编制,通用夹具的选择、安装、调整,刀具的选择、安装和刃磨,量具的使用,数控铣床的操作和日常维护等。零件如图 S-H2-8 所示。

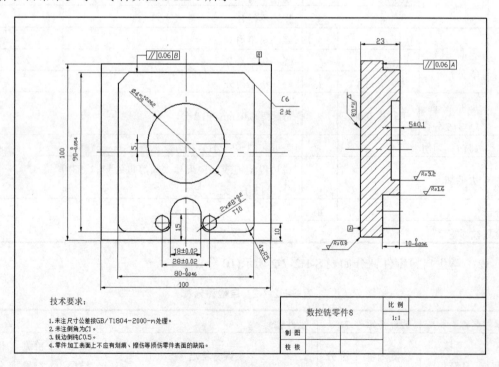

图 S-H2-8 数控铣零件8

毛坯尺寸：100 mm×100 mm×23mm；材料：2A12 铝材；要求：平磨六个面,保证垂直度<0.05mm,尺寸公差为±0.05。

2) 考核时间

180 分钟。

3) 评分标准

总成绩满分 100 分。其中轮廓形状占 10%，尺寸精度占 50%，表面粗糙度与形位公差占 10%，学生零件自检占 10%，职业素养部分(包括安全意识、工作态度、操作规范等方面)占 20%。

(1) 零件作品检查评分如表 S-H2-8-1 所示(70 分)。

表 S-H2-8-1 作品评分表

零件名称		数控铣零件 8		工件编号		
序号	考核项目	检测内容	配分	评分标准	检测结果	得分
1	形状 (10 分)	外轮廓	4	外轮廓形状与图纸不符，每处扣 1 分		
		内轮廓	4	内轮廓形状与图纸不符，每处扣 1 分		
		孔	2	孔数及位置与图纸不符，每处扣 1 分		
2	尺寸精度 (50 分)	$90_{-0.054}^{0}$	6	每超差 0.01 mm 扣 2 分		
		$80_{-0.046}^{0}$	6	每超差 0.01 mm 扣 2 分		
		18 ± 0.02	4	超差不得分		
		28 ± 0.02	4	超差不得分		
		$\phi45_{0}^{+0.062}$	6	每超差 0.01 mm 扣 2 分		
		15 ± 0.2	2	超差不得分		
		5 ± 0.1	1	超差不得分		
		$R5$	4	样板塞尺检验，超差不得分(4 处)		
		$C6$	2	超差不得分(2 处)		
		$45°$	2	超差不得分(2 处)		
		$10_{-0.036}^{0}$	4	每超差 0.01 mm 扣 2 分		
		5 ± 0.1	2	超差不得分		
		10 ± 0.1	2	超差不得分		
		$\phi8_{0}^{+0.2}$	5	超差不得分		
3	表面粗糙 (5 分)	$Ra1.6$	2	降一级不得分		
		$Ra3.2$	2	降一级不得分		
		其余 $Ra6.3$	1	降一级不得分		
4	形状位置精度(5 分)	平行度 0.06	5	每超差 0.01mm 扣 2 分		
5	碰伤、划伤	/		每处扣 3~5 分(只扣分，无得分)		
6	去毛刺	/		锐边没倒钝或倒钝尺寸太大等每处扣 1~3 分(只扣分，无得分)		
合计			70			
检测教师签字				零件得分		

(2) 学生自检零件评分如表 S-H2-8-2 所示(10 分)。

表 S-H2-8-2 自检评分表

零件名称		数控铣零件 8		工件编号		工位号	
序号	考核项目	检测内容	配分	评分标准	自检结果	检测结果	得分
1	外轮廓检测	$90_{-0.054}^{0}$	2.5	用外径千分尺检测,检测结果超差实际尺寸 0.01 扣 1.5 分,超差 0.02 不得分			
2	内轮廓检测	$\phi 45_{0}^{+0.062}$	2.5	用内测千分尺检测,检测结果超差实际尺寸 0.01 扣 1.5 分,超差 0.02 不得分			
3	深度检测	$10_{-0.036}^{0}$	2.5	用游标卡尺检测,检测结果超差实际尺寸 0.02 扣 1.5 分,超差 0.04 不得分			
4	表面粗糙度检测	$Ra1.6$	2.5	用表面粗糙度样板检测,超差不得分			
合计			10	项目得分			
检测教师签字							

(3) 职业素养评分如表 S-H2-1-3 所示(20 分)。

9. 试题编号 S-H2-9

1) 任务描述

本试题主要用来检验学生是否具备以下基本技能:零件铣加工工艺分析和数控程序编制、通用夹具的选择、安装、调整、刀具的选择、安装和刃磨、量具的使用、数控铣床的操作和日常维护等。零件如图 S-H2-9 所示。

毛坯尺寸:100 mm×100 mm×23mm;材料:2A12 铝材;要求:平磨六个面,保证垂直度<0.05mm,尺寸公差为±0.05。

2) 考核时间

180 分钟。

3) 评分标准

总成绩满分 100 分。其中轮廓形状占 10%,尺寸精度占 50%,表面粗糙度与形位公差占 10%,学生零件自检占 10%,职业素养部分(包括安全意识、工作态度、操作规范等方面)占 20%。

(1) 零件作品检查评分如表 S-H2-9-1 所示(70 分)。

(2) 学生自检零件评分如表 S-H2-9-2 所示(10 分)。

(3) 职业素养评分如表 S-H2-1-3 所示(20 分)。

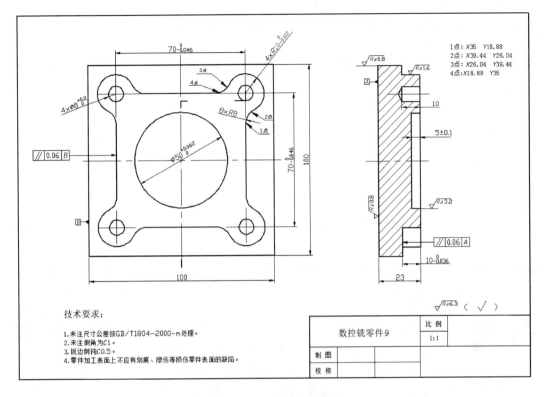

图 S-H2-9　数控铣零件 9

表 S-H2-9-1　作品评分表

零件名称		数控铣零件 9		工件编号		
序号	考核项目	检测内容	配分	评分标准	检测结果	得分
1	形状 (10 分)	外轮廓	4	外轮廓形状与图纸不符，每处扣 1 分		
		内轮廓	4	内轮廓形状与图纸不符，每处扣 1 分		
		孔	2	孔数及位置与图纸不符，每处扣 1 分		
2	尺寸精度 (50 分)	$70_{-0.046}^{0}$	8	每超差 0.01mm 扣 2 分(2 处)		
		$\phi 50_{0}^{+0.062}$	8	每超差 0.01mm 扣 2 分		
		$R10_{-0.022}^{0}$	6	每超差 0.01mm 扣 2 分(4 处)		
		$R8$	6	样板塞尺检验，超差不得分(8 处)		
		$10_{-0.036}^{0}$	6	每超差 0.01mm 扣 2 分		
		5 ± 0.1	4	超差不得分		
		10 ± 0.1	4	超差不得分		
		$\phi 8_{0}^{+0.2}$	8	超差不得分		
3	表面粗糙度 (5 分)	$Ra1.6$	2	降一级不得分		
		$Ra3.2$	2	降一级不得分		
		其余 $Ra6.3$	1	降一级不得分		

续表

序号	考核项目	检测内容	配分	评分标准	检测结果	得分
4	形状位置精度(5分)	平行度0.06	5	每超差0.01mm扣2分		
5	碰伤、划伤	—		每处扣3~5分(只扣分，无得分)		
6	去毛刺	—		锐边没倒钝或倒钝尺寸太大等每处扣1~3分(只扣分，无得分)		
合计			70	零件得分		
检测教师签字						

表 S-H2-9-2　自检评分表

零件名称		数控铣零件9		工件编号		工位号	
序号	考核项目	检测内容	配分	评分标准	自检结果	检测结果	得分
1	外轮廓检测	$70_{-0.046}^{0}$	2.5	用外径千分尺检测，检测结果超差实际尺寸0.01扣1.5分，超差0.02不得分			
2	内轮廓检测	$\phi 50_{0}^{+0.062}$	2.5	用内测千分尺检测，检测结果超差实际尺寸0.01扣1.5分，超差0.02不得分			
3	深度检测	$10_{-0.036}^{0}$	2.5	用游标卡尺检测，检测结果超差实际尺寸0.02扣1.5分，超差0.04不得分			
4	表面粗糙度检测	$Ra1.6$	2.5	用表面粗糙度样板检测，超差不得分			
合计			10	项目得分			
检测教师签字							

10. 试题编号 S-H2-10

1) 任务描述

本试题主要用来检验学生是否具备以下基本技能：零件铣加工工艺分析和数控程序编制，通用夹具的选择、安装、调整，刀具的选择、安装和刃磨，量具的使用，数控铣床的操作和日常维护等。零件如图 S-H2-10 所示。

毛坯尺寸：100 mm×100 mm×23mm；材料：2A12 铝材；要求：平磨六个面，保证垂直度<0.05mm，尺寸公差为±0.05。

2) 考核时间

180 分钟。

3) 评分标准

总成绩满分 100 分。其中轮廓形状占 10%，尺寸精度占 50%，表面粗糙度与形位公差占 10%，学生零件自检占 10%，职业素养部分(包括安全意识、工作态度、操作规范等方面)

占 20%。

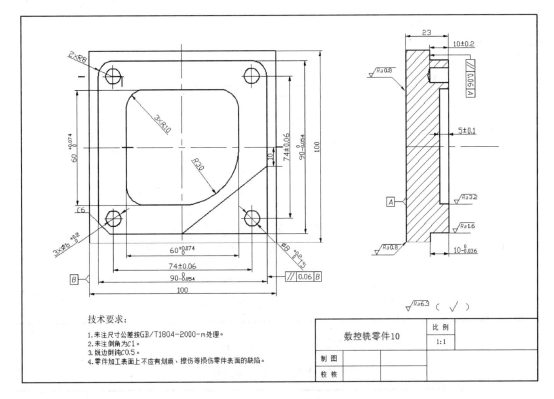

图 S-H2-10　数控铣零件 10

(1) 零件作品检查评分如表 S-H2-10-1 所示(70 分)。

表 S-H2-10-1　作品评分表

零件名称		数控铣零件 10			工件编号		
序号	考核项目	检测内容	配分	评分标准		检测结果	得分
1	形状 (10 分)	外轮廓	4	外轮廓形状与图纸不符，每处扣 1 分			
		内轮廓	4	内轮廓形状与图纸不符，每处扣 1 分			
		孔	2	孔数及位置与图纸不符，每处扣 1 分			
2	尺寸精度 (50 分)	$90_{-0.054}^{0}$	8	每超差 0.01mm 扣 2 分(2 处)			
		$60_{0}^{+0.074}$	8	每超差 0.01mm 扣 2 分(2 处)			
		74±0.06	8	每超差 0.01mm 扣 2 分(2 处)			
		R30	2	样板塞尺检验，超差不得分			
		R8	2	样板塞尺检验，超差不得分(2 处)			
		C6	2	超差不得分			
		45°	2	超差不得分			
		$10_{-0.036}^{0}$	5	每超差 0.01mm 扣 2 分			

续表

序号	考核项目	检测内容	配分	评分标准	检测结果	得分
2	尺寸精度(50分)	5±0.1	4	超差不得分		
		10±0.2	4	超差不得分		
		$\phi 8^{+0.2}_{0}$	5	超差不得分		
3	表面粗糙度(5分)	Ra1.6	2	降一级不得分		
		Ra3.2	2	降一级不得分		
		其余Ra6.3	1	降一级不得分		
4	形状位置精度(5分)	平行度0.06	5	每超差0.01mm扣2分		
5	碰伤、划伤		/	每处扣3~5分(只扣分,无得分)		
6	去毛刺		/	锐边没倒钝或倒钝尺寸太大等每处扣1~3分(只扣分,无得分)		
合计			70	零件得分		
检测教师签字						

(2) 学生自检零件评分如表 S-H2-10-2 所示(10分)。

表 S-H2-10-2 自检评分表

零件名称	数控铣零件10		工件编号		工位号		
序号	考核项目	检测内容	配分	评分标准	自检结果	检测结果	得分
1	外轮廓检测	$90^{\ 0}_{-0.054}$	2.5	用外径千分尺检测,检测结果超差实际尺寸0.01扣1.5分,超差0.02不得分			
2	内轮廓检测	$60^{+0.074}_{\ 0}$	2.5	用内测千分尺检测,检测结果超差实际尺寸0.01扣1.5分,超差0.02不得分			
3	深度检测	$10^{\ 0}_{-0.036}$	2.5	用游标卡尺检测,检测结果超差实际尺寸0.02扣1.5分,超差0.04不得分			
4	表面粗糙度检测	Ra1.6	2.5	用表面粗糙度样板检测,超差不得分			
合计			10	项目得分			
检测教师签字							

(3) 职业素养评分如表 S-H2-1-3 所示(20分)。

11. 试题编号 S-H2-11

1) 任务描述

本试题主要用来检验学生是否具备以下基本技能:零件铣加工工艺分析和数控程序编

制,通用夹具的选择、安装、调整,刀具的选择、安装和刃磨,量具的使用,数控铣床的操作和日常维护等。零件如图 S-H2-11 所示。

毛坯尺寸:100 mm×100 mm×23mm;材料:2A12 铝材;要求:平磨六个面,保证垂直度<0.05mm,尺寸公差为±0.05。

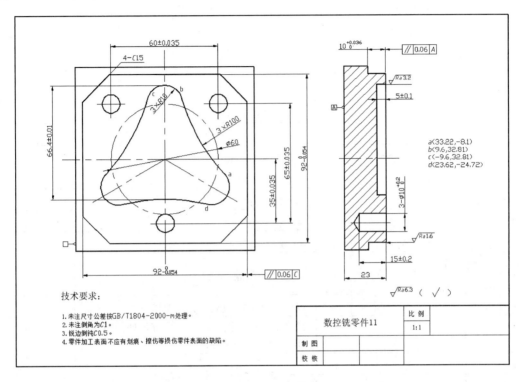

图 S-H2-11 数控铣零件 11

2) 考核时间

180 分钟。

3) 评分标准

总成绩满分 100 分。其中轮廓形状占 10%,尺寸精度占 50%,表面粗糙度与形位公差占 10%,学生零件自检占 10%,职业素养部分(包括安全意识、工作态度、操作规范等方面)占 20%。

(1) 零件作品检查评分如表 S-H2-11-1 所示(70 分)。

表 S-H2-11-1 作品评分表

零件名称	数控铣零件 11			工件编号		
序号	考核项目	检测内容	配分	评分标准	检测结果	得分
1	形状 (10分)	外轮廓	4	外轮廓形状与图纸不符,每处扣1分		
		内轮廓	4	内轮廓形状与图纸不符,每处扣1分		
		孔	2	孔数及位置与图纸不符,每处扣1分		

续表

序号	考核项目	检测内容	配分	评分标准	检测结果	得分
2	尺寸精度(50分)	$92_{-0.054}^{0}$	10	每超差 0.01 mm 扣 2 分(2 处)		
		65±0.035	4	每超差 0.01 mm 扣 2 分		
		60±0.035	4	每超差 0.01 mm 扣 2 分		
		66.4±0.01	3	每超差 0.01 mm 扣 0.5 分(3 处)		
		C15	4	每超差 0.1 mm 扣 1 分(4 处)		
		$10_{0}^{+0.036}$	8	每超差 0.1 mm 扣 2 分		
		5±0.1	4	每超差 0.05 mm 扣 1 分		
		$\phi 10_{0}^{+0.2}$	4	每超差 0.05 mm 扣 1 分		
		15±0.2	5	每超差 0.05 mm 扣 1 分		
		R10	4	每超差 0.02 mm 扣 1 分(3 处)		
3	表面粗糙度(5分)	Ra1.6	2	降一级不得分		
		Ra3.2	2	降一级不得分		
		其余 Ra6.3	1	降一级不得分		
4	形状位置精度(5分)	平行度 0.06	5	每超差 0.01mm 扣 2 分		
5	碰伤、划伤	—		每处扣 3~5 分(只扣分，无得分)		
6	去毛刺	—		锐边没倒钝或倒钝尺寸太大等每处扣 1~3 分(只扣分，无得分)		
合计			70	零件得分		
检测教师签字						

(2) 学生自检零件评分如表 S-H2-11-2 所示(10 分)。

表 S-H2-11-2　自检评分表

零件名称		数控铣零件 11		工件编号		工位号		
序号	考核项目	检测内容	配分	评分标准		自检结果	检测结果	得分
1	外轮廓检测	$92_{-0.054}^{0}$	2.5	用外径千分尺检测，检测结果超差实际尺寸 0.01 扣 1.5 分，超差 0.02 不得分				
2	孔距检测	60±0.035	2.5	用外径千分尺检测，检测结果超差实际尺寸 0.01 扣 1.5 分，超差 0.02 不得分				
3	深度检测	$10_{-0.036}^{0}$	2.5	用游标卡尺检测，检测结果超差实际尺寸 0.02 扣 1.5 分，超差 0.04 不得分				
4	表面粗糙度检测	Ra1.6	2.5	用表面粗糙度样板检测，超差不得分				
合计			10	项目得分				
检测教师签字								

(3) 职业素养评分如表 S-H2-1-3 所示(20 分)。

12. 试题编号 S-H2-12

1) 任务描述

本试题主要用来检验学生是否具备以下基本技能：零件铣加工工艺分析和数控程序编制，通用夹具的选择、安装、调整，刀具的选择、安装和刃磨，量具的使用，数控铣床的操作和日常维护等。零件如图 S-H2-12 所示。

毛坯尺寸：100 mm×100 mm×23mm；材料：2A12 铝材；要求：平磨六个面，保证垂直度<0.05mm，尺寸公差为±0.05。

2) 考核时间

180 分钟。

3) 评分标准

总成绩满分 100 分。其中轮廓形状占 10%，尺寸精度占 50%，表面粗糙度与形位公差占 10%，学生零件自检占 10%，职业素养部分(包括安全意识、工作态度、操作规范等方面)占 20%。

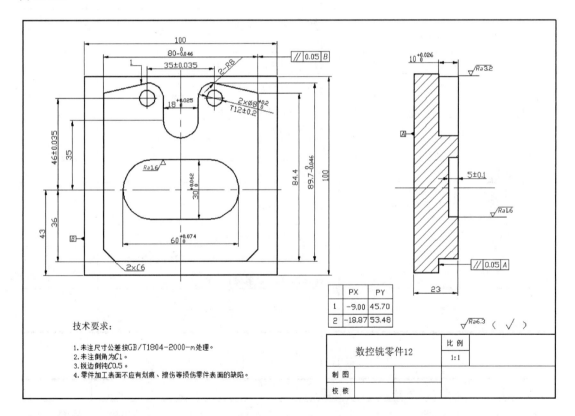

图 S-H2-12 数控铣零件 12

(1) 零件作品检查评分如表 S-H2-12-1 所示(70 分)。
(2) 学生自检零件评分如表 S-H2-12-2 所示(10 分)。
(3) 职业素养评分如表 S-H2-1-3 所示(20 分)。

表 S-H2-12-1　作品评分表

零件名称	数控铣零件 12			工件编号		
序号	考核项目	检测内容	配分	评分标准	检测结果	得分
1	形状 (10 分)	外轮廓	4	外轮廓形状与图纸不符,每处扣 1 分		
		内轮廓	4	内轮廓形状与图纸不符,每处扣 1 分		
		孔	2	孔数及位置与图纸不符,每处扣 1 分		
2	尺寸精度 (50 分)	$80_{-0.046}^{0}$	6	每超差 0.01mm 扣 2 分		
		$18_{0}^{+0.035}$	6	每超差 0.01mm 扣 2 分		
		35 ± 0.035	3	每超差 0.01mm 扣 2 分		
		46 ± 0.035	3	每超差 0.01mm 扣 2 分		
		$60_{0}^{+0.074}$	6	每超差 0.01mm 扣 2 分		
		$89.7_{-0.046}^{0}$	3	每超差 0.01mm 扣 2 分		
		$30_{0}^{+0.062}$	6	每超差 0.01mm 扣 2 分		
		$C6$	4	每超差 0.05mm 扣 1 分(2 处)		
		$10_{0}^{+0.036}$	3	每超差 0.01mm 扣 1 分		
		5 ± 0.1	5	每超差 0.05mm 扣 1 分		
		$\phi8_{0}^{+0.2}$	3	每超差 0.05mm 扣 1 分		
		12 ± 0.2	2	每超差 0.05mm 扣 1 分		
3	表面粗糙度 (5 分)	$Ra1.6$	2	降一级不得分		
		$Ra3.2$	2	降一级不得分		
		其余 $Ra6.3$	1	降一级不得分		
4	形状位置精度(5 分)	平行度 0.06	5	每超差 0.01mm 扣 2 分		
5	碰伤、划伤	—		每处扣 3～5 分(只扣分,无得分)		
6	去毛刺	—		锐边没倒钝或倒钝尺寸太大等每处扣 1～3 分(只扣分,无得分)		
合计			70	零件得分		
检测教师签字						

表 S-H2-12-2　自检评分表

零件名称	数控铣零件 12		工件编号		工位号		
序号	考核项目	检测内容	配分	评分标准	自检结果	检测结果	得分
1	外轮廓检测	$80_{-0.046}^{0}$	2.5	用外径千分尺检测,检测结果超差实际尺寸 0.01 扣 1.5 分,超差 0.02 不得分			

续表

序号	考核项目	检测内容	配分	评分标准	自检结果	检测结果	得分
2	内轮廓检测	$60_{0}^{+0.074}$	2.5	用内测千分尺检测，检测结果超差实际尺寸0.01扣1.5分，超差0.02不得分			
3	深度检测	$10_{-0.036}^{0}$	2.5	用游标卡尺检测，检测结果超差实际尺寸0.02扣1.5分，超差0.04不得分			
4	表面粗糙度检测	$Ra1.6$	2.5	用表面粗糙度样板检测，超差不得分			
合计			10	项目得分			
检测教师签字							

13. 试题编号 S-H2-13

1) 任务描述

本试题主要用来检验学生是否具备以下基本技能：零件铣加工工艺分析和数控程序编制，通用夹具的选择、安装、调整，刀具的选择、安装和刃磨，量具的使用，数控铣床的操作和日常维护等。零件如图 S-H2-13 所示。

毛坯尺寸：100 mm×100 mm×23mm；材料：2A12 铝材；要求：平磨六个面，保证垂直度<0.05mm，尺寸公差为±0.05。

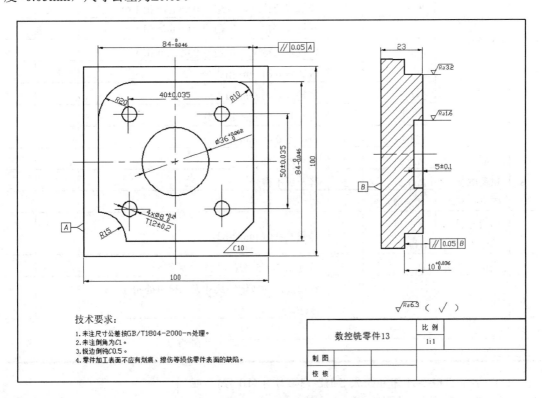

图 S-H2-13　数控铣零件13

2) 考核时间

180 分钟。

3) 评分标准

总成绩满分 100 分。其中轮廓形状占 10%,尺寸精度占 50%,表面粗糙度与形位公差占 10%,学生零件自检占 10%,职业素养部分(包括安全意识、工作态度、操作规范等方面)占 20%。

(1) 零件作品检查评分如表 S-H2-13-1 所示(70 分)。

表 S-H2-13-1 作品评分表

零件名称		数控铣零件 13			工件编号		
序号	考核项目	检测内容	配分	评分标准		检测结果	得分
1	形状 (10 分)	外轮廓	4	外轮廓形状与图纸不符,每处扣 1 分			
		内轮廓	4	内轮廓形状与图纸不符,每处扣 1 分			
		孔	2	孔数及位置与图纸不符,每处扣 1 分			
2	尺寸精度 (50 分)	$84_{-0.046}^{0}$	8	每超差 0.01 mm 扣 2 分(2 处)			
		40±0.035	5	每超差 0.01 mm 扣 2 分			
		50±0.035	5	每超差 0.01 mm 扣 2 分			
		$\phi 36_{0}^{+0.062}$	5	每超差 0.01 mm 扣 2 分			
		R10	3	样板塞尺检验,每超差 0.05 mm 扣 1 分			
		R15	2	样板塞尺检验,每超差 0.05 mm 扣 1 分			
		R20	2	样板塞尺检验,每超差 0.05 mm 扣 1 分			
		$10_{0}^{+0.036}$	8	每超差 0.01 mm 扣 2 分			
		5±0.1	4	每超差 0.05 mm 扣 1 分			
		$\phi 8_{0}^{+0.2}$	4	每超差 0.05 mm 扣 2 分			
		12±0.2	4	每超差 0.05 mm 扣 1 分			
3	表面粗糙度 (5 分)	Ra1.6	2	降一级不得分			
		Ra3.2	2	降一级不得分			
		其余 Ra6.3	1	降一级不得分			
4	形状位置精度(5 分)	平行度 0.06	5	每超差 0.01 mm 扣 2 分			
5	碰伤、划伤		—	每处扣 3~5 分(只扣分,无得分)			
6	去毛刺		—	锐边没倒钝或倒钝尺寸太大等每处扣 1~3 分(只扣分,无得分)			
合计			70	零件得分			
检测教师签字							

(2) 学生自检零件评分如表 S-H2-13-2 所示(10 分)。

(3) 职业素养评分如表 S-H2-1-3 所示(20 分)。

表 S-H2-13-2 自检评分表

零件名称		数控铣零件 13		工件编号		工位号		
序号	考核项目	检测内容	配分	评分标准		自检结果	检测结果	得分
1	外轮廓检测	$84_{-0.046}^{0}$	2.5	用外径千分尺检测,检测结果超差实际尺寸 0.01 扣 1.5 分,超差 0.02 不得分				
2	内轮廓检测	$\phi 36_{0}^{+0.062}$	2.5	用内测千分尺检测,检测结果超差实际尺寸 0.01 扣 1.5 分,超差 0.02 不得分				
3	深度检测	$10_{-0.036}^{0}$	2.5	用游标卡尺检测,检测结果超差实际尺寸 0.02 扣 1.5 分,超差 0.04 不得分				
4	表面粗糙度检测	$Ra1.6$	2.5	用表面粗糙度样板检测,超差不得分				
合计			10	项目得分				
检测教师签字								

14. 试题编号 S-H2-14

1) 任务描述

本试题主要用来检验学生是否具备以下基本技能:零件铣加工工艺分析和数控程序编制,通用夹具的选择、安装、调整,刀具的选择、安装和刃磨,量具的使用,数控铣床的操作和日常维护等。零件如图 S-H2-14 所示。

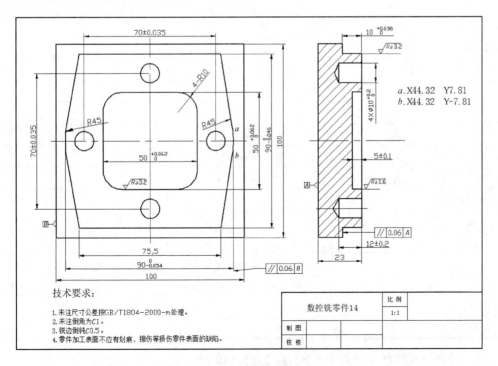

图 S-H2-14 数控铣零件 14

毛坯尺寸：100 mm×100 mm×23mm；材料：2A12 铝材；要求：平磨六个面，保证垂直度<0.05mm，尺寸公差为±0.05。

2) 考核时间

180 分钟。

3) 评分标准

总成绩满分 100 分。其中轮廓形状占 10%，尺寸精度占 50%，表面粗糙度与形位公差占 10%，学生零件自检占 10%，职业素养部分(包括安全意识、工作态度、操作规范等方面)占 20%。

(1) 零件作品检查评分如表 S-H2-14-1 所示(70 分)。

表 S-H2-14-1　作品评分表

零件名称		数控铣零件 14		工件编号		
序号	考核项目	检测内容	配分	评分标准	检测结果	得分
1	形状 (10 分)	外轮廓	4	外轮廓形状与图纸不符，每处扣 1 分		
		内轮廓	4	内轮廓形状与图纸不符，每处扣 1 分		
		孔	2	孔数及位置与图纸不符，每处扣 1 分		
2	尺寸精度 (50 分)	$50^{+0.062}_{0}$	8	每超差 0.01 mm 扣 2 分(2 处)		
		75.5	2	每超差 0.05 mm 扣 1 分		
		70±0.035	8	每超差 0.01 mm 扣 1 分(2 处)		
		$90^{0}_{-0.046}$	6	每超差 0.01 mm 扣 2 分		
		$90^{0}_{-0.054}$	6	每超差 0.01 mm 扣 2 分		
		$10^{0}_{-0.036}$	6	每超差 0.01 mm 扣 2 分		
		5±0.1	6	每超差 0.05 mm 扣 1 分		
		12±0.2	5	每超差 0.05 mm 扣 1 分		
		$\phi 10^{+0.2}_{0}$	3	每超差 0.05 mm 扣 1 分		
3	表面粗糙 (5 分)	Ra1.6	2	降一级不得分		
		Ra3.2	2	降一级不得分		
		其余 Ra6.3	1	降一级不得分		
4	形状位置 精度(5 分)	平行度 0.06	5	每超差 0.01 mm 扣 2 分		
5	碰伤、划伤		—	每处扣 3~5 分(只扣分，无得分)		
6	去毛刺		—	锐边没倒钝或倒钝尺寸太大等每处扣 1~3 分(只扣分，无得分)		
合计			70			
检测教师签字				零件得分		

(2) 学生自检零件评分如表 S-H2-14-2 所示(10 分)。

表 S-H2-14-2 自检评分表

零件名称		数控铣零件14		工件编号		工位号			
序号	考核项目	检测内容	配分	评分标准			自检结果	检测结果	得分
1	外轮廓检测	$90_{-0.054}^{0}$	2.5	用外径千分尺检测，检测结果超差实际尺寸 0.01 扣 1.5 分，超差 0.02 不得分					
2	内轮廓检测	$50_{0}^{+0.062}$	2.5	用内测千分尺检测，检测结果超差实际尺寸 0.01 扣 1.5 分，超差 0.02 不得分					
3	深度检测	$10_{-0.036}^{0}$	2.5	用游标卡尺检测，检测结果超差实际尺寸 0.02 扣 1.5 分，超差 0.04 不得分					
4	表面粗糙度检测	$Ra1.6$	2.5	用表面粗糙度样板检测，超差不得分					
合计			10	项目得分					
检测教师签字									

(3) 职业素养评分如表 S-H2-1-3 所示(20分)。

15. 试题编号 S-H2-15

1) 任务描述

本试题主要用来检验学生是否具备以下基本技能：零件铣加工工艺分析和数控程序编制，通用夹具的选择、安装、调整，刀具的选择、安装和刃磨，量具的使用，数控铣床的操作和日常维护等。零件如图 S-H2-15 所示。

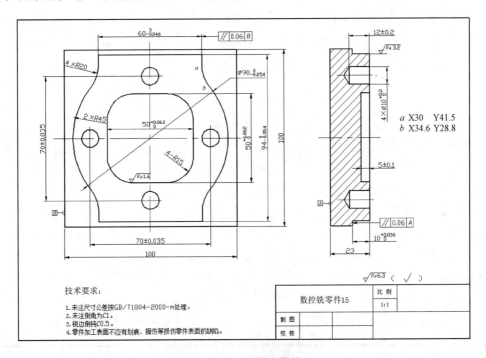

图 S-H2-15 数控铣零件 15

毛坯尺寸：100 mm×100 mm×23mm；材料：2A12 铝材；要求：平磨六个面，保证垂直度<0.05mm，尺寸公差为±0.05。

2) 考核时间

180 分钟。

3) 评分标准

总成绩满分 100 分。其中轮廓形状占 10%，尺寸精度占 50%，表面粗糙度与形位公差占 10%，学生零件自检占 10%，职业素养部分(包括安全意识、工作态度、操作规范等方面)占 20%。

(1) 零件作品检查评分如表 S-H2-15-1 所示(70 分)。

表 S-H2-15-1　作品评分表

零件名称		数控铣零件 15			工件编号		
序号	考核项目	检测内容	配分	评分标准		检测结果	得分
1	形状 (10 分)	外轮廓	4	外轮廓形状与图纸不符，每处扣 1 分			
		内轮廓	4	内轮廓形状与图纸不符，每处扣 1 分			
		孔	2	孔数及位置与图纸不符，每处扣 1 分			
2	尺寸精度 (50 分)	$90_{-0.054}^{0}$	8	每超差 0.005 mm 扣 2 分			
		70 ± 0.035	6	每超差 0.01 mm 扣 2 分			
		$60_{-0.046}^{0}$	8	每超差 0.005 mm 扣 2 分			
		$50_{0}^{+0.062}$	6	每超差 0.005 mm 扣 2 分(2 处)			
		$\phi 90_{-0.054}^{0}$	5	每超差 0.005 mm 扣 1 分			
		R20	2	样板塞尺检验，每超差 0.05 mm 扣 1 分			
		$10_{0}^{+0.036}$	7	每超差 0.005 mm 扣 2 分			
		5 ± 0.1	3	每超差 0.1 mm 扣 1 分			
		12 ± 0.2	3	每超差 0.01 mm 扣 1 分			
		$\phi 10_{0}^{+0.2}$	2	每超差 0.01 mm 扣 1 分			
3	表面粗糙度 (5 分)	Ra1.6	2	降一级不得分			
		Ra3.2	2	降一级不得分			
		其余 Ra6.3	1	降一级不得分			
4	形状位置精度(5 分)	平行度 0.06	5	每超差 0.01 mm 扣 2 分			
5	碰伤、划伤		/	每处扣 3~5 分(只扣分，无得分)			
6	去毛刺		/	锐边没倒钝或倒钝尺寸太大等每处扣 1~3 分(只扣分，无得分)			
合计			70	零件得分			
检测教师签字							

(2) 学生自检零件评分如表 S-H2-15-2 所示(10 分)。

表 S-H2-15-2　自检评分表

零件名称	数控铣零件 15		工件编号		工位号		
序号	考核项目	检测内容	配分	评分标准	自检结果	检测结果	得分
1	外轮廓检测	$90_{-0.054}^{0}$	2.5	用外径千分尺检测，检测结果超差实际尺寸 0.01 扣 1.5 分，超差 0.02 不得分			
2	内轮廓检测	$50_{0}^{+0.062}$	2.5	用内测千分尺检测，检测结果超差实际尺寸 0.01 扣 1.5 分，超差 0.02 不得分			
3	深度检测	$10_{-0.036}^{0}$	2.5	用游标卡尺检测，检测结果超差实际尺寸 0.02 扣 1.5 分，超差 0.04 不得分			
4	表面粗糙度检测	$Ra1.6$	2.5	用表面粗糙度样板检测，超差不得分			
合计			10	项目得分			
检测教师签字							

(3) 职业素养评分如表 S-H2-1-3 所示(20 分)。

四、拓展模块：多轴数控加工

具体内容见二维码。

多轴数控加工.doc

第七单元　智能焊接技术专业题库

一、基础模块：焊条电弧焊

1. 试题编号：H-J1-1 板厚 8 mm 的 Q235—A 钢板 V 形坡口对接平位焊

1) 任务描述

考件如图 H-J1-1 所示，按照焊接工艺要求对板厚 8 mm 的 Q235—A 钢板进行焊前处理，采用焊条电弧焊完成板对接平位焊接，并对试件焊缝外观质量进行自检。

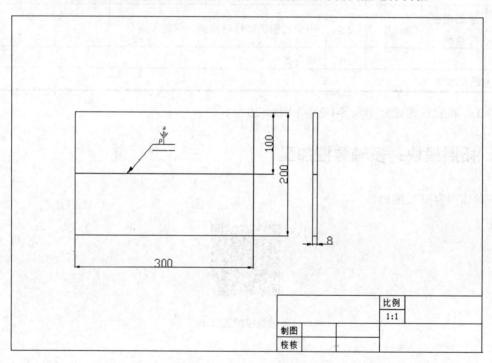

图 H-J1-1　V 形坡口对接平位焊

2) 考核要求
(1) 焊条必须按规定的要求烘干，随用随取。
(2) 焊前清理坡口，露出金属光泽。
(3) 定位焊在试件正面两端 20 mm 范围内。
(4) 打底焊接头处允许修磨。
(5) 根部要焊透，单面焊双面成型。
(6) 试件一经固定开始焊接，不得任意移动。
(7) 焊缝表面清理干净，并保持焊缝原始状态。

(8) 开 V 形坡口，$\alpha=60°$，间隙 b、钝边 p 尺寸自定，预留反变形量。

3) 实施条件

(1) 试板准备。

试件尺寸：300 mm×100 mm×8 mm(两件)；材质：Q235；焊材与母材相匹配，选用：E4303 焊条，$\phi 2.5$mm、$\phi 3.2$ mm。

(2) 设备、工具、量具准备清单如表 H-J1-1 所示。

表 H-J1-1　设备、工具、量具清单

类别	序号	名称	型号(精度)	数量	备注
设备		电焊机	BX、ZX 任选	1 台/工位	
工具	1	焊接夹具	/	1 套/工位	
	2	角向砂轮机	$\phi 100$	1 台/工位	
	3	敲渣锤	/	1 把/工位	
	4	钢丝刷	/	1 把/工位	
	5	焊条保温筒	/	1 个/工位	
	6	焊接面罩	手持式或头盔式	1 个/工位	
	7	焊工手套	/	1 双/工位	
量具	1	焊缝专用检测尺	KH—45A/B	1 把	
	2	游标卡尺	0~150	1 把	

4) 考核时间

60 分钟。

5) 评分标准

(1) 职业素养及操作规范评分表如表 H-J1-2 所示(占总分的 30%)。

表 H-J1-2　职业素养及操作规范评分标准

考核项目		考核内容	配分	得分
职业素养	安全意识	执行安全操作规程，安全操作技能，安全意识。如有违反，扣 1 分/项	2	
	文明生产	做到对现场或工位进行整理、整顿、清扫、清洁、文明生产。如不符合要求，扣 1 分/项	2	
	责任心	有主人翁意识、工作认真负责，能为工作结果承担责任。如不符合要求，扣 1 分/项	2	
	团队精神	有良好的合作意识、服从安排。如不符合要求，扣 1 分/项	2	
	职业行为习惯	成本意识、操作细节。如不符合要求，扣 1 分/项	2	
操作规范	工作前的检查	安全用电及安全防护、焊前设备检查。如不符合要求，扣 1 分/项	2	
	工作前的准备	场地检查、工量具齐全、摆放整齐、试件清理。如不符合要求，扣 1 分/项	2	

续表

考核项目		考核内容	配分	得分
操作规范	设备与参数调节	参数符合要求,设备调节熟练、方法正确。如不符合要求,扣2分/项	6	
	焊接操作	定位焊位置正确,引弧、收弧正确,操作规范;试件固定的空间位置符合要求。如不符合要求,扣2分/项	8	
	焊后清理	关闭电源,设备维护、场地清理,符合6S规范。如不符合要求,扣1分/项	2	
超时		如超过规定时间停止操作		
人伤械损事故		出现人伤械损事故整个测评成绩记0分		

(2) 考件外观质量评分表如表 H-J1-3 所示(占总分的70%)。

表 H-J1-3 考件外观质量评价标准

检查项目	评判标准及得分	评判等级				测评数据	实得分数	备注
		I	II	III	IV			
焊缝余高	尺寸标准	0~1	2~3	3~4	<0 或 >4			
	得分标准	8分	5分	3分	0分			
焊缝高度差	尺寸标准	≤1	2~3	3~4	>4			
	得分标准	10分	7分	4分	0分			
焊缝宽度	尺寸标准	13~15	16~18	19~20	<13 或 >20			
	得分标准	8分	5分	3分	0分			
焊缝宽度差	尺寸标准	≤1.5	1.5~2	2~3	>3			
	得分标准	10分	7分	4分	0分			
咬边	尺寸标准	无咬边	深度≤0.5		深度>1			
	得分标准	10分	每10 mm扣1分		0分			
正面成型	标准	优	良	中	差			
	得分标准	10分	6分	4分	0分			
背面成型	标准	优	良	中	差			
	得分标准	4分	3分	2分	0分			
背面凹	尺寸标准	0	0~1	1~2	>2			
	得分标准	3分	2分	1分	0分			
背面凸	尺寸标准	0.5~1	2~3	3~4	>4			
	得分标准	3分	2分	1分	0分			
角变形	尺寸标准	0	1~2	2~3	>3			
	得分标准	4分	3分	2分	0分			
焊缝外观	有裂纹、夹渣、气孔、未熔合等缺陷或出现焊件修补、未完成,该项作0分处理							

2. 试题编号：H-J1-2 板厚 12 mm 的 Q235—A 钢板 V 形坡口对接立位焊

1) 任务描述

考件如图 H-J1-2 所示，按照焊接工艺要求对板厚 12 mm 的 Q235—A 钢板进行焊前处理，采用焊条电弧焊完成板对接立位焊接，并对试件焊缝外观质量进行自检。

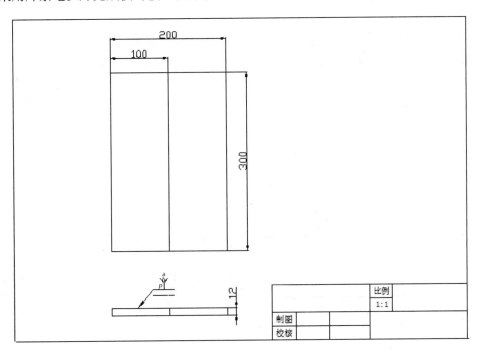

图 H-J1-2　V 形坡口对接立位焊

2) 考核要求
(1) 焊条必须按规定的要求烘干，随用随取。
(2) 焊前清理坡口，露出金属光泽。
(3) 定位焊在试件正面两端 20 mm 范围内。
(4) 打底焊接头处允许修磨。
(5) 根部要焊透，单面焊双面成型。
(6) 试件一经固定开始焊接，不得任意移动。
(7) 焊缝表面清理干净，并保持焊缝原始状态。
(8) 开 V 形坡口，$\alpha=60°$，间隙 b、钝边 p 尺寸自定，预留反变形量。

3) 实施条件
(1) 试板准备。

试件尺寸：300 mm×100 mm×8 mm(两件)；材质：Q235；焊材与母材相匹配，选用：E4303 焊条，$\phi 2.5$ mm、$\phi 3.2$ mm。

(2) 设备、工具、量具准备清单如表 H-J1-1 所示。

4) 考核时间

60 分钟。

5) 评分标准

(1) 职业素养及操作规范评分表如表 H-J1-2 所示(占总分的 30%)。

(2) 考件外观质量评分表如表 H-J1-3 所示(占总分的 70%)。

3. 试题编号：H-J1-3 板厚 8 mm 的 Q235—A 钢板 V 形坡口对接横位焊

1) 任务描述

考件如图 H-J1-3 所示，按照焊接工艺要求对板厚 8 mm 的 Q235—A 钢板进行焊前处理，采用焊条电弧焊完成板对接横位焊接，并对试件焊缝外观质量进行自检。

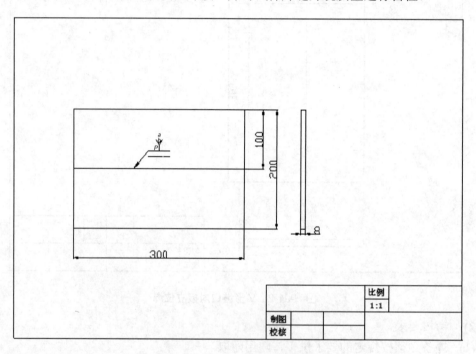

图 H-J1-3 V 形坡口对接横位焊

2) 考核要求

(1) 焊条必须按规定的要求烘干，随用随取。

(2) 焊前清理坡口，露出金属光泽。

(3) 定位焊在试件正面两端 20 mm 范围内。

(4) 打底焊接头处允许修磨。

(5) 根部要焊透，单面焊双面成型。

(6) 试件一经固定开始焊接，不得任意移动。

(7) 焊缝表面清理干净，并保持焊缝原始状态。

(8) 开 V 形坡口，$\alpha=60°$，间隙 b、钝边 p 尺寸自定，预留反变形量。

3) 实施条件

(1) 试板准备。

试件尺寸：300 mm×100 mm×8 mm(两件)；材质：Q235；焊材与母材相匹配，选用：E4303 焊条，ϕ2.5mm、ϕ3.2 mm。

(2) 设备、工具、量具准备清单如表 H-J1-1 所示。

4) 考核时间

60 分钟。

5) 评分标准

(1) 职业素养及操作规范评分表如表 H-J1-2 所示(占总分的 30%)。

(2) 考件外观质量评分表如表 H-J1-3 所示(占总分的 70%)。

4．试题编号：H-J1-4 板厚 10 mm 的 Q235—A 钢板 T 形接头横角焊缝焊

1) 任务描述

考件如图 H-J1-4 所示，按照焊接工艺要求对板厚 10 mm 的 Q235—A 钢板进行焊前处理，采用焊条电弧焊完成 T 形接头横角焊接，并对试件焊缝外观质量进行自检。

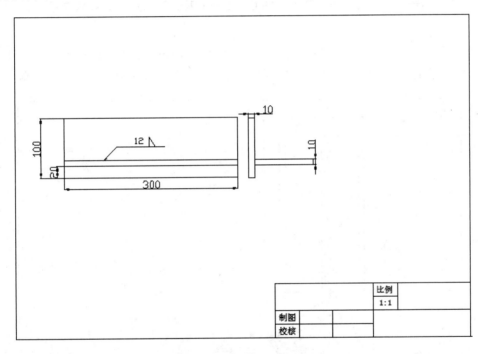

图 H-J1-4　T 形接头横角焊缝焊

2) 考核要求

(1) 焊条必须按规定的要求烘干，随用随取。

(2) 焊前清理坡口，露出金属光泽。

(3) 焊缝单面焊接，打底 1 道，盖面 2 道。

(4) T 形接头无间隙。

(5) 两端面定位焊。

(6) 角焊缝焊角尺寸为 12 mm。

(7) 焊缝表面清理干净，并保持焊缝原始状态。

(8) 开 V 形坡口，$\alpha=60°$，间隙 b、钝边 p 尺寸自定，预留反变形量。

3) 实施条件

(1) 试板准备。

试件尺寸：300 mm×100 mm×10 mm(两件)；材质：Q235；焊材与母材相匹配，选用：E4303 焊条，ϕ2.5mm、ϕ3.2 mm。

(2) 设备、工具、量具准备清单如表 H-J1-1 所示。

4) 考核时间

60 分钟。

5) 评分标准

(1) 职业素养及操作规范评分表如表 H-J1-2 所示(占总分的 30%)。

(2) 考件外观质量评分表如表 H-J1-3 所示(占总分的 70%)。

5. 试题编号：H-J1-5 板厚 10 mm 的 Q235—A 钢板 T 形接头立焊角焊接

1) 任务描述

考件如图 H-J1-5 所示，按照焊接工艺要求对板厚 10 mm 的 Q235—A 钢板进行焊前处理，采用焊条电弧焊完成板 T 形接头立焊角焊接，并对试件焊缝外观质量进行自检。

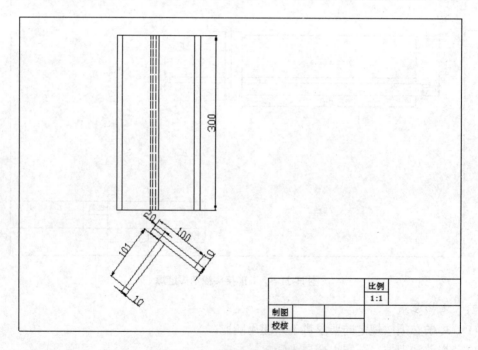

图 H-J1-5 T 形接头立焊角焊缝

2) 考核要求

(1) 焊条必须按规定的要求烘干，随用随取。

(2) 焊前清理坡口，露出金属光泽。

(3) 焊缝单面焊接，打底 1 道，盖面 2 道。

(4) T 形接头无间隙。

(5) 两端面定位焊。

(6) 角焊缝焊角尺寸为 12 mm。
(7) 焊缝表面清理干净,并保持焊缝原始状态。
(8) 开 V 形坡口,α=60°,间隙 b、钝边 p 尺寸自定,预留反变形量。

3) 实施条件

(1) 试板准备。

试件尺寸:300 mm×100 mm×10 mm(两件);材质:Q235;焊材与母材相匹配,选用:E4303 焊条,ϕ 2.5mm、ϕ 3.2 mm。

(2) 设备、工具、量具准备清单如表 H-J1-1 所示。

4) 考核时间

60 分钟。

5) 评分标准

(1) 职业素养及操作规范评分表如表 H-J1-2 所示(占总分的 30%)。
(2) 考件外观质量评分表如表 H-J1-3 所示(占总分的 70%)。

6. 试题编号:H-J1-6 板厚 10 mm 的 Q235—A 钢板 V 形坡口对接平位焊

1) 任务描述

考件如图 H-J1-6 所示,按照焊接工艺要求对板厚 10 mm 的 Q235—A 钢板进行焊前处理,采用焊条电弧焊完成板对接平位焊接,并对试件焊缝外观质量进行自检。

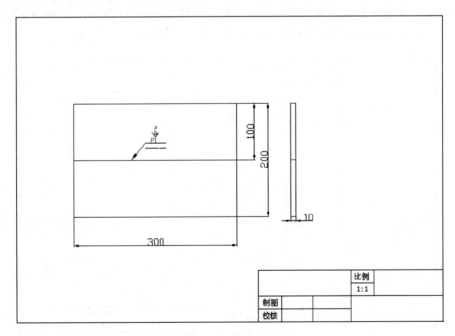

图 H-J1-6　V 形坡口对接平位焊

2) 考核要求

(1) 焊条必须按规定的要求烘干,随用随取。
(2) 焊前清理坡口,露出金属光泽。
(3) 定位焊在试件正面两端 20 mm 范围内。

(4) 打底焊接头处允许修磨。
(5) 根部要焊透，单面焊双面成型。
(6) 试件一经固定开始焊接，不得任意移动。
(7) 焊缝表面清理干净，并保持焊缝原始状态。
(8) 开 V 形坡口，$\alpha=60°$，间隙 b、钝边 p 尺寸自定，预留反变形量。

3) 实施条件
(1) 试板准备。
试件尺寸：300 mm×100 mm×10 mm(两件)；材质：Q235；焊材与母材相匹配，选用：E4303 焊条，$\phi 2.5$mm、$\phi 3.2$ mm。
(2) 设备、工具、量具准备清单如表 H-J1-1 所示。

4) 考核时间
60 分钟。

5) 评分标准
(1) 职业素养及操作规范评分表如表 H-J1-2 所示(占总分的 30%)。
(2) 考件外观质量评分表如表 H-J1-3 所示(占总分的 70%)。

7. 试题编号：H-J1-7 板厚 10 mm 的 Q235—A 钢板 V 形坡口对接立位焊

1) 任务描述
考件如图 H-J1-7 所示，按照焊接工艺要求对板厚 10 mm 的 Q235—A 钢板进行焊前处理，采用焊条电弧焊完成板对接立位焊接，并对试件焊缝外观质量进行自检。

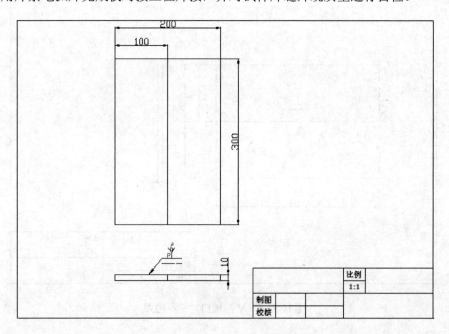

图 H-J1-7　V 形坡口对接立位焊

2) 考核要求
(1) 焊条必须按规定的要求烘干，随用随取。

(2) 焊前清理坡口，露出金属光泽。
(3) 定位焊在试件正面两端 20 mm 范围内。
(4) 打底焊接头处允许修磨。
(5) 根部要焊透，单面焊双面成型。
(6) 试件一经固定开始焊接，不得任意移动。
(7) 焊缝表面清理干净，并保持焊缝原始状态。
(8) 开 V 形坡口，$\alpha=60°$，间隙 b、钝边 p 尺寸自定，预留反变形量。

3) 实施条件

(1) 试板准备。

试件尺寸：300 mm×100 mm×10 mm(两件)；材质：Q235；焊材与母材相匹配，选用：E4303 焊条，ϕ2.5mm、ϕ3.2 mm。

(2) 设备、工具、量具准备清单如表 H-J1-1 所示。

4) 考核时间

60 分钟。

5) 评分标准

(1) 职业素养及操作规范评分表如表 H-J1-2 所示(占总分的 30%)。
(2) 考件外观质量评分表如表 H-J1-3 所示(占总分的 70%)。

8. 试题编号：H-J1-8 板厚 10 mm 的 Q235—A 钢板 V 形坡口对接横位焊

1) 任务描述

考件如图 H-J1-8 所示，按照焊接工艺要求对板厚 10 mm 的 Q235—A 钢板进行焊前处理，采用焊条电弧焊完成板对接横位焊接，并对试件焊缝外观质量进行自检。

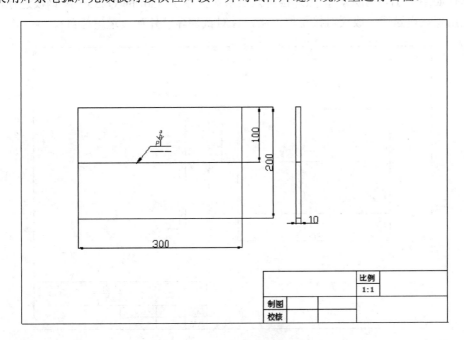

图 H-J1-8　V 形坡口对接横位焊

2) 考核要求

(1) 焊条必须按规定的要求烘干，随用随取。
(2) 焊前清理坡口，露出金属光泽。
(3) 定位焊在试件正面两端 20 mm 范围内。
(4) 打底焊接头处允许修磨。
(5) 根部要焊透，单面焊双面成型。
(6) 试件一经固定开始焊接，不得任意移动。
(7) 焊缝表面清理干净，并保持焊缝原始状态。
(8) 开 V 形坡口，$\alpha=60°$，间隙 b、钝边 p 尺寸自定，预留反变形量。

3) 实施条件

(1) 试板准备。

试件尺寸：300 mm×100 mm×10 mm(两件)；材质：Q235；焊材与母材相匹配，选用：E4303 焊条，$\phi 2.5$ mm、$\phi 3.2$ mm。

(2) 设备、工具、量具准备清单如表 H-J1-1 所示。

4) 考核时间

60 分钟。

5) 评分标准

(1) 职业素养及操作规范评分表如表 H-J1-2 所示(占总分的 30%)。
(2) 考件外观质量评分表如表 H-J1-3 所示(占总分的 70%)。

9. 试题编号：H-J1-9 厚 12 mm 的 Q235—A 钢板 V 形坡口对接平位焊

1) 任务描述

考件如图 H-J1-9 所示，按照焊接工艺要求对板厚 12 mm 的 Q235—A 钢板进行焊前处理，采用焊条电弧焊完成板对接平位焊接，并对试件焊缝外观质量进行自检。

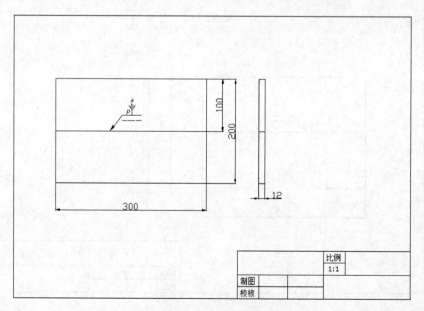

图 H-J1-9　V 形坡口对接平位焊

2) 考核要求
(1) 焊条必须按规定的要求烘干,随用随取。
(2) 焊前清理坡口,露出金属光泽。
(3) 定位焊在试件正面两端 20 mm 范围内。
(4) 打底焊接头处允许修磨。
(5) 根部要焊透,单面焊双面成型。
(6) 试件一经固定开始焊接,不得任意移动。
(7) 焊缝表面清理干净,并保持焊缝原始状态。
(8) 开 V 形坡口,$\alpha=60°$,间隙 b、钝边 p 尺寸自定,预留反变形量。

3) 实施条件
(1) 试板准备。
试件尺寸:300 mm×100 mm×12 mm(两件);材质:Q235;焊材与母材相匹配,选用:E4303 焊条,ϕ2.5mm、ϕ3.2 mm。
(2) 设备、工具、量具准备清单如表 H-J1-1 所示。

4) 考核时间
60 分钟。

5) 评分标准
(1) 职业素养及操作规范评分表如表 H-J1-2 所示(占总分的 30%)。
(2) 考件外观质量评分表如表 H-J1-3 所示(占总分的 70%)。

10. 试题编号:H-J1-10 板厚 12 mm 的 Q235—A 钢板 V 形坡口对接立位焊

1) 任务描述

考件如图 H-J1-10 所示,按照焊接工艺要求对板厚 12 mm 的 Q235—A 钢板进行焊前处理,采用焊条电弧焊完成板对接立位焊接,并对试件焊缝外观质量进行自检。

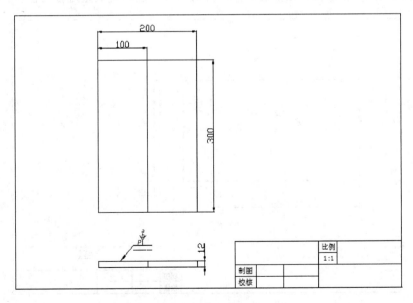

图 H-J1-10 V 形坡口对接立位焊

2) 考核要求

(1) 焊条必须按规定的要求烘干,随用随取。
(2) 焊前清理坡口,露出金属光泽。
(3) 定位焊在试件正面两端 20 mm 范围内。
(4) 打底焊接头处允许修磨。
(5) 根部要焊透,单面焊双面成型。
(6) 试件一经固定开始焊接,不得任意移动。
(7) 焊缝表面清理干净,并保持焊缝原始状态。
(8) 开 V 形坡口,$\alpha=60°$,间隙 b、钝边 p 尺寸自定,预留反变形量。

3) 实施条件

(1) 试板准备。

试件尺寸:300 mm×100 mm×12 mm(两件);材质:Q235;焊材与母材相匹配,选用:E4303 焊条,$\phi 2.5$ mm、$\phi 3.2$ mm。

(2) 设备、工具、量具准备清单如表 H-J1-1 所示。

4) 考核时间

60 分钟。

5) 评分标准

(1) 职业素养及操作规范评分表如表 H-J1-2 所示(占总分的 30%)。
(2) 考件外观质量评分表如表 H-J1-3 所示(占总分的 70%)。

11. **试题编号:H-J1-11 板厚 12 mm 的 Q235—A 钢板 V 形坡口对接横位焊**

1) 任务描述

考件如图 H-J1-11 所示,按照焊接工艺要求对板厚 12 mm 的 Q235—A 钢板进行焊前处理,采用焊条电弧焊完成板对接横位焊接,并对试件焊缝外观质量进行自检。

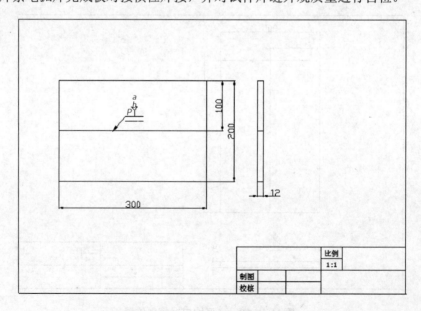

图 H-J1-11　V 形坡口对接横位焊

2) 考核要求

(1) 焊条必须按规定的要求烘干,随用随取。
(2) 焊前清理坡口,露出金属光泽。
(3) 定位焊在试件正面两端 20 mm 范围内。
(4) 打底焊接头处允许修磨。
(5) 根部要焊透,单面焊双面成型。
(6) 试件一经固定开始焊接,不得任意移动。
(7) 焊缝表面清理干净,并保持焊缝原始状态。
(8) 开 V 形坡口,$\alpha=60°$,间隙 b、钝边 p 尺寸自定,预留反变形量。

3) 实施条件

(1) 试板准备。

试件尺寸:300 mm×100 mm×12 mm(两件);材质:Q235;焊材与母材相匹配,选用:E4303 焊条,ϕ2.5mm,ϕ3.2 mm。

(2) 设备、工具、量具准备清单如表 H-J1-1 所示。

4) 考核时间

60 分钟。

5) 评分标准

(1) 职业素养及操作规范评分表如表 H-J1-2 所示(占总分的 30%)。
(2) 考件外观质量评分表如表 H-J1-3 所示(占总分的 70%)。

12. 试题编号:H-J1-12 管厚 4 mm 的 Q235—A 钢管 V 形坡口对接水平固定位置焊

1) 任务描述

考件如图 H-J1-12 所示,按照焊接工艺要求对管厚 4 mm 的 Q235—A 钢管进行焊前处理,采用焊条电弧焊完成管对接水平固定位置焊接,并对试件焊缝外观质量进行自检。

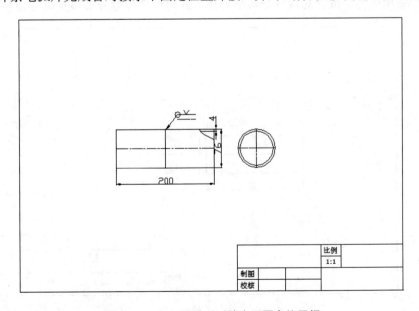

图 H-J1-12 V 形坡口对接水平固定位置焊

2) 考核要求
(1) 焊条必须按规定的要求烘干，随用随取。
(2) 焊前清理坡口，露出金属光泽。
(3) 定位焊在试件正面分三处沿圆周均布。
(4) 打底焊接头处允许修磨。
(5) 根部要焊透，单面焊双面成型。
(6) 试件一经固定开始焊接，不得任意移动。
(7) 焊缝表面清理干净，并保持焊缝原始状态。
(8) 开V形坡口，$\alpha=60°$，间隙b、钝边p尺寸自定，预留反变形量。

3) 实施条件
(1) 试板准备。
试件尺寸：$\phi76$ mm×100 mm(厚4 mm，两件)；材质：Q235—A，开V形坡口，角度为$60±2°$；焊材与母材相匹配，选用：E4303焊条，$\phi2.5$mm、$\phi3.2$ mm。
(2) 设备、工具、量具准备清单如表H-J1-1所示。

4) 考核时间
60 分钟。

5) 评分标准
(1) 职业素养及操作规范评分表如表H-J1-2所示(占总分的30%)。
(2) 考件外观质量评分表如表H-J1-3所示(占总分的70%)。

13. 试题编号：H-J1-13 管厚4 mm 的Q235—A钢管V形坡口对接水平转动焊

1) 任务描述
考件如图H-J1-13所示，按照焊接工艺要求对管厚4 mm的Q235—A钢管进行焊前处理，采用焊条电弧焊完成管对接水平转动焊接，并对试件焊缝外观质量进行自检。

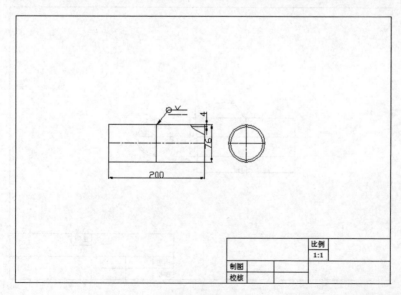

图 H-J1-13　V形坡口对接水平转动焊

2) 考核要求

(1) 焊条必须按规定的要求烘干，随用随取。

(2) 焊前清理坡口，露出金属光泽。

(3) 定位焊在试件正面分三处沿圆周均布。

(4) 打底焊接头处允许修磨。

(5) 根部要焊透，单面焊双面成型。

(6) 试件一经固定开始焊接，不得任意移动。

(7) 焊缝表面清理干净，并保持焊缝原始状态。

(8) 开 V 形坡口，$\alpha=60°$，间隙 b、钝边 p 尺寸自定，预留反变形量。

3) 实施条件

(1) 试板准备。

试件尺寸：$\phi 76\ mm \times 100\ mm$(厚 4 mm，两件)；材质：Q235—A，开 V 形坡口，角度为 $60\pm2°$；焊材与母材相匹配，选用：E4303 焊条，$\phi 2.5mm$、$\phi 3.2\ mm$。

(2) 设备、工具、量具准备清单如表 H-J1-1 所示。

4) 考核时间

60 分钟。

5) 评分标准

(1) 职业素养及操作规范评分表如表 H-J1-2 所示(占总分的 30%)。

(2) 考件外观质量评分表如表 H-J1-3 所示(占总分的 70%)。

14. 试题编号：H-J1-14 管厚 4 mm 的 Q235—A 钢管 V 形坡口垂直对接焊

1) 任务描述

考件如图 H-J1-14 所示，按照焊接工艺要求对管厚 4 mm 的 Q235—A 钢管进行焊前处理，采用焊条电弧焊完成管垂直对接焊接，并对试件焊缝外观质量进行自检。

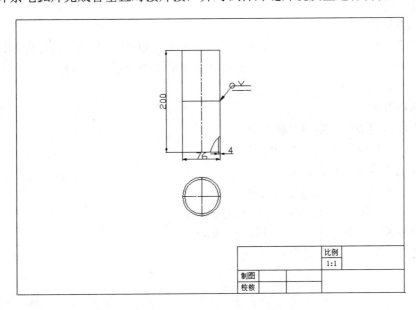

图 H-J1-14　V 形坡口垂直对接焊

2) 考核要求
(1) 焊条必须按规定的要求烘干，随用随取。
(2) 焊前清理坡口，露出金属光泽。
(3) 定位焊在试件正面分三处沿圆周均布。
(4) 打底焊接头处允许修磨。
(5) 根部要焊透，单面焊双面成型。
(6) 试件一经固定开始焊接，不得任意移动。
(7) 焊缝表面清理干净，并保持焊缝原始状态。
(8) 开 V 形坡口，$\alpha=60°$，间隙 b、钝边 p 尺寸自定，预留反变形量。

3) 实施条件
(1) 试板准备。
试件尺寸：$\phi 76$ mm×100 mm(厚 4 mm，两件)；材质：Q235—A，开 V 形坡口，角度为 60±2°；焊材与母材相匹配，选用：E4303 焊条，$\phi 2.5$mm、$\phi 3.2$ mm。
(2) 设备、工具、量具准备清单如表 H-J1-1 所示。

4) 考核时间
60 分钟。

5) 评分标准
(1) 职业素养及操作规范评分表如表 H-J1-2 所示(占总分的 30%)。
(2) 考件外观质量评分表如表 H-J1-3 所示(占总分的 70%)。

二、核心模块一：CO_2 气体保护焊

1. 试题编号：H-H1-1 板厚 6 mm 的 Q235—A 钢板 V 形坡口对接平焊

1) 任务描述
识读试件图样，按照焊接工艺要求对板厚 6 mm 的 Q235—A 钢板进行焊前处理，采用 CO_2 气体保护焊完成板对接平位焊接，并对试件焊缝外观质量进行自检。
考件图样如图 H-H1-1 所示。

2) 考核要求
(1) 焊前清理坡口，露出金属光泽。
(2) 定位焊在试件正面两端 20 mm 范围内。
(3) 打底焊接头处允许修磨。
(4) 根部要焊透，单面焊双面成型。
(5) 试件一经固定开始焊接，不得任意移动。
(6) 焊缝表面清理干净，并保持焊缝原始状态。
(7) 间隙、钝边、反变形自定。

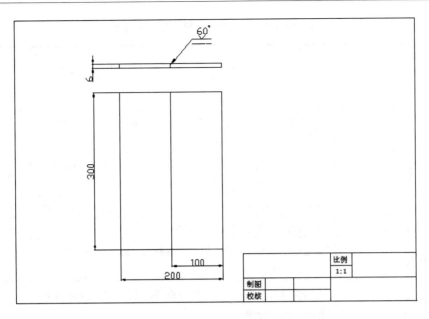

图 H-H1-1　V 形坡口对接平位焊

3) 实施条件

(1) 试板准备。

试件尺寸：300 mm×100 mm×6 mm(两件)；材质：Q235—A；焊丝：H08Mn2SiA，规格为 $\phi 1.0$；CO_2 气体：纯度不低于 99.5%，含水量不超过 0.1%。

(2) 设备、工具、量具准备清单如表 H-H1-1 所示。

表 H-H1-1　设备、工、量具准备清单

类别	序号	名　　　称	型号(精度)	数量	备注
设备		CO_2 气体保护焊机	唐山松下 KR—350	1 台/工位	
工具	1	焊接夹具	/	1 套/工位	
	2	角向砂轮机	$\phi 100$	1 台/工位	
	3	敲渣锤	/	1 把/工位	
	4	钢丝刷	/	1 把/工位	
	5	焊接面罩	手持式或头盔式	1 个/工位	
	6	焊工手套	/	1 双/工位	
量具	1	焊缝专用检测尺	KH—45A/B	1 把	
	2	游标卡尺	0～150	1 把	

4) 考核时间

45 分钟。

5) 评分标准

(1) 职业素养及操作规范评分表如表 H-H1-2 所示(占总分的 30%)。

表 H-H1-2 职业素养及操作规范评分表

考核项目		考核内容	配分	得分
职业素养	安全意识	执行安全操作规程,掌握安全操作技能,具有安全意识。如有违反,扣 1 分/项	2	
	文明生产	做到对现场或岗位进行整理、整顿、清扫、清洁,文明生产。如不符合要求,扣 1 分/项	2	
	责任心	有主人翁意识,工作认真负责,能为工作结果承担责任。如不符合要求,扣 1 分/项	2	
	团队精神	有良好的合作意识,服从安排。如不符合要求,扣 1 分/项	2	
	职业行为习惯	成本意识,操作细节。如不符合要求,扣 1 分/项	2	
操作规范	工作前的检查	安全用电及安全防护、焊前设备检查。如不符合要求,扣 1 分/项	2	
	工作前准备	场地检查、工量具齐全、摆放整齐、试件清理。如不符合要求,扣 1 分/项	2	
	设备与参数的调节	参数符合要求、设备调节熟练、方法正确。如不符合要求,扣 2 分/项	6	
	焊接操作	定位焊位置正确、引弧、收弧正确、操作规范;试件固定的空间位置符合要求。如不符合要求,扣 2 分/项	8	
	焊后清理	关闭电源,设备维护、场地清理,符合 6S 规范。如不符合要求,扣 1 分/项	2	
超时		如超过规定时间停止操作		
人伤械损事故		出现人伤械损事故整个测评成绩记 0 分		

(2) 试件外观质量评分表如表 H-H1-3 所示(占总分的 70%)。

表 H-H1-3 外观质量评分表

检查项目	评判标准及得分	评判等级				测评数据	实得分数	备注
		I	II	III	IV			
焊缝余高	尺寸标准/mm	0~1	2~3	3~4	<0,>4			
	得分标准	8 分	5 分	3 分	0 分			
焊缝高度差	尺寸标准/mm	≤1	2~3	3~4	>4			
	得分标准	10 分	7 分	4 分	0 分			
焊缝宽度	尺寸标准/mm	13~15	16~18	19~20	<13,>20			
	得分标准	8 分	5 分	3 分	0 分			
焊缝宽度差	尺寸标准/mm	≤1.5	1.5~2	2~3	>3			
	得分标准	10 分	7 分	4 分	0 分			
咬边	尺寸标准/mm	无咬边	深度≤0.5		深度>1			
	得分标准	10 分	每 10 mm 扣 1 分		0 分			

续表

检查项目	评判标准及得分	评判等级				测评数据	实得分数	备注
		I	II	III	IV			
正面成型	标准	优	良	中	差			
	得分标准	10分	6分	4分	0分			
背面成型	标准	优	良	中	差			
	得分标准	4分	3分	2分	0分			
背面凹	尺寸标准/mm	0	0～1	1～2	>2			
	得分标准	3分	2分	1分	0分			
背面凸	尺寸标准/mm	0.5～1	2～3	3～4	>4			
	得分标准	3分	2分	1分	0分			
角变形	尺寸标准/mm	0	1～2	2～3	>3			
	得分标准	4分	3分	2分	0分			
焊缝外观	有裂纹、夹渣、气孔、未熔合等缺陷或出现焊件修补、未完成，该项作0分处理							

2. 试题编号：H-H1-2 板厚6 mm的Q235—A钢板V形坡口对接横位焊

1) 任务描述

识读试件图样，按照焊接工艺要求对板厚6 mm的Q235—A钢板进行焊前处理，采用CO_2气体保护焊完成板对接横位焊接，并对试件焊缝外观质量进行自检。

考件图样如图H-H1-2所示。

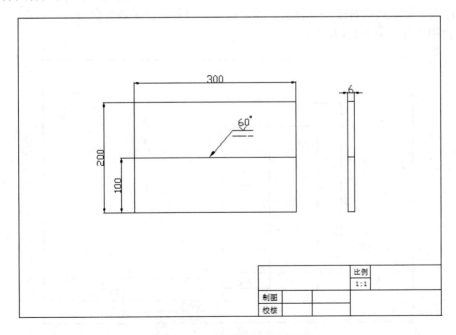

图H-H1-2　V形坡口对接横位焊

2) 考核要求

(1) 焊前清理坡口，露出金属光泽。

(2) 定位焊在试件正面两端 20 mm 范围内。

(3) 打底焊接头处允许修磨。

(4) 根部要焊透，单面焊双面成型。

(5) 试件一经固定开始焊接，不得任意移动。

(6) 焊缝表面清理干净，并保持焊缝原始状态。

(7) 间隙、钝边、反变形自定。

3) 实施条件

(1) 试板准备。

试件尺寸：300 mm×100 mm×6 mm(两件)；材质：Q235—A；焊丝：H08Mn2SiA，规格为 ϕ1.0；CO_2 气体：纯度不低于 99.5%，含水量不超过 0.1%。

(2) 设备、工具、量具准备清单如表 H-H1-1 所示。

4) 考核时间

45 分钟。

5) 评分标准

(1) 职业素养及操作规范评分表如表 H-H1-2 所示(占总分的 30%)。

(2) 试件外观质量评分表如表 H-H1-3 所示(占总分的 70%)。

3. 试题编号：H-H1-3 板厚 6 mm 的 Q235—A 钢板 V 形坡口对接立位焊

1) 任务描述

识读试件图样，按照焊接工艺要求对板厚 6 mm 的 Q235—A 钢板进行焊前处理，采用 CO_2 气体保护焊完成板对接立位焊接，并对试件焊缝外观质量进行自检。

考件图样如图 H-H1-3 所示。

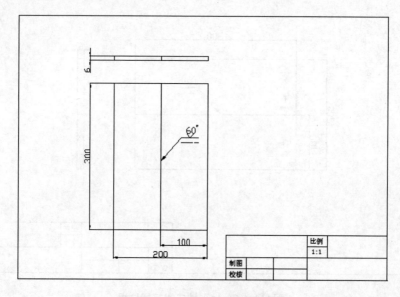

图 H-H1-3　V 形坡口对接立位焊

2) 考核要求

(1) 焊前清理坡口，露出金属光泽。

(2) 定位焊在试件正面两端 20 mm 范围内。

(3) 打底焊接头处允许修磨。

(4) 根部要焊透，单面焊双面成型。

(5) 试件一经固定开始焊接，不得任意移动。

(6) 焊缝表面清理干净，并保持焊缝原始状态。

(7) 间隙、钝边、反变形自定。

3) 实施条件

(1) 试板准备。

试件尺寸：300 mm×100 mm×6 mm(两件)；材质：Q235—A；焊丝：H08Mn2SiA，规格为 ϕ1.0；CO_2 气体：纯度不低于 99.5%，含水量不超过 0.1%。

(2) 设备、工具、量具准备清单如表 H-H1-1 所示。

4) 考核时间

45 分钟。

5) 评分标准

(1) 职业素养及操作规范评分表如表 H-H1-2 所示(占总分的 30%)。

(2) 试件外观质量评分表如表 H-H1-3 所示(占总分的 70%)。

4. 试题编号：H-H1-4 板厚 8 mm 的 Q235—A 钢板 V 形坡口对接平位焊

1) 任务描述

识读试件图样，按照焊接工艺要求对板厚 8 mm 的 Q235—A 钢板进行焊前处理，采用 CO_2 气体保护焊完成板对接平位焊接，并对试件焊缝外观质量进行自检。

考件图样如图 H-H1-4 所示。

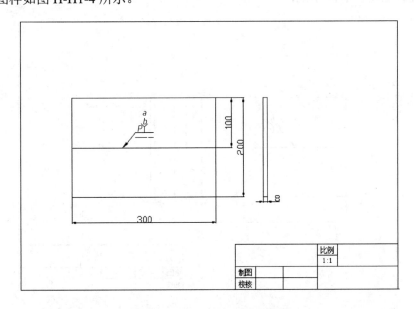

图 H-H1-4　V 形坡口对接平位焊

2) 考核要求

(1) 焊前清理坡口,露出金属光泽。

(2) 定位焊在试件正面两端 20 mm 范围内。

(3) 打底焊接头处允许修磨。

(4) 根部要焊透,单面焊双面成型。

(5) 试件一经固定开始焊接,不得任意移动。

(6) 焊缝表面清理干净,并保持焊缝原始状态。

(7) 间隙、钝边、反变形自定。

3) 实施条件

(1) 试板准备。

试件尺寸：300 mm×100 mm×8 mm(两件)；材质：Q235—A；焊丝：H08Mn2SiA，规格为 ϕ 1.2；CO_2 气体：纯度不低于 99.5%,含水量不超过 0.1%。

(2) 设备、工具、量具准备清单如表 H-H1-1 所示。

4) 考核时间

45 分钟。

5) 评分标准

(1) 职业素养及操作规范评分表如表 H-H1-2 所示(占总分的 30%)。

(2) 试件外观质量评分表如表 H-H1-3 所示(占总分的 70%)。

5. **试题编号：H-H1-5 板厚 8 mm 的 Q235—A 钢板 V 形坡口对接横位焊**

1) 任务描述

识读试件图样,按照焊接工艺要求对板厚 8 mm 的 Q235—A 钢板进行焊前处理,采用 CO_2 气体保护焊完成板对接横位焊接,并对试件焊缝外观质量进行自检。

考件图样如图 H-H1-5 所示。

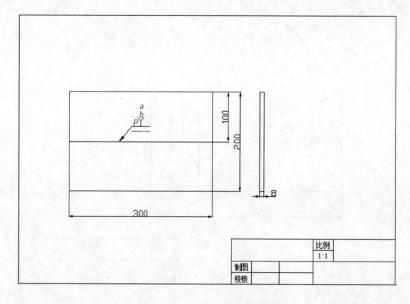

图 H-H1-5　V 形坡口对接横位焊

2) 考核要求

(1) 焊前清理坡口，露出金属光泽。

(2) 定位焊在试件正面两端 20 mm 范围内。

(3) 打底焊接头处允许修磨。

(4) 根部要焊透，单面焊双面成型。

(5) 试件一经固定开始焊接，不得任意移动。

(6) 焊缝表面清理干净，并保持焊缝原始状态。

(7) 间隙、钝边、反变形自定。

3) 实施条件

(1) 试板准备。

试件尺寸：300 mm×100 mm×8 mm(两件)；材质：Q235—A；焊丝：H08Mn2SiA，规格为 $\phi 1.2$；CO_2 气体：纯度不低于 99.5%，含水量不超过 0.1%。

(2) 设备、工具、量具准备清单如表 H-H1-1 所示。

4) 考核时间

45 分钟。

5) 评分标准

(1) 职业素养及操作规范评分表如表 H-H1-2 所示(占总分的 30%)。

(2) 试件外观质量评分表如表 H-H1-3 所示(占总分的 70%)。

6. 试题编号：H-H1-6 板厚 8 mm 的 Q235—A 钢板 V 形坡口对接立位焊

1) 任务描述

识读试件图样，按照焊接工艺要求对板厚 8 mm 的 Q235—A 钢板进行焊前处理，采用 CO_2 气体保护焊完成板对接立位焊接，并对试件焊缝外观质量进行自检。

考件图样如图 H-H1-6 所示。

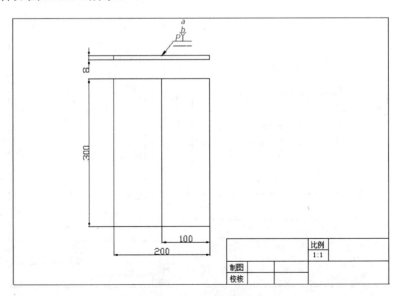

图 H-H1-6 V 形坡口对接立位焊

2) 考核要求

(1) 焊前清理坡口，露出金属光泽。

(2) 定位焊在试件正面两端 20 mm 范围内。

(3) 打底焊接头处允许修磨。

(4) 根部要焊透，单面焊双面成型。

(5) 试件一经固定开始焊接，不得任意移动。

(6) 焊缝表面清理干净，并保持焊缝原始状态。

(7) 间隙、钝边、反变形自定。

3) 实施条件

(1) 试板准备。

试件尺寸：300 mm×100 mm×8 mm(两件)；材质：Q235—A；焊丝：H08Mn2SiA，规格为 ϕ1.2；CO_2 气体：纯度不低于 99.5%，含水量不超过 0.1%。

(2) 设备、工具、量具准备清单如表 H-H1-1 所示。

4) 考核时间

45 分钟。

5) 评分标准

(1) 职业素养及操作规范评分表如表 H-H1-2 所示(占总分的 30%)。

(2) 试件外观质量评分表如表 H-H1-3 所示(占总分的 70%)。

7. 试题编号：H-H1-7 板厚 8 mm 的 16Mn 钢板 V 形坡口对接平位焊

1) 任务描述

识读试件图样，按照焊接工艺要求对板厚 8 mm 的 16Mn 钢板进行焊前处理，采用 CO_2 气体保护焊完成板对接平位焊接，并对试件焊缝外观质量进行自检。

考件图样如图 H-H1-7 所示。

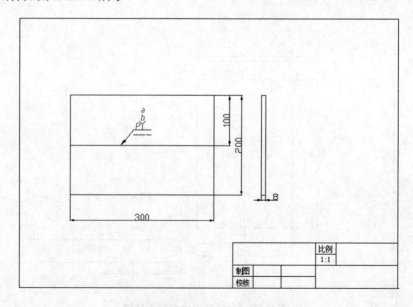

图 H-H1-7　V 形坡口对接平位焊

2) 考核要求

(1) 焊前清理坡口,露出金属光泽。

(2) 定位焊在试件正面两端 20 mm 范围内。

(3) 打底焊接头处允许修磨。

(4) 根部要焊透,单面焊双面成型。

(5) 试件一经固定开始焊接,不得任意移动。

(6) 焊缝表面清理干净,并保持焊缝原始状态。

(7) 间隙、钝边、反变形自定。

3) 实施条件

(1) 试板准备。

试件尺寸:300 mm×100 mm×8 mm(两件);材质:Q345(16Mn),焊丝:H08Mn2SiA,规格为 ϕ1.2;CO_2 气体:纯度不低于 99.5%,含水量不超过 0.1%。

2) 设备、工具、量具准备清单如表 H-H1-1 所示。

4) 考核时间

45 分钟。

5) 评分标准

(1) 职业素养及操作规范评分表如表 H-H1-2 所示(占总分的 30%)。

(2) 试件外观质量评分表如表 H-H1-3 所示(占总分的 70%)。

8. 试题编号:H-H1-8 板厚 8 mm 的 16Mn 钢板 V 形坡口对接横位焊

1) 任务描述

识读试件图样,按照焊接工艺要求对板厚 8 mm 的 16Mn 钢板进行焊前处理,采用 CO_2 气体保护焊完成板对接横位焊接,并对试件焊缝外观质量进行自检。

考件图样如图 H-H1-8 所示。

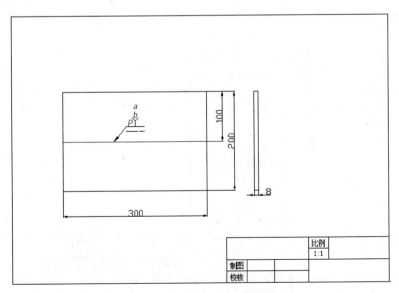

图 H-H1-8 V 形坡口对接横位焊

2) 考核要求

(1) 焊前清理坡口，露出金属光泽。

(2) 定位焊在试件正面两端 20 mm 范围内。

(3) 打底焊接头处允许修磨。

(4) 根部要焊透，单面焊双面成型。

(5) 试件一经固定开始焊接，不得任意移动。

(6) 焊缝表面清理干净，并保持焊缝原始状态。

(7) 间隙、钝边、反变形自定。

3) 实施条件

(1) 试板准备。

试件尺寸：300 mm×100 mm×8 mm(两件)；材质：Q345(16Mn)；焊丝：H08Mn2SiA，规格为 ϕ1.2；CO_2 气体：纯度不低于 99.5%，含水量不超过 0.1%。

(2) 设备、工具、量具准备清单如表 H-H1-1 所示。

4) 考核时间

45 分钟。

5) 评分标准

(1) 职业素养及操作规范评分表如表 H-H1-2 所示(占总分的 30%)。

(2) 试件外观质量评分表如表 H-H1-3 所示(占总分的 70%)。

9. 试题编号：H-H1-9 板厚 8 mm 的 16Mn 钢板 V 形坡口对接立位焊

1) 任务描述

识读试件图样，按照焊接工艺要求对板厚 8 mm 的 16Mn 钢板进行焊前处理，采用 CO_2 气体保护焊完成板对接立位焊接，并对试件焊缝外观质量进行自检。

考件图样如图 H-H1-9 所示。

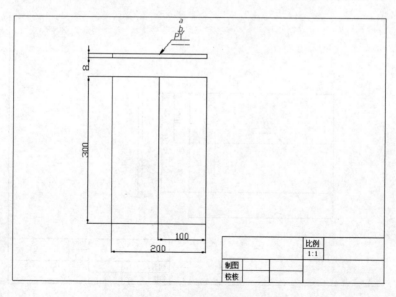

图 H-H1-9 V 形坡口对接立位焊

2) 考核要求

(1) 焊前清理坡口，露出金属光泽。

(2) 定位焊在试件正面两端 20 mm 范围内。

(3) 打底焊接头处允许修磨。

(4) 根部要焊透，单面焊双面成型。

(5) 试件一经固定开始焊接，不得任意移动。

(6) 焊缝表面清理干净，并保持焊缝原始状态。

(7) 间隙、钝边、反变形自定。

3) 实施条件

(1) 试板准备。

试件尺寸：300 mm×100 mm×8 mm(两件)；材质：Q345(16Mn)；焊丝：H08Mn2SiA，规格为ϕ1.2；CO_2气体：纯度不低于 99.5%，含水量不超过 0.1%。

(2) 设备、工具、量具准备清单如表 H-H1-1 所示。

4) 考核时间

45 分钟。

5) 评分标准

(1) 职业素养及操作规范评分表如表 H-H1-2 所示(占总分的 30%)。

(2) 试件外观质量评分表如表 H-H1-3 所示(占总分的 70%)。

10. 试题编号：H-H1-10 板厚 8 mm 的 Q345(16Mn)钢板平焊

1) 任务描述

识读试件图样，按照焊接工艺要求对板厚 8 mm 的 Q345(16Mn)钢板进行焊前处理，采用 CO_2 气体保护焊完成钢板平焊(船型焊)，并对试件焊缝外观质量进行自检。

考件图样如图 H-H1-10 所示。

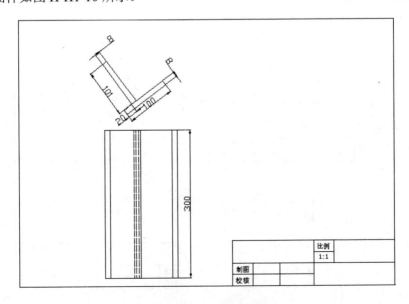

图 H-H1-10 钢板平焊

2) 考核要求

(1) 焊前清理坡口,露出金属光泽。

(2) 定位焊在试件正面两端 20 mm 范围内。

(3) 打底焊接头处允许修磨。

(4) 根部要焊透,单面焊双面成型。

(5) 试件一经固定开始焊接,不得任意移动。

(6) 焊缝表面清理干净,并保持焊缝原始状态。

(7) 间隙、钝边、反变形自定。

3) 实施条件

(1) 试板准备。

试件尺寸:300 mm×100 mm×8 mm(两件);材质:Q345(16Mn);焊丝:H08Mn2SiA,规格为ϕ1.2;CO_2气体:纯度不低于 99.5%,含水量不超过 0.1%。

(2) 设备、工具、量具准备清单如表 H-H1-1 所示。

4) 考核时间

45 分钟。

5) 评分标准

(1) 职业素养及操作规范评分表如表 H-H1-2 所示(占总分的 30%)。

(2) 试件外观质量评分表如表 H-H1-3 所示(占总分的 70%)。

11. 试题编号:H-H1-11 板厚 8 mm 的 Q345(16Mn)钢板横角焊

1) 任务描述

识读试件图样,按照焊接工艺要求对板厚 8 mm 的 Q345(16Mn)钢板进行焊前处理,采用 CO_2 气体保护焊完钢板横角焊焊接,并对试件焊缝外观质量进行自检。

考件图样如图 H-H1-11 所示。

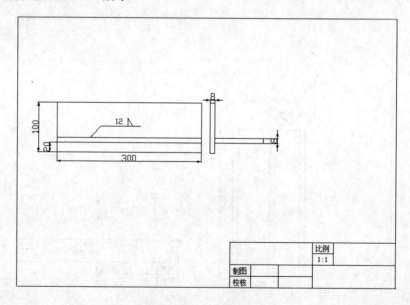

图 H-H1-11 钢板横角焊

2) 考核要求

(1) 焊前清理坡口,露出金属光泽。

(2) 定位焊在试件正面两端 20 mm 范围内。

(3) 打底焊接头处允许修磨。

(4) 根部要焊透,单面焊双面成型。

(5) 试件一经固定开始焊接,不得任意移动。

(6) 焊缝表面清理干净,并保持焊缝原始状态。

(7) 间隙、钝边、反变形自定。

3) 实施条件

(1) 试板准备。

试件尺寸:300 mm×100 mm×8 mm(两件);材质:Q345(16Mn);焊丝:H08Mn2SiA,规格为 ϕ1.2;CO_2 气体:纯度不低于 99.5%,含水量不超过 0.1%。

(2) 设备、工具、量具准备清单如表 H-H1-1 所示。

4) 考核时间

45 分钟。

5) 评分标准

(1) 职业素养及操作规范评分表如表 H-H1-2 所示(占总分的 30%)。

(2) 试件外观质量评分表如表 H-H1-3 所示(占总分的 70%)。

12. 试题编号:H-H1-12 板厚 8 mm 的 Q345(16Mn)钢板立角焊

1) 任务描述

识读试件图样,按照焊接工艺要求对板厚 8 mm 的 Q345(16Mn)钢板进行焊前处理,采用 CO_2 气体保护焊完成钢板立角焊焊接,并对试件焊缝外观质量进行自检。

考件图样如图 H-H1-12 所示。

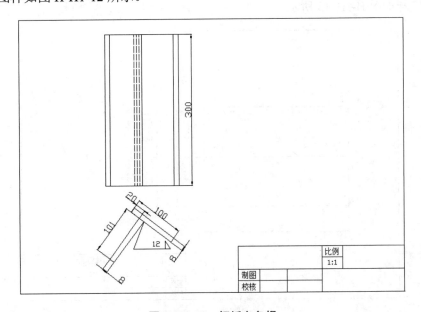

图 H-H1-12 钢板立角焊

2) 考核要求

(1) 焊前清理坡口，露出金属光泽。

(2) 定位焊在试件正面两端 20 mm 范围内。

(3) 打底焊接头处允许修磨。

(4) 根部要焊透，单面焊双面成型。

(5) 试件一经固定开始焊接，不得任意移动。

(6) 焊缝表面清理干净，并保持焊缝原始状态。

(7) 间隙、钝边、反变形自定。

3) 实施条件

(1) 试板准备。

试件尺寸：300 mm×100 mm×8 mm(两件)；材质：Q345(16Mn)；焊丝：H08Mn2SiA，规格为$\phi 1.2$；CO_2 气体：纯度不低于 99.5%，含水量不超过 0.1%。

(2) 设备、工具、量具准备清单如表 H-H1-1 所示。

4) 考核时间

45 分钟。

5) 评分标准

(1) 职业素养及操作规范评分表如表 H-H1-2 所示(占总分的 30%)。

(2) 试件外观质量评分表如表 H-H1-3 所示(占总分的 70%)。

13. **试题编号：H-H1-13 板厚 10 mm 的 Q235 钢板 V 形坡口对接平位焊**

1) 任务描述

识读试件图样，按照焊接工艺要求对板厚 10 mm 的 Q235 钢板进行焊前处理，采用 CO_2 气体保护焊完成板对接平位焊接，并对试件焊缝外观质量进行自检。

考件图样如图 H-H1-13 所示。

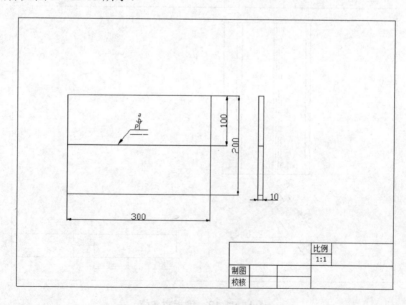

图 H-H1-13　V 形坡口对接平位焊

2) 考核要求

(1) 焊前清理坡口，露出金属光泽。

(2) 定位焊在试件正面两端 20 mm 范围内。

(3) 打底焊接头处允许修磨。

(4) 根部要焊透，单面焊双面成型。

(5) 试件一经固定开始焊接，不得任意移动。

(6) 焊缝表面清理干净，并保持焊缝原始状态。

(7) 间隙、钝边、反变形自定。

3) 实施条件

(1) 试板准备。

试件尺寸：300 mm×100 mm×10 mm(两件)；材质：Q235；焊丝：H08Mn2SiA，规格为 $\phi 1.2$；CO_2 气体：纯度不低于 99.5%，含水量不超过 0.1%。

(2) 设备、工具、量具准备清单如表 H-H1-1 所示。

4) 考核时间

45 分钟。

5) 评分标准

(1) 职业素养及操作规范评分表如表 H-H1-2 所示(占总分的 30%)。

(2) 试件外观质量评分表如表 H-H1-3 所示(占总分的 70%)。

14. 试题编号：H-H1-14 板厚 10 mm 的 Q235 钢板 V 形坡口对接横位焊

1) 任务描述

识读试件图样，按照焊接工艺要求对板厚 10 mm 的 Q235 钢板进行焊前处理，采用 CO_2 气体保护焊完成板对接横位焊接，并对试件焊缝外观质量进行自检。

考件图样如图 H-H1-14 所示。

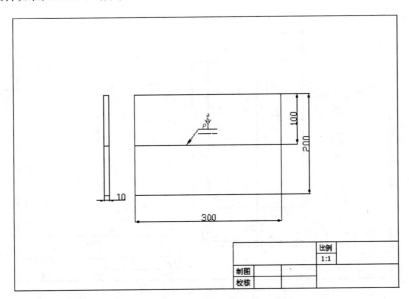

图 H-H1-14　V 形坡口对接横位焊

2) 考核要求

(1) 焊前清理坡口，露出金属光泽。

(2) 定位焊在试件正面两端 20 mm 范围内。

(3) 打底焊接头处允许修磨。

(4) 根部要焊透，单面焊双面成型。

(5) 试件一经固定开始焊接，不得任意移动。

(6) 焊缝表面清理干净，并保持焊缝原始状态。

(7) 间隙、钝边、反变形自定。

3) 实施条件

(1) 试板准备。

试件尺寸：300 mm×100 mm×10 mm（两件）；材质：Q235；焊丝：H08Mn2SiA，规格为 $\phi 1.2$；CO_2 气体：纯度不低于 99.5%，含水量不超过 0.1%。

(2) 设备、工具、量具准备清单如表 H-H1-1 所示。

4) 考核时间

45 分钟。

5) 评分标准

(1) 职业素养及操作规范评分表如表 H-H1-2 所示（占总分的 30%）。

(2) 试件外观质量评分表如表 H-H1-3 所示（占总分的 70%）。

15. **试题编号：H-H1-15 板厚 10 mm 的 Q235 钢板 V 形坡口对接立位焊**

1) 任务描述

识读试件图样，按照焊接工艺要求对板厚 10 mm 的 Q235 钢板进行焊前处理，采用 CO_2 气体保护焊完成板对接立位焊接，并对试件焊缝外观质量进行自检。

考件图样如图 H-H1-15 所示。

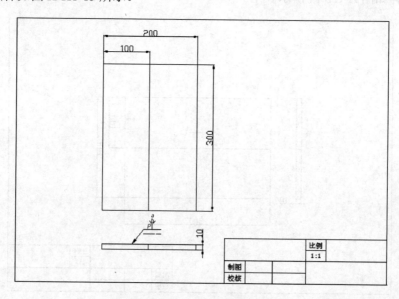

图 H-H1-15　V 形坡口对接立位焊

2) 考核要求
(1) 焊前清理坡口，露出金属光泽。
(2) 定位焊在试件正面两端 20 mm 范围内。
(3) 打底焊接头处允许修磨。
(4) 根部要焊透，单面焊双面成型。
(5) 试件一经固定开始焊接，不得任意移动。
(6) 焊缝表面清理干净，并保持焊缝原始状态。
(7) 间隙、钝边、反变形自定。
3) 实施条件
(1) 试板准备。

试件尺寸：300 mm×100 mm×10 mm(两件)；材质：Q235，焊丝：H08Mn2SiA，规格为 ϕ1.2；CO_2 气体：纯度不低于 99.5%，含水量不超过 0.1%。

(2) 设备、工具、量具准备清单如表 H-H1-1 所示。

4) 考核时间

45 分钟。

5) 评分标准
(1) 职业素养及操作规范评分表如表 H-H1-2 所示(占总分的 30%)。
(2) 试件外观质量评分表如表 H-H1-3 所示(占总分的 70%)。

16. 试题编号：H-H1-16 板厚 10 mm 的 Q345 钢板 V 形坡口对接平位焊

1) 任务描述

识读试件图样，按照焊接工艺要求对板厚 10 mm 的 Q345(16Mn)钢板进行焊前处理，采用 CO_2 气体保护焊完成板对接平位焊接，并对试件焊缝外观质量进行自检。

考件图样如图 H-H1-16 所示。

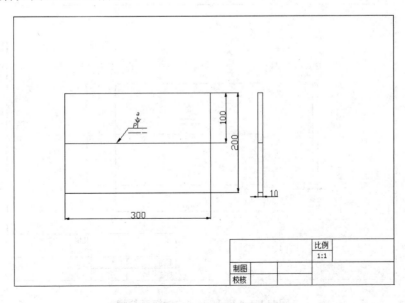

图 H-H1-16　V 形坡口对接平位焊

2) 考核要求

(1) 焊前清理坡口，露出金属光泽。
(2) 定位焊在试件正面两端 20 mm 范围内。
(3) 打底焊接头处允许修磨。
(4) 根部要焊透，单面焊双面成型。
(5) 试件一经固定开始焊接，不得任意移动。
(6) 焊缝表面清理干净，并保持焊缝原始状态。
(7) 间隙、钝边、反变形自定。

3) 实施条件

(1) 试板准备。

试件尺寸：300 mm×100 mm×10 mm(两件)；材质：Q345(16Mn)，焊丝：H08Mn2SiA，规格为 $\phi1.2$；CO_2 气体：纯度不低于 99.5%，含水量不超过 0.1%。

(2) 设备、工具、量具准备清单如表 H-H1-1 所示。

4) 考核时间

45 分钟。

5) 评分标准

(1) 职业素养及操作规范评分表如表 H-H1-2 所示(占总分的 30%)。
(2) 试件外观质量评分表如表 H-H1-3 所示(占总分的 70%)。

17. 试题编号：H-H1-17 板厚 10 mm 的 Q345 钢板 V 形坡口对接横位焊

1) 任务描述

识读试件图样，按照焊接工艺要求对板厚 10 mm 的 Q345(16Mn)钢板进行焊前处理，采用 CO_2 气体保护焊完成板对接横位焊接，并对试件焊缝外观质量进行自检。

考件图样如图 H-H1-17 所示。

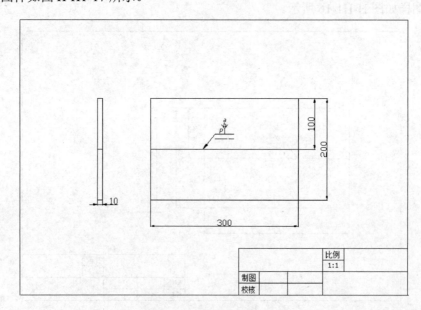

图 H-H1-17 V 形坡口对接横位焊

2) 考核要求

(1) 焊前清理坡口，露出金属光泽。

(2) 定位焊在试件正面两端 20 mm 范围内。

(3) 打底焊接头处允许修磨。

(4) 根部要焊透，单面焊双面成型。

(5) 试件一经固定开始焊接，不得任意移动。

(6) 焊缝表面清理干净，并保持焊缝原始状态。

(7) 间隙、钝边、反变形自定。

3) 实施条件

(1) 试板准备。

试件尺寸：300 mm×100 mm×10 mm(两件)；材质：Q345(16Mn)，焊丝：H08Mn2SiA，规格为 ϕ1.2；CO_2 气体：纯度不低于 99.5%，含水量不超过 0.1%。

(2) 设备、工具、量具准备清单如表 H-H1-1 所示。

4) 考核时间

45 分钟。

5) 评分标准

(1) 职业素养及操作规范评分表如表 H-H1-2 所示(占总分的 30%)。

(2) 试件外观质量评分表如表 H-H1-3 所示(占总分的 70%)。

18. 试题编号：H-H1-18 板厚 10 mm 的 Q345 钢板 V 形坡口对接立位焊

1) 任务描述

识读试件图样，按照焊接工艺要求对板厚 10 mm 的 Q345(16Mn)钢板进行焊前处理，采用 CO_2 气体保护焊完成板对接立位焊接，并对试件焊缝外观质量进行自检。

考件图样如图 H-H1-18 所示。

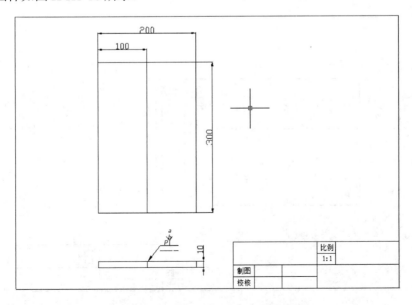

图 H-H1-18 V 形坡口对接立位焊

2) 考核要求

(1) 焊前清理坡口，露出金属光泽。

(2) 定位焊在试件正面两端 20 mm 范围内。

(3) 打底焊接头处允许修磨。

(4) 根部要焊透，单面焊双面成型。

(5) 试件一经固定开始焊接，不得任意移动。

(6) 焊缝表面清理干净，并保持焊缝原始状态。

(7) 间隙、钝边、反变形自定。

3) 实施条件

(1) 试板准备。

试件尺寸：300 mm×100 mm×10 mm(两件)；材质：Q345(16Mn)，焊丝：H08Mn2SiA，规格为ϕ1.2；CO_2气体：纯度不低于 99.5%，含水量不超过 0.1%。

(2) 设备、工具、量具准备清单如表 H-H1-1 所示。

4) 考核时间

45 分钟。

5) 评分标准

(1) 职业素养及操作规范评分表如表 H-H1-2 所示(占总分的 30%)。

(2) 试件外观质量评分表如表 H-H1-3 所示(占总分的 70%)。

19. 试题编号：H-H1-19 板厚 12 mm 的 Q235 钢板 V 形坡口对接平位焊

1) 任务描述

识读试件图样，按照焊接工艺要求对板厚 12 mm 的 Q235 钢板进行焊前处理，采用 CO_2 气体保护焊完成板对接平位焊接，并对试件焊缝外观质量进行自检。

考件图样如图 H-H1-19 所示。

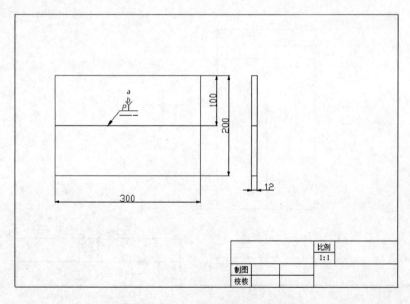

图 H-H1-19　V 形坡口对接平位焊

2) 考核要求

(1) 焊前清理坡口,露出金属光泽。

(2) 定位焊在试件正面两端 20 mm 范围内。

(3) 打底焊接头处允许修磨。

(4) 根部要焊透,单面焊双面成型。

(5) 试件一经固定开始焊接,不得任意移动。

(6) 焊缝表面清理干净,并保持焊缝原始状态。

(7) 间隙、钝边、反变形自定。

3) 实施条件

(1) 试板准备。

试件尺寸:300 mm×100 mm×12 mm(两件);材质:Q235;焊丝:H08Mn2SiA,规格为 $\phi 1.2$;CO_2 气体:纯度不低于 99.5%,含水量不超过 0.1%。

(2) 设备、工具、量具准备清单如表 H-H1-1 所示。

4) 考核时间

45 分钟。

5) 评分标准

(1) 职业素养及操作规范评分表如表 H-H1-2 所示(占总分的 30%)。

(2) 试件外观质量评分表如表 H-H1-3 所示(占总分的 70%)。

20. 试题编号:H-H1-20 板厚 12 mm 的 Q235 钢板 V 形坡口对接横位焊

1) 任务描述

识读试件图样,按照焊接工艺要求对板厚 12 mm 的 Q235 钢板进行焊前处理,采用 CO_2 气体保护焊完成板对接横位焊接,并对试件焊缝外观质量进行自检。

考件图样如图 H-H1-20 所示。

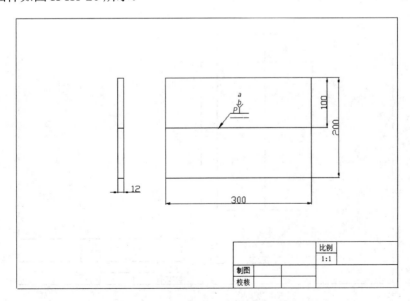

图 H-H1-20 V 形坡口对接横位焊

2) 考核要求

(1) 焊前清理坡口，露出金属光泽。

(2) 定位焊在试件正面两端 20 mm 范围内。

(3) 打底焊接头处允许修磨。

(4) 根部要焊透，单面焊双面成型。

(5) 试件一经固定开始焊接，不得任意移动。

(6) 焊缝表面清理干净，并保持焊缝原始状态。

(7) 间隙、钝边、反变形自定。

3) 实施条件

(1) 试板准备。

试件尺寸：300 mm×100 mm×12 mm(两件)；材质：Q235；焊丝：H08Mn2SiA，规格为 ϕ1.2；CO_2 气体：纯度不低于 99.5%，含水量不超过 0.1%。

(2) 设备、工具、量具准备清单如表 H-H1-1 所示。

4) 考核时间

45 分钟。

5) 评分标准

(1) 职业素养及操作规范评分表如表 H-H1-2 所示(占总分的 30%)。

(2) 试件外观质量评分表如表 H-H1-3 所示(占总分的 70%)。

21. 试题编号：H-H1-21 板厚 12 mm 的 Q235 钢板 V 形坡口对接立位焊

1) 任务描述

识读试件图样，按照焊接工艺要求对板厚 12 mm 的 Q235 钢板进行焊前处理，采用 CO_2 气体保护焊完成板对接立位焊接，并对试件焊缝外观质量进行自检。

考件图样如图 H-H1-21 所示。

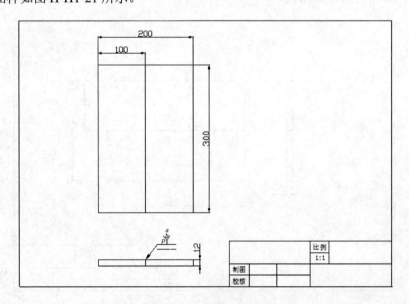

图 H-H1-21　V 形坡口对接立位焊

2) 考核要求

(1) 焊前清理坡口,露出金属光泽。
(2) 定位焊在试件正面两端 20 mm 范围内。
(3) 打底焊接头处允许修磨。
(4) 根部要焊透,单面焊双面成型。
(5) 试件一经固定开始焊接,不得任意移动。
(6) 焊缝表面清理干净,并保持焊缝原始状态。
(7) 间隙、钝边、反变形自定。

3) 实施条件

(1) 试板准备。

试件尺寸:300 mm×100 mm×12 mm(两件);材质:Q235;焊丝:H08Mn2SiA,规格为 ϕ1.2;CO_2 气体:纯度不低于 99.5%,含水量不超过 0.1%。

(2) 设备、工具、量具准备清单如表 H-H1-1 所示。

4) 考核时间

45 分钟。

5) 评分标准

(1) 职业素养及操作规范评分表如表 H-H1-2 所示(占总分的 30%)。
(2) 试件外观质量评分表如表 H-H1-3 所示(占总分的 70%)。

22. **试题编号:H-H1-22 板厚 12 mm 的 Q345 钢板 V 形坡口对接平位焊**

1) 任务描述

识读试件图样,按照焊接工艺要求对板厚 12 mm 的 Q345(16Mn)钢板进行焊前处理,采用 CO_2 气体保护焊完成板对接平位焊接,并对试件焊缝外观质量进行自检。

考件图样如图 H-H1-22 所示。

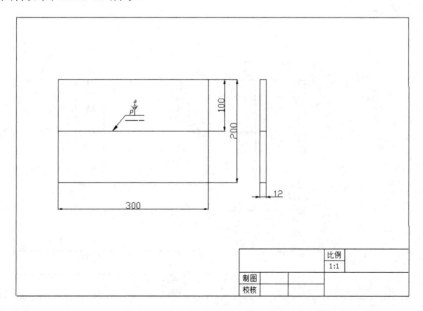

图 H-H1-22 V 形坡口对接平位焊

2) 考核要求

(1) 焊前清理坡口,露出金属光泽。

(2) 定位焊在试件正面两端 20 mm 范围内。

(3) 打底焊接头处允许修磨。

(4) 根部要焊透,单面焊双面成型。

(5) 试件一经固定开始焊接,不得任意移动。

(6) 焊缝表面清理干净,并保持焊缝原始状态。

(7) 间隙、钝边、反变形自定。

3) 实施条件

(1) 试板准备。

试件尺寸:300 mm×100 mm×12 mm(两件);材质:Q345(16Mn);焊丝:H08Mn2SiA,规格为ϕ1.2;CO_2气体:纯度不低于 99.5%,含水量不超过 0.1%。

(2) 设备、工具、量具准备清单如表 H-H1-1 所示。

4) 考核时间

45 分钟。

5) 评分标准

(1) 职业素养及操作规范评分表如表 H-H1-2 所示(占总分的 30%)。

(2) 试件外观质量评分表如表 H-H1-3 所示(占总分的 70%)。

23. **试题编号:H-H1-23 板厚 12 mm 的 Q345 钢板 V 形坡口对接横位焊**

1) 任务描述

识读试件图样,按照焊接工艺要求对板厚 12 mm 的 Q345(16Mn)钢板进行焊前处理,采用 CO_2 气体保护焊完成板对接横位焊接,并对试件焊缝外观质量进行自检。

考件图样如图 H-H1-23 所示。

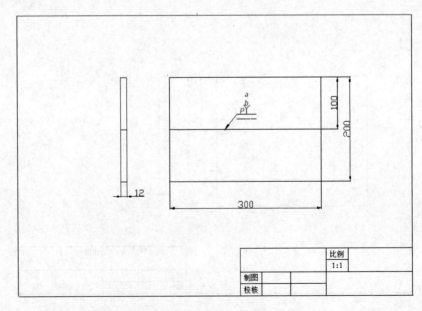

图 H-H1-23 V 形坡口对接横位焊

2) 考核要求

(1) 焊前清理坡口，露出金属光泽。

(2) 定位焊在试件正面两端 20 mm 范围内。

(3) 打底焊接头处允许修磨。

(4) 根部要焊透，单面焊双面成型。

(5) 试件一经固定开始焊接，不得任意移动。

(6) 焊缝表面清理干净，并保持焊缝原始状态。

(7) 间隙、钝边、反变形自定。

3) 实施条件

(1) 试板准备。

试件尺寸：300 mm×100 mm×12 mm(两件)；材质：Q345(16Mn)；焊丝：H08Mn2SiA，规格为 ϕ1.2；CO_2 气体：纯度不低于 99.5%，含水量不超过 0.1%。

(2) 设备、工具、量具准备清单如表 H-H1-1 所示。

4) 考核时间

45 分钟。

5) 评分标准

(1) 职业素养及操作规范评分表如表 H-H1-2 所示(占总分的 30%)。

(2) 试件外观质量评分表如表 H-H1-3 所示(占总分的 70%)。

24. 试题编号：H-H1-24 板厚 12 mm 的 Q345 钢板 V 形坡口对接立位焊

1) 任务描述

识读试件图样，按照焊接工艺要求对板厚 12 mm 的 Q345(16Mn)钢板进行焊前处理，采用 CO_2 气体保护焊完成板对接立位焊接，并对试件焊缝外观质量进行自检。

考件图样如图 H-H1-24 所示。

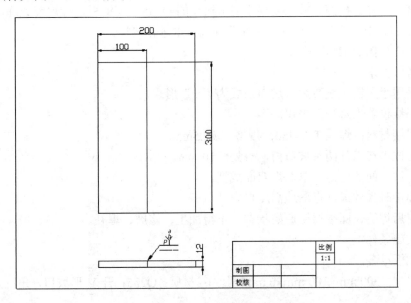

图 H-H1-24　V 形坡口对接立位焊

2) 考核要求

(1) 焊前清理坡口，露出金属光泽。

(2) 定位焊在试件正面两端 20 mm 范围内。

(3) 打底焊接头处允许修磨。

(4) 根部要焊透，单面焊双面成型。

(5) 试件一经固定开始焊接，不得任意移动。

(6) 焊缝表面清理干净，并保持焊缝原始状态。

(7) 间隙、钝边、反变形自定。

3) 实施条件

(1) 试板准备。

试件尺寸：300 mm×100 mm×12 mm(两件)；材质：Q345(16Mn)，焊丝：H08Mn2SiA，规格为 ϕ1.2；CO_2 气体：纯度不低于 99.5%，含水量不超过 0.1%。

(2) 设备、工具、量具准备清单如表 H-H1-1 所示。

4) 考核时间

45 分钟。

5) 评分标准

(1) 职业素养及操作规范评分表如表 H-H1-2 所示(占总分的 30%)。

(2) 试件外观质量评分表如表 H-H1-3 所示(占总分的 70%)。

三、核心模块二：手工钨极氩弧焊

1. 试题编号：H-H2-1 板厚 6 mm 的 Q235—A 钢板 V 形坡口对接平焊

1) 任务描述

识读试件图样，按照焊接工艺要求对 6 mm 的 Q235—A 钢板进行焊前处理，采用氩弧焊完成 V 形坡口对接平焊，并对试件焊缝外观质量进行自检。

考件图样如图 H-H2-1 所示。

2) 考核要求

(1) 采用手工钨极氩弧焊，坡口形式为"V"形。

(2) 焊接位置为水平位平焊。

(3) 焊接材料：焊丝 TIG-J50；规格：ϕ2.5mm。

(4) 定位焊在工件两头坡口内，每处≤10 mm。

(5) 钝边、间隙自定。单面焊双面成型。

(6) 焊接时焊件最低点离地高度自定。

(7) 焊后焊缝表面须保持原始状态，不得加工、修磨、焊补。

3) 实施条件

(1) 试板准备。

试件尺寸：300 mm×100 mm×6 mm(两件)；材质：Q235；开 V 形坡口，角度为 60±2°。

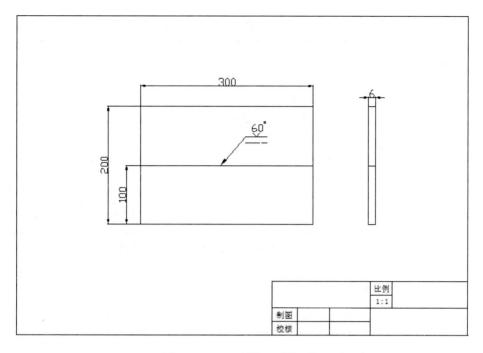

图 H-H2-1 V 形坡口对接平焊

(2) 设备、工具、量具准备清单如表 H-H2-1 所示。

表 H-H2-1 设备、工具、量具清单

类别	序号	名称	型号(精度)	数量	备注
设备		电焊机(配套)	直流氩弧焊机	1套/工位	
工具	1	焊接夹具	/	1套/工位	
	2	角向磨光机	/	1台/工位	
	3	直磨机	/	1台/工位	
	4	锉刀	平锉、半圆锉	2把/工位	各一
	5	钢丝刷	/	1把/工位	
	6	钨极	WCeϕ2.5	3根/工位	
	7	焊接面罩	头盔式	1个/工位	
	8	焊工手套	/	1双/工位	
量具	1	焊缝专用检测尺	KH—45A/B	1把	
	2	游标卡尺	0~150	1把	

4) 考核时间

操作时间为 45 分钟。

5) 评分标准

(1) 职业素养及操作规范评分表如表 H-H2-2 所示(占总分的 30%)。

表 H-H2-2 职业素养及操作规范评分表

考核项目		考核内容	配分	得分
职业素养	安全意识	执行安全操作规程,掌握安全操作技能,具有安全意识。如有违反,扣1分/项	2	
	文明生产	做到对现场或工位进行整理、整顿、清扫、清洁,文明生产。如不符合要求,扣1分/项	2	
	责任心	有主人翁意识,工作认真负责,能为工作结果承担责任。如不符合要求,扣1分/项	2	
	团队精神	有良好的合作意识、服从安排。如不符合要求,扣1分/项	2	
	职业行为习惯	成本意识,操作细节。如不符合要求,扣1分/项	2	
操作规范	工作前的检查	安全用电及安全防护、焊前设备检查。如不符合要求,扣1分/项	2	
	工作前准备	场地检查,工量具齐全、摆放整齐,试件清理。如不符合要求,扣1分/项	2	
	设备与参数的调节	参数符合要求,设备调节熟练、方法正确。如不符合要求,扣2分/项	6	
	焊接操作	定位焊位置正确,引弧、收弧正确、操作规范;试件固定的空间位置符合要求。如不符合要求,扣2分/项	8	
	焊后清理	关闭电源,设备维护、场地清理,符合6S规范。如不符合要求,扣1分/项	2	
超时		如超过规定时间停止操作		
人伤械损事故		出现人伤械损事故整个测评成绩记0分		

(2) 考件外观质量评分表如表 H-H2-3 所示(占总分的 70%)。

表 H-H2-3 考件外观质量评分表

检查项目	评判标准及得分	评判等级				测评数据	实得分数	备注
		I	II	III	IV			
焊缝余高	尺寸标准	0~1	2~3	3~4	<0,>4			
	得分标准	8分	5分	3分	0分			
焊缝高度差	尺寸标准	≤1	2~3	3~4	>4			
	得分标准	10分	7分	4分	0分			
焊缝宽度	尺寸标准	13~15	16~18	19~20	<13,>20			
	得分标准	8分	5分	3分	0分			
焊缝宽度差	尺寸标准	≤1.5	1.5~2	2~3	>3			
	得分标准	10分	7分	4分	0分			
咬边	尺寸标准	无咬边	深度≤0.5		深度>1			
	得分标准	10分	每10 mm扣1分		0分			

续表

检查项目	评判标准及得分	评判等级				测评数据	实得分数	备注
		I	II	III	IV			
正面成型	标准	优	良	中	差			
	得分标准	10分	6分	4分	0分			
背面成型	标准	优	良	中	差			
	得分标准	4分	3分	2分	0分			
背面凹	尺寸标准	0	0~1	1~2	>2			
	得分标准	3分	2分	1分	0分			
背面凸	尺寸标准	0.5~1	2~3	3~4	>4			
	得分标准	3分	2分	1分	0分			
角变形	尺寸标准	0	1~2	2~3	>3			
	得分标准	4分	3分	2分	0分			
焊缝外观	有裂纹、夹渣、气孔、未熔合等缺陷或出现焊件修补、未完成，该项作0分处理							

2. 试题编号：H-H2-2 小口径管平对接转动焊

1) 任务描述

识读试件图样，按照焊接工艺要求对4 mm的Q235钢管进行焊前处理，采用氩弧焊完成小口径管平对接转动焊焊接，并对试件焊缝外观质量进行自检。

考件图样如图H-H2-2所示。

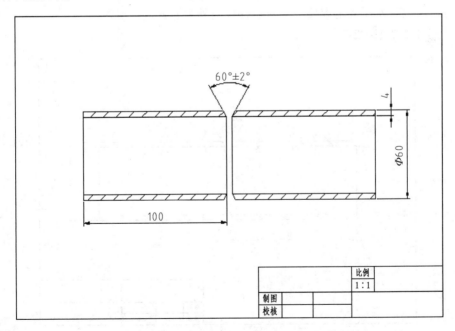

图 H-H2-2 小口径管平对接转动焊

2) 考核要求

(1) 采用手工钨极氩弧焊,坡口形式为"V"形。

(2) 焊接位置为水平位平焊。

(3) 焊接材料:焊丝 TIG—J50;规格:ϕ2.5mm。

(4) 定位焊在工件两头坡口内,每处≤10 mm。

(5) 钝边、间隙自定,单面焊双面成型。

(6) 焊接时焊件最低点离地高度自定。

(7) 焊后焊缝表面须保持原始状态,不得加工、修磨、焊补。

3) 实施条件

(1) 试板准备。

试件材料:20#钢,试件表面粗糙度保持原状,坡口面其他不定。试件尺寸:ϕ60 mm×4 mm×100 mm(两件)。开 V 形坡口,角度为60±2°。

(2) 设备、工具、量具准备清单如表 H-H2-1 所示。

4) 考核时间

操作时间为 45 分钟。

5) 评分标准

(1) 职业素养及操作规范评分表如表 H-H2-2 所示(占总分的 30%)。

(2) 考件外观质量评分表如表 H-H2-3 所示(占总分的 70%)。

3. **试题编号:H-H2-3 小口径管水平固定焊**

1) 任务描述

识读试件图样,按照焊接工艺要求对 4 mm 的 Q235 钢管进行焊前处理,采用氩弧焊完成小口径管平对接水平固定焊接,并对试件焊缝外观质量进行自检。

考件图样如图 H-H2-3 所示。

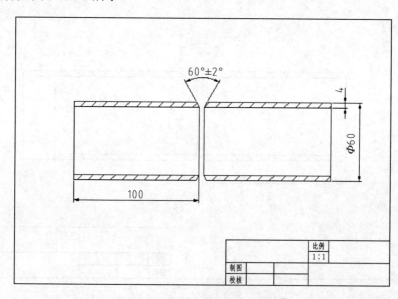

图 H-H2-3 小口径管水平固定焊

2) 考核要求
(1) 采用手工钨极氩弧焊，坡口形式为"V"形。
(2) 焊接位置为水平位平焊。
(3) 焊接材料：焊丝 TIG—J50；规格：ϕ2.5mm。
(4) 定位焊在工件两头坡口内，每处≤10 mm。
(5) 钝边、间隙自定，单面焊双面成型。
(6) 焊接时焊件最低点离地高度自定。
(7) 焊后焊缝表面须保持原始状态，不得加工、修磨、焊补。
3) 实施条件
(1) 试板准备。

试件材料：20#钢，试件表面粗糙度保持原状，坡口面其他不定。试件尺寸：ϕ60 mm×4 mm×100 mm(两件)。开 V 形坡口，角度为 60±2°。

(2) 设备、工具、量具准备清单如表 H-H2-1 所示。
4) 考核时间

操作时间为 45 分钟。

5) 评分标准
(1) 职业素养及操作规范评分表如表 H-H2-2 所示(占总分的 30%)。
(2) 考件外观质量评分表如表 H-H2-3 所示(占总分的 70%)。

4. 试题编号：H-H2-4 小口径管垂直固定焊

1) 任务描述

识读试件图样，按照焊接工艺要求对 4 mm 的 Q235 钢管进行焊前处理，采用氩弧焊完成小口径管平对接垂直固定焊接，并对试件焊缝外观质量进行自检。

考件图样如图 H-H2-4 所示。

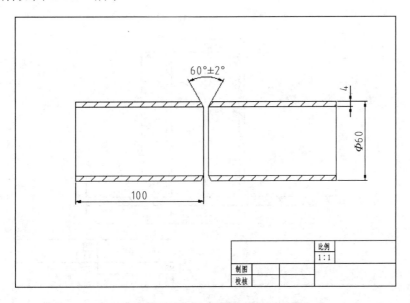

图 H-H2-4　小口径管垂直固定焊

2) 考核要求
(1) 采用手工钨极氩弧焊，坡口形式为"V"形。
(2) 焊接位置为水平位平焊。
(3) 焊接材料：焊丝 TIG-J50；规格：ϕ2.5mm。
(4) 定位焊在工件两头坡口内，每处≤10 mm。
(5) 钝边、间隙自定。单面焊双面成型。
(6) 焊接时焊件最低点离地高度自定。
(7) 焊后焊缝表面须保持原始状态，不得加工、修磨、焊补。

3) 实施条件
(1) 试板准备。

试件材料：20#，试件表面粗糙度保持原状，坡口面其他不定。试件尺寸：ϕ60 mm× 4 mm×100 mm(两件)。开 V 形坡口，角度为 60±2°。

(2) 设备、工具、量具准备清单如表 H-H2-1 所示。

4) 考核时间

操作时间为 45 分钟。

5) 评分标准
(1) 职业素养及操作规范评分表如表 H-H2-2 所示(占总分的 30%)。
(2) 考件外观质量评分表如表 H-H2-3 所示(占总分的 70%)。

5. 试题编号：H-H2-5 管板角焊缝垂直固定横焊

1) 任务描述

识读试件图样，按照焊接工艺要求对 4 mm 的 Q235 钢管进行焊前处理，采用氩弧焊完成管板角焊缝垂直固定横焊接，并对试件焊缝外观质量进行自检。

考件图样如图 H-H2-5 所示。

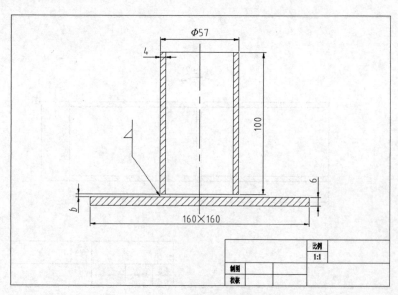

图 H-H2-5　管板角焊缝垂直固定横焊

2) 考核要求

(1) 采用手工钨极氩弧焊,坡口形式为"V"形。
(2) 焊接位置为水平位平焊。
(3) 焊接材料:焊丝 TIG-J50;规格:ϕ2.5mm。
(4) 定位焊在工件两头坡口内,每处≤10 mm。
(5) 钝边、间隙自定。单面焊双面成型。
(6) 焊接时焊件最低点离地高度自定。
(7) 焊后焊缝表面须保持原始状态,不得加工、修磨、焊补。

3) 实施条件

(1) 试板准备。

试件材料:20#钢,试件表面粗糙度保持原状,坡口面其他不定。试件尺寸:ϕ60 mm×4 mm×100 mm(一件)。地板为 6 mm×160 mm×160 mm 一件。

(2) 设备、工具、量具准备清单如表 H-H2-1 所示。

4) 考核时间

操作时间为 45 分钟。

5) 评分标准

(1) 职业素养及操作规范评分表如表 H-H2-2 所示(占总分的 30%)。
(2) 考件外观质量评分表如表 H-H2-3 所示(占总分的 70%)。

四、拓展模块:焊接结构生产工艺设计

具体内容见二维码。

焊接结构生产工艺设计.doc

第八单元 智能控制技术专业题库

一、基础模块：电气线路设计与安装调试

1. 试题编号：Z-J1-1 三相异步电动机启动停止控制

1) 任务描述

三相异步电动机启动停止线路如图 Z-J1-1 所示。请按要求完成系统设计、系统安装、接线、调试与功能演示。

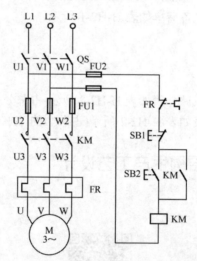

图 Z-J1-1 三相异步电动机启动停止线路图

2) 功能要求

按下按钮 SB2，能启动电动机并连续运转；按下按钮 SB1 电动机停止。电动机 M 具有短路保护和过载保护功能。

3) 考核要求

(1) 手工绘制电气原理图，标出端子号；手工绘制元件布置图。

(2) 按照电机参数和原理图列出元器件清单。

(3) 根据考场提供的正确的原理图和器件、设备完成元件布置。

(4) 按照安全规范要求，正确利用工具和仪表，熟练完成电气元器件安装、接线。要求元器件布置整齐、匀称、合理，安装牢固；导线进线槽美观，端子接编码套管；接点牢固，接点处裸露导线长度合适、无毛刺；电源、电动机和按钮接线接到端子排。

(5) 系统调试和功能演示：写出系统调试步骤；检查无误后，方可通电调试；调试过程中如遇故障自行排除；通电试车完成系统功能演示。

4) 实施条件

实施条件如表 Z-J1-1 所示。

表 Z-J1-1 材料清单

序号	名称	型号与规格	单位	数量	备注
1	三相异步电动机	Y—112M—4、4kW、380V、△接法	台	1	
2	断路器	DZ47—63/D20	只	1	
3	组合三联按钮	LAY37	只	1	
4	交流接触器	CJT1—10/380V	只	1	
5	热继电器	JR36—20(0.4—63A)	只	1	
6	熔断器	RT18—32(10A×3、6A×2)	套	5	
7	接线端子排	TD—1520	条	2	
8	网孔板	600 mm×500 mm	块	1	
9	试车专用线		根	10	
10	塑料铜芯线	BV 1 mm^2	米	5	
11	塑料铜芯线	BV 0.75 mm^2	米	10	
12	线槽板		米	若干	
13	螺丝		只	若干	
14	万用表		块	1	
15	编码套管		米	5	

5) 考核时间

120 分钟。

6) 评分细则

评分细则如表 Z-J1-2 所示。

表 Z-J1-2 评分表

评价内容		配分	考核点
职业素养与操作规范(20分)	工作前准备	10	清点系统文件、器件、仪表、电工工具、电动机等,并测试器件好坏。穿戴好劳动防护用品
	6S 规范	10	操作过程中及作业完成后,保持工具、仪表、元器件、设备等摆放整齐;操作过程中无不文明行为,具有良好的职业操守,独立完成考核内容,合理解决突发事件;具有安全用电意识,操作符合规范要求;作业完成后清理、清扫工作现场
作品(80分)	技术文档(答题纸)	20	原理图绘制正确;元器件选择合理;电气接线图绘制正确、合理;调试步骤阐述正确
	元器件布置安装	10	元器件布置整齐、匀称、合理,安装牢固;导线进线槽、线槽进出线整齐美观,电动机和按钮接线进端子排;接点牢固,接点处裸露导线长度合适、无毛刺;套管、标号符合工艺要求;盖好线槽盖板

续表

评价内容		配分	考核点
作品 (80分)	安装工艺、操作规范	10	导线必须在线槽内走线，接触器外部不允许有直接连接的导线，线槽出线应整齐美观。线路连接、套管、标号符合工艺要求；安装完毕盖好盖板
	功能	40	按正确的流程完成系统调试和功能演示，线路通电正常工作，各项功能完好

2．试题编号：Z-J1-2 三相异步电动机两地控制

1) 任务描述

电动机要求单相控制，同时要求实现两地控制，提供的电路原理如图 Z-J1-2 所示。请按要求完成系统设计、系统安装、接线、调试与功能演示。

2) 功能要求

甲地按下按钮 SB3 启动电动机并连续运转，按下按钮 SB1 电动机停止。乙地按下按钮 SB4 启动电动机并连续运转，按下按钮 SB2 电动机停止。电动机 M 具有短路保护和过载保护功能。

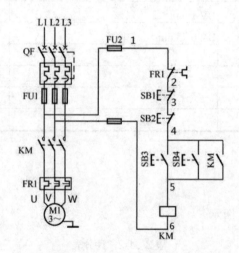

图 Z-J1-2 三相异步电动机两地控制原理图

3) 考核要求

(1) 手工绘制电气原理图，标出端子号；手工绘制元件布置图。

(2) 按照电机参数和原理图列出元器件清单。

(3) 根据考场提供的正确的原理图和器件、设备完成元件布置。

(4) 按照安全规范要求，正确利用工具和仪表，熟练完成电气元器件安装、接线。要求元器件布置整齐、匀称、合理，安装牢固；导线进线槽美观，端子接编码套管；接点牢固、接点处裸露导线长度合适、无毛刺；电源、电动机和按钮接线接到端子排。

(5) 系统调试和功能演示：写出系统调试步骤；检查无误后，方可通电调试；调试过程中如遇故障自行排除；通电试车完成系统功能演示。

4) 实施条件

实施条件如表 Z-J1-1 所示。

5) 考核时间

120 分钟。

6) 评分细则

评分细则如表 Z-J1-2 所示。

3. 试题编号：Z-J1-3 三相异步电动机点动控制

1) 任务描述

某运动控制系统的电动机要求有单向连续和点动控制，提供的电路原理如图 Z-J1-3 所示。进行安装调试电动机的型号为 Y—112M—4，4kW、380V、△接法、8.8A、1440r/min，请按要求完成系统设计、系统安装、接线、调试与功能演示。

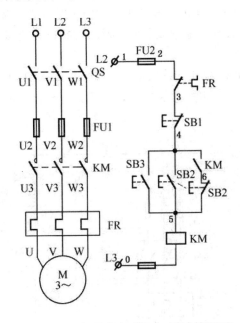

图 Z-J1-3 三相异步电动机点动控制原理图

2) 功能要求

按下按钮 SB2，电动机点动运转；按下按钮 SB3，能启动电动机并连续运转；按下按钮 SB1，电动机停止。电动机 M 具有短路保护和过载保护功能。

3) 考核要求

(1) 手工绘制电气原理图，标出端子号；手工绘制元件布置图。

(2) 按照电机参数和原理图列出元器件清单。

(3) 根据考场提供的正确的原理图和器件、设备完成元件布置。

(4) 按照安全规范要求，正确利用工具和仪表，熟练完成电气元器件安装、接线。要求元器件布置整齐、匀称、合理，安装牢固；导线进线槽美观，端子接编码套管；接点牢固，接点处裸露导线长度合适、无毛刺；电源、电动机和按钮接线接到端子排。

(5) 系统调试和功能演示：写出系统调试步骤；检查无误后，方可通电调试；调试过程中如遇故障自行排除；通电试车完成系统功能演示。

4) 实施条件

实施条件如表 Z-J1-1 所示。

5) 考核时间

120 分钟。

6) 评分细则

评分细则如表 Z-J1-2 所示。

4. 试题编号：Z-J1-4 三相异步电动机正反转控制

1) 任务描述

某生产机械要求正反转，由一台三相异步电动机带动，电动机的型号为 Y—112M—4，4kW、380V、△接法、8.8A、1440r/min，由接触器实现互锁，提供的电路原理如图 Z-J1-4 所示。请按要求完成系统设计、系统安装、接线、调试与功能演示。

2) 功能要求

按下按钮 SB2 启动电动机正向连续运转，按下按钮 SB1 电动机停止；按下按钮 SB3 启动电动机反向连续运转，按下按钮 SB1 电动机停止。电动机 M 具有短路保护和过载保护功能。

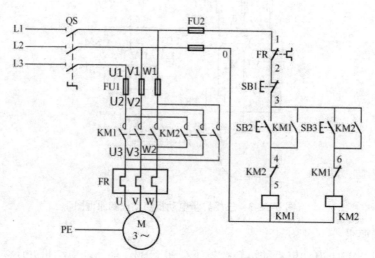

图 Z-J1-4 三相异步电动机正反转控制原理图

3) 考核要求

(1) 手工绘制电气原理图，标出端子号；手工绘制元件布置图。

(2) 按照电机参数和原理图列出元器件清单。

(3) 根据考场提供的正确的原理图和器件、设备完成元件布置。

(4) 按照安全规范要求，正确利用工具和仪表，熟练完成电气元器件安装、接线。要求元器件布置整齐、匀称、合理，安装牢固；导线进线槽美观，端子接编码套管；接点牢固，接点处裸露导线长度合适、无毛刺；电源、电动机和按钮接线接到端子排。

(5) 系统调试和功能演示：写出系统调试步骤；检查无误后，方可通电调试；调试过程中如遇故障自行排除；通电试车完成系统功能演示。

4) 实施条件

实施条件如表 Z-J1-1 所示。

5) 考核时间

120 分钟。

6) 评分细则

评分细则如表 Z-J1-2 所示。

5. 试题编号：Z-J1-5 三相异步电动机双重联锁正反转控制

1) 任务描述

某生产机械要求正反转，由一台三相异步电动机带动，电动机的型号为 Y—112M—4、4kW、380V、△接法、8.8A、1440r/min，由接触器和按钮实现双重互锁，提供电路原理如图 Z-J1-5 所示。请按要求完成系统设计、系统安装、接线、调试与功能演示。

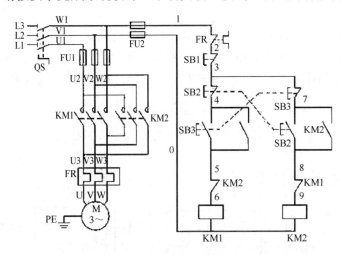

图 Z-J1-5 三相异步电动机的双重联锁正反转控制原理图

2) 功能要求

按下按钮 SB2，能启动电动机正转并连续运转；按下按钮 SB3，能启动电动机反转并连续运转；按下按钮 SB1，电动机停止；在正反转启动控制之间能实现直接切换。电动机 M 具有短路保护和过载保护功能。

3) 考核要求

(1) 手工绘制电气原理图，标出端子号；手工绘制元件布置图。

(2) 按照电机参数和原理图列出元器件清单。

(3) 根据考场提供的正确的原理图和器件、设备完成元件布置。

(4) 按照安全规范要求，正确利用工具和仪表，熟练完成电气元器件安装、接线。要求元器件布置整齐、匀称、合理，安装牢固；导线进线槽美观，端子接编码套管；接点牢固，接点处裸露导线长度合适、无毛刺；电源、电动机和按钮接线接到端子排。

(5) 系统调试和功能演示：写出系统调试步骤；检查无误后，方可通电调试；调试过程中如遇故障自行排除；通电试车完成系统功能演示。

4) 实施条件

实施条件如表 Z-J1-1 所示。

5) 考核时间

120 分钟。

6) 评分细则

评分细则如表 Z-J1-2 所示。

6. 试题编号 Z- J1-6 三相异步电动机正反转带点动控制

1) 任务描述

三相异步电动机的正反转带点动控制线路如图 Z-J1-6 所示。按照电气线路布局、布线的基本原则，在给定的电气线路板上固定好线路图中虚线处的电气元件，并进行布线，调试三相异步电动机的正反转带点动控制线路。

2) 功能要求

按下按钮 SB2 启动电动机正向连续运转，按下按钮 SB4 电动机正向点动运转，按下按钮 SB1 电动机停止。按下按钮 SB3 启动电动机反向连续运转，按下按钮 SB5 电动机反向点动运转，按下按钮 SB1 电动机停止。电动机 M 具有短路保护和过载保护功能。

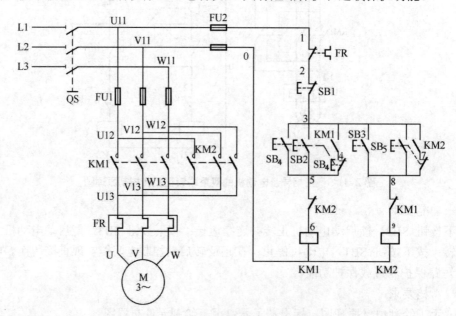

图 Z-J1-6 三相异步电动机正反转带点动控制线路图

3) 考核要求

(1) 手工绘制电气原理图，标出端子号；手工绘制元件布置图。

(2) 按照电机参数和原理图列出元器件清单。

(3) 根据考场提供的正确的原理图和器件、设备完成元件布置。

(4) 按照安全规范要求，正确利用工具和仪表，熟练完成电气元器件安装、接线。要求元器件布置整齐、匀称、合理，安装牢固；导线进线槽美观，端子接编码套管；接点牢固，接点处裸露导线长度合适、无毛刺；电源、电动机和按钮接线接到端子排。

(5) 系统调试和功能演示：写出系统调试步骤；检查无误后，方可通电调试；调试过程中如遇故障自行排除；通电试车完成系统功能演示。

4) 实施条件

实施条件如表 Z-J1-1 所示。

5) 考核时间

120 分钟。

6) 评分细则

评分细则如表 Z-J1-2 所示。

7. 试题编号：Z-J1-7 电动机正反转两地控制

1) 任务描述

有一台机床设备的主轴电动机正反转启停采用控制柜和操作台两处控制，提供电路原理如图 Z-J1-7 所示。主轴电动机的型号为 Y—112M—4，4kW、380V、△接法、8.8A、1440r/min，请按要求完成系统设计、系统安装、接线、调试与功能演示。

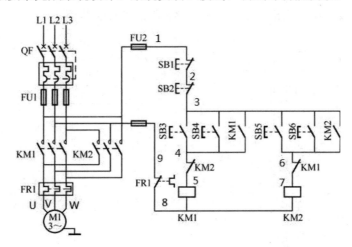

图 Z-J1-7　电动机正反转两地控制原理图

2) 功能要求

甲地按下按钮 SB3 启动电动机正向运转，按下按钮 SB1 电动机停止，按下按钮 SB5 启动电动机反向运转。乙地按下按钮 SB4 启动电动机正向运转，按下按钮 SB2 电动机停止，按下按钮 SB6 启动电动机反向运转。电动机 M 具有短路保护和过载保护功能。

3) 考核要求

(1) 手工绘制电气原理图，标出端子号；手工绘制元件布置图。

(2) 按照电机参数和原理图列出元器件清单。

(3) 根据考场提供的正确的原理图和器件、设备完成元件布置。

(4) 按照安全规范要求，正确利用工具和仪表，熟练完成电气元器件安装、接线。要求元器件布置整齐、匀称、合理，安装牢固；导线进线槽美观，端子接编码套管；接点牢固，接点处裸露导线长度合适、无毛刺；电源、电动机和按钮接线接到端子排。

(5) 系统调试和功能演示：写出系统调试步骤；检查无误后，方可通电调试；调试过程中如遇故障自行排除；通电试车完成系统功能演示。

4) 实施条件

实施条件如表 Z-J1-1 所示。

5) 考核时间

120 分钟。

6) 评分细则

评分细则如表 Z-J1-2 所示。

8. 试题编号：Z-J1-8 三相异步电动机自动往返运动控制

1) 任务描述

某一工作台用一台三相异步鼠笼式电动机拖动，实现自动往返行程，但当工作台到达两端终点时，立刻返回进行自动往返；通过操作按钮可以实现电动机正转启动、反转启动、自动往返行程控制以及停车控制。三相异步电动机自动往返运动控制线路如图 Z-J1-8 所示。按照电气线路布局、布线的基本原则，在给定的电气线路板上固定好线路图中的电气元件，并进行布线，调试三相异步电动机自动往返运动控制线路。

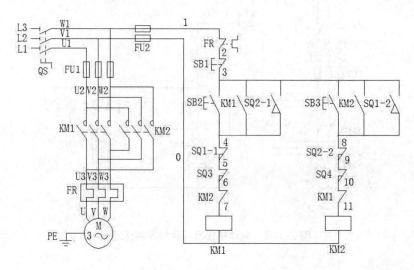

图 Z-J1-8　三相异步电动机自动往返运动控制线路图

2) 功能要求

按下按钮 SB2，启动电动机正转并连续运转，碰到行程开关 SQ1，电动机反向运转自动返回；按下按钮 SB3，启动电动机反转并连续运转，碰到行程开关 SQ2，电动机反向运转自动返回；按下按钮 SB1，电动机停止。电动机 M 具有短路保护和过载保护功能。

3) 考核要求

(1) 手工绘制电气原理图，标出端子号；手工绘制元件布置图。

(2) 按照电机参数和原理图列出元器件清单。

(3) 根据考场提供的正确的原理图和器件、设备完成元件布置。

(4) 按照安全规范要求，正确利用工具和仪表，熟练完成电气元器件安装、接线。要求元器件布置整齐、匀称、合理，安装牢固；导线进线槽美观，端子接编码套管；接点牢固,接点处裸露导线长度合适、无毛刺;电源、电动机和按钮接线接到端子排。

(5) 系统调试和功能演示:写出系统调试步骤;检查无误后,方可通电调试;调试过程中如遇故障自行排除;通电试车完成系统功能演示。

4) 实施条件

实施条件如表 Z-J1-1 所示。

5) 考核时间

120 分钟。

6) 评分细则

评分细则如表 Z-J1-2 所示。

9. 试题编号:Z-J1-9 两台三相异步电动机顺序控制

1) 任务描述

某机床,要求在加工前先给机床提供液压油,使机床床身导轨进行润滑,这就要求先启动液压泵后才能启动机床的工作台拖动电动机;当机床停止时要求先停止工作台拖动电动机,才能让液压泵电动机停止。液压泵为三相异步电动机,两台三相异步电动机顺序控制线路如图 Z-J1-9 所示。液压泵电动机的型号为 Y2—90L—4,1.5kW,380V、50Hz,Y 接法、3.72A、1400 r/min,工作台拖动电动机的型号为 Y—112M—4、4kW、380V、△接法、8.8A、1440r/min,请按要求完成工作台运动系统设计、系统安装、接线、调试与功能演示。

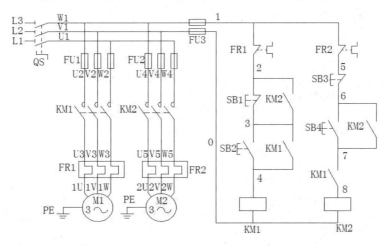

图 Z-J1-9 两台三相异步电动机顺序控制线路图

2) 功能要求

按下按钮 SB2,能控制电动机 M1 启动并连续运转;按下按钮 SB4,能控制电动机 M2 启动并连续运转;按下按钮 SB3,电动机 M2 停止;按下按钮 SB1,电动机 M1 停止;能实现先停止电动机 M2,后停止电动机 M1 的顺序停止控制。电动机 M1、M2 具有短路保护和过载保护功能。

3) 考核要求

(1) 手工绘制电气原理图,标出端子号;手工绘制元件布置图。

(2) 按照电机参数和原理图列出元器件清单。

(3) 根据考场提供的正确的原理图和器件、设备完成元件布置。

(4) 按照安全规范要求，正确利用工具和仪表，熟练完成电气元器件安装、接线。要求元器件布置整齐、匀称、合理，安装牢固；导线进线槽美观，端子接编码套管；接点牢固，接点处裸露导线长度合适、无毛刺；电源、电动机和按钮接线接到端子排。

(5) 系统调试和功能演示：写出系统调试步骤；检查无误后，方可通电调试；调试过程中如遇故障自行排除；通电试车完成系统功能演示。

4) 实施条件

实施条件如表 Z-J1-1 所示。

5) 考核时间

120 分钟。

6) 评分细则

评分细则如表 Z-J1-2 所示。

10. 试题编号：Z-J1-10 三相异步电动机的能耗制动控制

1) 任务描述

为提高制动速度与准确性，某拖动系统采用时间原则控制的单向运行能耗制动控制。用二极管桥式整流电路产生直流电源，提供电路原理如图 Z-J1-10 所示。电动机的型号为 Y—112M—4，4kW、380V、△接法、8.8A、1440r/min，请按要求完成系统设计、系统安装、接线、调试与功能演示。

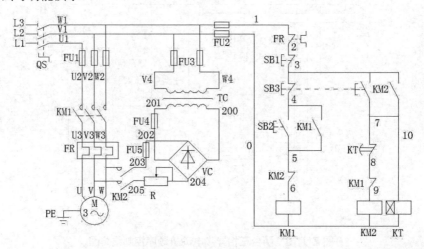

图 Z-J1-10 三相异步电动机的能耗制动控制原理图

2) 功能要求

按下按钮 SB2，能启动电动机并连续运转；按下按钮 SB3，能实现对电动机能耗制动，延时停止。按下按钮 SB1，能实现对电动机停止控制。电动机 M 具有短路保护和过载保护功能。

3) 考核要求

(1) 手工绘制电气原理图，标出端子号；手工绘制元件布置图。

(2) 按照电机参数和原理图列出元器件清单。

(3) 根据考场提供的正确的原理图和器件、设备完成元件布置。

(4) 按照安全规范要求，正确利用工具和仪表，熟练完成电气元器件安装、接线。要求元器件布置整齐、匀称、合理，安装牢固；导线进线槽美观，端子接编码套管；接点牢固，接点处裸露导线长度合适、无毛刺；电源、电动机和按钮接线接到端子排。

(5) 系统调试和功能演示：写出系统调试步骤；检查无误后，方可通电调试；调试过程中如遇故障自行排除；通电试车完成系统功能演示。

4) 实施条件

实施条件如表 Z-J1-1 所示。

5) 考核时间

120 分钟。

6) 评分细则

评分细则如表 Z-J1-2 所示。

11. 试题编号：Z-J1-11 三相异步电动机 Y-△降压启动

1) 任务描述

三相异步电动机的星三角降压启动控制线路如图 Z-J1-11 所示。电动机的型号为 Y—112M—4，4kW、380V、△接法、8.8A、1440r/min，请按要求完成系统设计、系统安装、接线、调试与功能演示。

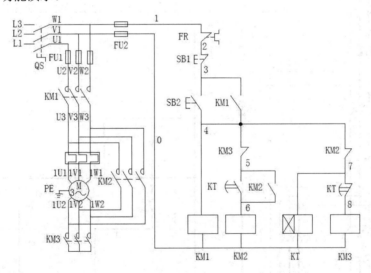

图 Z-J1-11　三相异步电动机 Y-△降压启动线路图

2) 功能要求

按下按钮 SB2，能以 Y 型接法启动电动机并连续运转；经过一段时间后，能自动切换到电动机△型接法并连续运转；按下按钮 SB1，能实现对电动机停止控制。电动机 M 具有短路保护和过载保护功能。

3) 考核要求

(1) 手工绘制电气原理图，标出端子号；手工绘制元件布置图。

(2) 按照电机参数和原理图列出元器件清单。

(3) 根据考场提供的正确的原理图和器件、设备完成元件布置。

(4) 按照安全规范要求，正确利用工具和仪表，熟练完成电气元器件安装、接线。要求元器件布置整齐、匀称、合理，安装牢固；导线进线槽美观，端子接编码套管；接点牢固，接点处裸露导线长度合适、无毛刺；电源、电动机和按钮接线接到端子排。

(5) 系统调试和功能演示：写出系统调试步骤；检查无误后，方可通电调试；调试过程中如遇故障自行排除；通电试车完成系统功能演示。

4) 实施条件

实施条件如表 Z-J1-1 所示。

5) 考核时间

120 分钟。

6) 评分细则

评分细则如表 Z-J1-2 所示。

12. 试题编号：Z-J1-12 三相异步电动机的两地控制 Y-△降压启动

1) 任务描述

三相异步电动机的两地控制星三角降压启动控制线路如图 Z-J1-12 所示。按照电气线路布局、布线的基本原则，在给定的电气线路板上固定好线路图中虚线框内的电气元件，并进行布线，调试三相异步电动机的两地控制星三角降压启动控制线路。

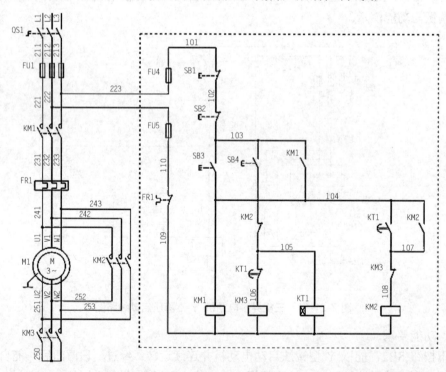

图 Z-J1-12 三相异步电动机的两地控制星三角降压启动线路图

2) 功能要求

按下按钮 SB3，能以 Y 型接法启动电动机并连续运转；经过一段时间后，能自动切换到电动机△型接法并连续运转；按下按钮 SB1，能实现对电动机停止控制。按下按钮 SB4，能以 Y 型接法启动电动机并连续运转；经过一段时间后，能自动切换到电动机 △ 型接法并连续运转；按下按钮 SB1，能实现对电动机停止控制。电动机 M 具有短路保护和过载保护功能。

3) 考核要求

(1) 手工绘制电气原理图，标出端子号；手工绘制元件布置图。

(2) 按照电机参数和原理图列出元器件清单。

(3) 根据考场提供的正确的原理图和器件、设备完成元件布置。

(4) 按照安全规范要求，正确利用工具和仪表，熟练完成电气元器件安装、接线。要求元器件布置整齐、匀称、合理，安装牢固；导线进线槽美观，端子接编码套管；接点牢固，接点处裸露导线长度合适、无毛刺；电源、电动机和按钮接线接到端子排。

(5) 系统调试和功能演示：写出系统调试步骤；检查无误后，方可通电调试；调试过程中如遇故障自行排除；通电试车完成系统功能演示。

4) 实施条件

实施条件如表 Z-J1-1 所示。

5) 考核时间

120 分钟。

6) 评分细则

评分细则如表 Z-J1-2 所示。

13. 试题编号：Z-J1-13 三相异步电动机的串联电阻降压启动控制

1) 任务描述

三相异步电动机串联电阻降压启动控制线路如图 Z-J1-13 所示。按照电气线路布局、布线的基本原则，在给定的电气线路板上固定好线路图中虚线框内的电气元件，并进行布线，调试三相异步电动机串联电阻降压启动控制线路。

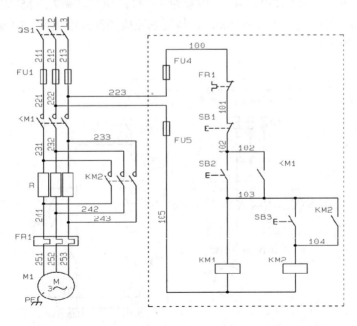

图 Z-J1-13 三相异步电动机串联电阻降压启动控制线路图

2) 功能要求

按下按钮 SB2，能串入电阻启动电动机并连续运转；按下按钮 SB3，电阻被短接；按下按钮 SB1，能实现对电动机停止控制。电动机 M 具有短路保护和过载保护功能。

3) 考核要求

(1) 手工绘制电气原理图，标出端子号；手工绘制元件布置图。

(2) 按照电机参数和原理图列出元器件清单。

(3) 根据考场提供的正确的原理图和器件、设备完成元件布置。

(4) 按照安全规范要求，正确利用工具和仪表，熟练完成电气元器件安装、接线。要求元器件布置整齐、匀称、合理，安装牢固；导线进线槽美观，端子接编码套管；接点牢固，接点处裸露导线长度合适、无毛刺；电源、电动机和按钮接线接到端子排。

(5) 系统调试和功能演示：写出系统调试步骤；检查无误后，方可通电调试；调试过程中如遇故障自行排除；通电试车完成系统功能演示。

4) 实施条件

实施条件如表 Z-J1-1 所示。

5) 考核时间

120 分钟。

6) 评分细则

评分细则如表 Z-J1-2 所示。

14. 试题编号：Z-J1-14 双速电动机控制

1) 任务描述

某双速电动机能手动分别实现低速和高速的启动与运行，提供电路原理如图 Z-J1-14 所示。双速电动机的型号为 YD802—4/2；极数为 2/4 极；额定功率为 0.55kW/0.75kW；额定电压为 380V；额定转速为 1420/2860rpm。请按要求完成该部分电气系统的设计、系统安装、接线、调试与功能演示。

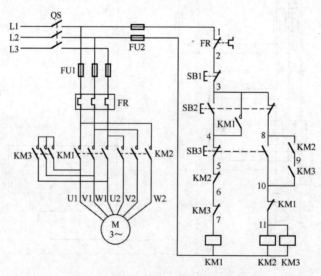

图 Z-J1-14　双速电动机控制原理图

2) 功能要求

按下按钮 SB2，电动机启动高速运转；按下按钮 SB3，电动机进入低速运转；按下按钮 SB1，能实现对电动机停止控制。电动机 M 具有短路保护和过载保护功能。

3) 考核要求

(1) 手工绘制电气原理图，标出端子号；手工绘制元件布置图。

(2) 按照电机参数和原理图列出元器件清单。

(3) 根据考场提供的正确的原理图和器件、设备完成元件布置。

(4) 按照安全规范要求，正确利用工具和仪表，熟练完成电气元器件安装、接线。要求元器件布置整齐、匀称、合理，安装牢固；导线进线槽美观，端子接编码套管；接点牢固，接点处裸露导线长度合适、无毛刺；电源、电动机和按钮接线接到端子排。

(5) 系统调试和功能演示：写出系统调试步骤；检查无误后，方可通电调试；调试过程中如遇故障自行排除；通电试车完成系统功能演示。

4) 实施条件

实施条件如表 Z-J1-1 所示。

5) 考核时间

120 分钟。

6) 评分细则

评分细则如表 Z-J1-2 所示。

15. 试题编号：Z-J1-15 三相异步电动机反接制动控制

1) 任务描述

有一台机床用三相异步鼠笼式电动机拖动实现单向启动控制，停车采用反接制动，用时间继电器进行自动控制，提供电路原理如图 Z-J1-15 所示。请按要求完成系统设计、系统安装、接线、调试与功能演示。

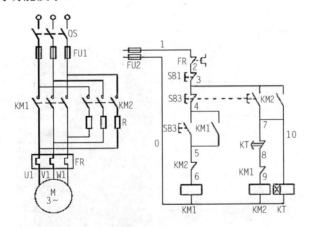

图 Z-J1-15 三相异步电动机反接制动控制原理图

2) 功能要求

按下按钮 SB2，电动机启动运转；按下按钮 SB3，电动机进入反接制动，延时停止；按下按钮 SB1，能实现对电动机停止控制。电动机 M 具有短路保护和过载保护功能。

3) 考核要求

(1) 手工绘制电气原理图，标出端子号；手工绘制元件布置图。

(2) 按照电机参数和原理图列出元器件清单。

(3) 根据考场提供的正确的原理图和器件、设备完成元件布置。

(4) 按照安全规范要求，正确利用工具和仪表，熟练完成电气元器件安装、接线。要求元器件布置整齐、匀称、合理，安装牢固；导线进线槽美观，端子接编码套管；接点牢固，接点处裸露导线长度合适、无毛刺；电源、电动机和按钮接线接到端子排。

(5) 系统调试和功能演示：写出系统调试步骤；检查无误后，方可通电调试；调试过程中如遇故障自行排除；通电试车完成系统功能演示。

4) 实施条件

实施条件如表 Z-J1-1 所示。

5) 考核时间

120 分钟。

6) 评分细则

评分细则如表 Z-J1-2 所示。

二、核心模块一：单片机应用系统编程与仿真

1. 试题编号：Z-H1-1 基于单片机的航标灯控制的设计与仿真

1) 任务描述

某企业承担了用单片机实现航标灯控制的设计与仿真任务，其电路原理如图 Z-H1-1 所示。设计要求为：航标灯的闪烁频率为 1Hz，即点亮 0.5s，熄灭 0.5s，重复以上动作情况。航标灯可以用发光二极管代替。

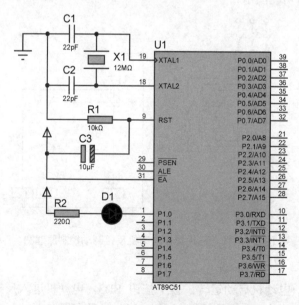

图 Z-H1-1 航标灯电路原理图

2) 考核内容
(1) 硬件电路设计：在计算机上使用 Proteus 仿真软件绘制电路原理图。
(2) 软件程序编写：在计算机上使用 keil 软件编写控制程序。
(3) 硬软件联调：将编写好的控制程序生成 hex 文件，下载至仿真软件中的单片机上，进行软硬件联调，实现控制要求。

3) 实施条件
(1) 考场提供编译软件：Keil μVision 4。
(2) 考场提供仿真软件：Proteus 8.6 Professional。

4) 考核时间
90 分钟。

5) 评分细则
评分标准如表 Z-H1-1 所示。

表 Z-H1-1 评分标准

评介内容	序号	主要内容	评分细则	配分	得分	得分
职业素养(20分)	1	工作前准备	(1)做好设计前准备，不清点电路图扣5分。(2)不进行软件检查扣5分	10		
	2	职业素养 6S 考核	(1)桌面摆放凌乱，结束后工位清理不整齐、不整洁扣5分/处。(2)未遵守安全规则，扣5分	10		
操作规范(30分)	3	硬件设计规范	在 Proteus 中绘制硬件电路，每错1处、漏1处扣2分	20		
	4	软件操作规范	能使用 Keil 编译软件建立项目和程序文件，设置编程环境，编译调试程序，每错1处扣2分	10		
	5	程序编写	(1)C 程序不正确，每处扣3分。(2)C 程序编写不规范，每处扣1分	20		
作品(30分)	6	功能指标	不能实现设计要求功能扣1~40分	30		
总分				100		

2. 试题编号：Z-H1-2 基于单片机的霓虹灯控制的设计与仿真

1) 任务描述

某企业承担了用单片机实现霓虹灯控制的设计与仿真任务，其电路原理如图 Z-H1-2 所示。控制要求为：开始时，霓虹灯只点亮左边第一盏灯，然后再点亮第二盏灯，依次类推，直到点亮第八盏灯后，再重复以上动作情况。霓虹灯可以用发光二极管代替。

2) 考核内容
(1) 硬件电路设计：在计算机上使用 Proteus 仿真软件绘制电路原理图。
(2) 软件程序编写：在计算机上使用 keil 软件编写控制程序。

(3) 硬软件联调：将编写好的控制程序生成 hex 文件，下载至仿真软件中的单片机上，进行软硬件联调，实现控制要求。

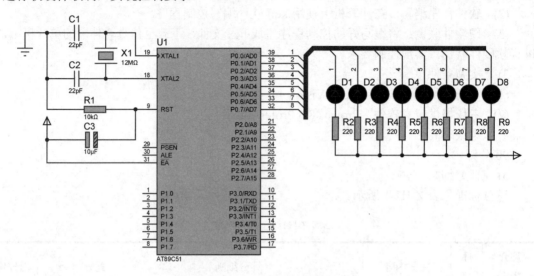

图 Z-H1-2　霓虹灯电路原理图

3) 实施条件

(1) 考场提供编译软件：Keil μVision 4。

(2) 考场提供仿真软件：Proteus 8.6 Professional。

4) 考核时间

90 分钟。

5) 评分细则

评分标准如表 Z-H1-1 所示。

3. 试题编号：Z-H1-3 基于单片机的彩灯控制的设计与仿真

1) 任务描述

某企业承担了用单片机实现彩灯控制的设计与仿真任务，其电路原理如图 Z-H1-3 所示。控制要求为：开始时，彩虹灯只点亮左边第一盏灯，往右依次单独点亮一盏灯，直到点亮第八盏灯后，再往左依次单独点亮一盏灯，重复以上动作情况。彩灯可以用发光二极管代替。

2) 考核内容

(1) 硬件电路设计：在计算机上使用 Proteus 仿真软件绘制电路原理图。

(2) 软件程序编写：在计算机上使用 keil 软件编写控制程序。

(3) 硬软件联调：将编写好的控制程序生成 hex 文件，下载至仿真软件中的单片机上，进行软硬件联调，实现控制要求。

3) 实施条件

(1) 考场提供编译软件：Keil μVision 4。

(2) 考场提供仿真软件：Proteus 8.6 Professional。

4) 考核时间

90 分钟。

5) 评分细则

评分标准如表 Z-H1-1 所示。

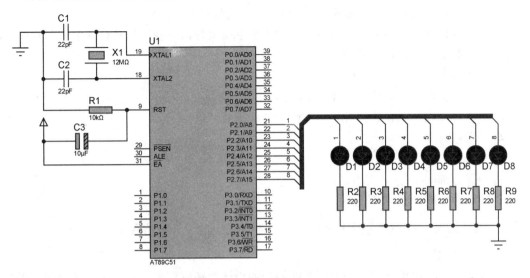

图 Z-H1-3 霓虹灯电路原理图

4. 试题编号：Z-H1-4 基于单片机的教室照明控制的设计与仿真

1) 任务描述

某企业承担了用单片机实现教室照明控制的设计与仿真任务，其电路原理如图 Z-H1-4 所示。控制要求为：按下前面两个按钮，相对应的两盏灯点亮，松开后灯熄灭，按下后面两个按钮再松开，相对应的两盏灯点亮，再次按下后松开，灯熄灭。照明灯可以用发光二极管代替。

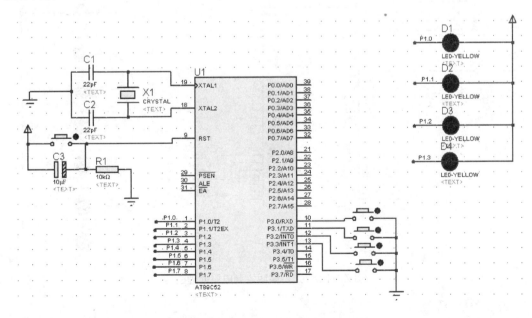

图 Z-H1-4 教室照明控制电路原理图

2) 考核内容

(1) 硬件电路设计：在计算机上使用 Proteus 仿真软件绘制电路原理图。

(2) 软件程序编写：在计算机上使用 keil 软件编写控制程序。

(3) 硬软件联调：将编写好的控制程序生成 hex 文件，下载至仿真软件中的单片机上，进行软硬件联调，实现控制要求。

3) 实施条件

(1) 考场提供编译软件：Keil μVision 4。

(2) 考场提供仿真软件：Proteus 8.6 Professional。

4) 考核时间

90 分钟。

5) 评分细则

评分标准如表 Z-H1-1 所示。

5．试题编号：Z-H1-5 基于单片机的工厂照明控制的设计与仿真

1) 任务描述

某企业承担了用单片机实现工厂照明控制的设计与仿真任务，其电路原理如图 Z-H1-5 所示。控制要求为：按下 K1 按钮，D1 和 D2 点亮，松开后灯熄灭，按下 K2 按钮，D3 和 D4 点亮，松开后灯熄灭；按下 K3 按钮再松开，D5 和 D6 点亮，再次按下 K3 按钮再松开，D5 和 D6 熄灭；按下 K4 按钮再松开，D7 和 D8 点亮，再次按下 K4 按钮再松开，D7 和 D8 熄灭。照明灯可以用发光二极管代替。

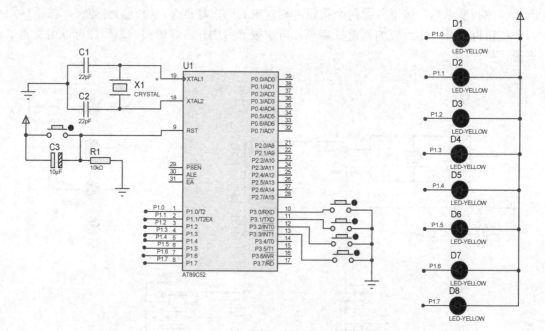

图 Z-H1-5　工厂照明控制电路原理图

2) 考核内容

(1) 硬件电路设计：在计算机上使用 Proteus 仿真软件绘制电路原理图。

(2) 软件程序编写：在计算机上使用 keil 软件编写控制程序。

(3) 硬软件联调：将编写好的控制程序生成 hex 文件，下载至仿真软件中的单片机上，进行软硬件联调，实现控制要求。

3) 实施条件

(1) 考场提供编译软件：Keil μVision 4。

(2) 考场提供仿真软件：Proteus 8.6 Professional。

4) 考核时间

90 分钟。

5) 评分细则

评分标准如表 Z-H1-1 所示。

6. 试题编号：Z-H1-6 基于单片机的数字显示器的设计与仿真

1) 任务描述

某企业承担了用单片机实现数字显示的设计与仿真任务，其电路原理如图 Z-H1-6 所示。控制要求为：可以任意显示 0~9 之间的一个数字。数字显示器可以用数码管代替。

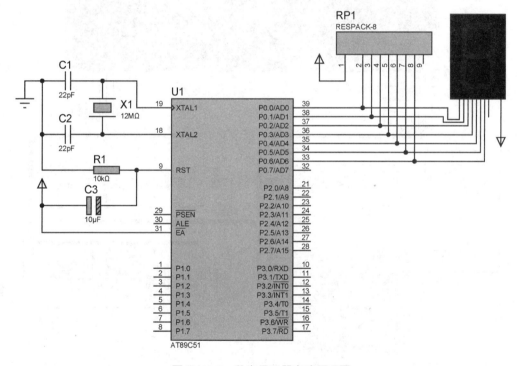

图 Z-H1-6 数字显示器电路原理图

2) 考核内容

(1) 硬件电路设计：在计算机上使用 Proteus 仿真软件绘制电路原理图。

(2) 软件程序编写：在计算机上使用 keil 软件编写控制程序。

(3) 硬软件联调：将编写好的控制程序生成 hex 文件，下载至仿真软件中的单片机上，进行软硬件联调，实现控制要求。

3) 实施条件

(1) 考场提供编译软件：Keil μVision 4。

(2) 考场提供仿真软件：Proteus 8.6 Professional。

4) 考核时间

90 分钟。

5) 评分细则

评分标准如表 Z-H1-1 所示。

7. 试题编号：Z-H1-7 基于单片机的多段数码管动态显示数字的设计与仿真

1) 任务描述

多段数码管动态显示数字的设计电路原理如图 Z-H1-7 所示，控制要求为：开始时，最左端的数码管显示数字 1，往右数字递增 1，最右端的数码管显示数字 8，重复以上显示情况。

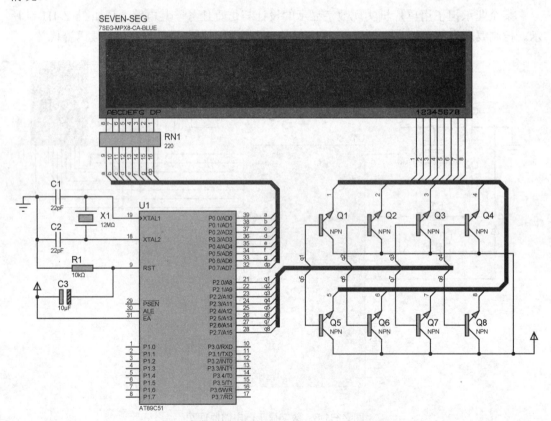

图 Z-H1-7 多段数码管显示数字电路原理图

2) 考核内容

(1) 硬件电路设计：在计算机上使用 Proteus 仿真软件绘制电路原理图。

(2) 软件程序编写：在计算机上使用 keil 软件编写控制程序。

(3) 硬软件联调：将编写好的控制程序生成 hex 文件，下载至仿真软件中的单片机上，进行软硬件联调，实现控制要求。

3) 实施条件

(1) 考场提供编译软件：Keil µVision 4。

(2) 考场提供仿真软件：Proteus 8.6 Professional。

4) 考核时间

90 分钟。

5) 评分细则

评分标准如表 Z-H1-1 所示。

8. 试题编号：Z-H1-8 基于单片机的彩灯控制系统的设计与仿真

1) 任务描述

控制要求为：每次按下 K1 按钮时上移点亮一只红色 LED，按下 K2 按钮时下移一位点亮红色 LED。每次按下 K3 按钮时上移一位点亮一只绿色 LED，按下 K4 按钮时下移一位点亮绿色 LED。其电路原理图如图 Z-H1-8 所示。

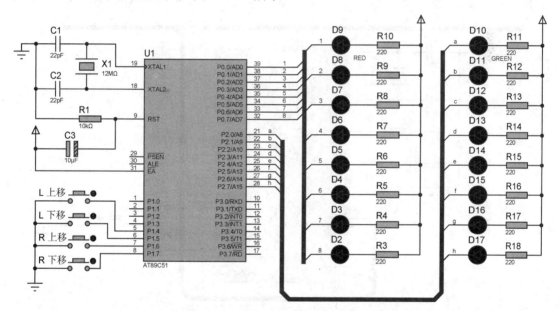

图 Z-H1-8 按键控制 LED 移位电路原理图

2) 考核内容

(1) 硬件电路设计：在计算机上使用 Proteus 仿真软件绘制电路原理图。

(2) 软件程序编写：在计算机上使用 keil 软件编写控制程序。

(3) 硬软件联调，将编写好的控制程序生成 hex 文件，下载至仿真软件中的单片机上，进行软硬件联调，实现控制要求。

3) 实施条件

(1) 考场提供编译软件：Keil µVision 4。

(2) 考场提供仿真软件：Proteus 8.6 Professional。

4) 考核时间

90 分钟。

5) 评分细则

评分标准如表 Z-H1-1 所示。

9. 试题编号：Z-H1-9 基于单片机的计数系统设计与仿真

1) 任务描述

某企业承担了用单片机实现 LED 计数的设计与仿真任务，其电路原理如图 Z-H1-9 所示。控制要求为：每次按下按键时，会使计数寄存器的值递增，值通过 LED 以二进制的形式显示。

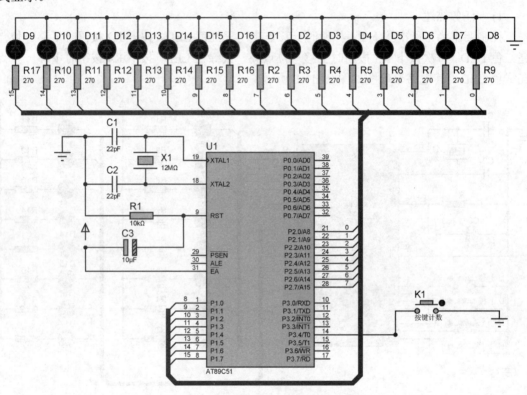

图 Z-H1-9　LED 计数电路原理图

2) 考核内容

(1) 硬件电路设计：在计算机上使用 Proteus 仿真软件绘制电路原理图。

(2) 软件程序编写：在计算机上使用 keil 软件编写控制程序。

(3) 硬软件联调：将编写好的控制程序生成 hex 文件，下载至仿真软件中的单片机上，进行软硬件联调，实现控制要求。

3) 实施条件

(1) 考场提供编译软件：Keil μVision 4。

(2) 考场提供仿真软件：Proteus 8.6 Professional。

4) 考核时间

90 分钟。

5) 评分细则

评分标准如表 Z-H1-1 所示。

10. 试题编号：Z-H1-10 基于单片机的液晶屏显示字符的设计与仿真

1) 任务描述

某企业承担了用单片机实现液晶屏显示字符的设计与仿真任务，其电路原理如图 Z-H1-10 所示。控制要求为：采用 LCD1602 显示字符"thank you"。

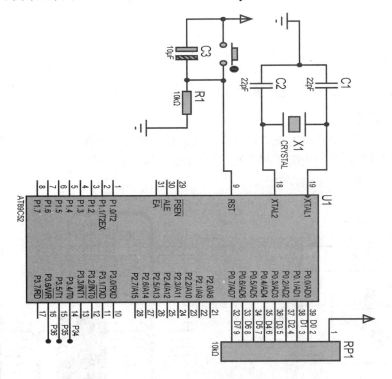

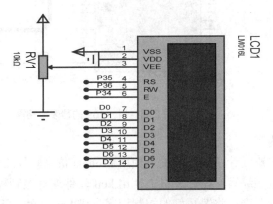

图 Z-H1-10　液晶屏显示字符电路原理图

2) 考核内容

(1) 硬件电路设计:在计算机上使用 Proteus 仿真软件绘制电路原理图。

(2) 软件程序编写:在计算机上使用 keil 软件编写控制程序。

(3) 硬软件联调:将编写好的控制程序生成 hex 文件,下载至仿真软件中的单片机上,进行软硬件联调,实现控制要求。

3) 实施条件

(1) 考场提供编译软件:Keil μVision 4。

(2) 考场提供仿真软件:Proteus 8.6 Professional。

4) 考核时间

90 分钟。

5) 评分细则

评分标准如表 Z-H1-1 所示。

11. 试题编号:Z-H1-11 基于单片机的数码秒表的设计与仿真

1) 任务描述

某企业承担了用单片机实现数码秒表控制的设计与仿真任务,其电路原理如图 Z-H1-11 所示。设计要求为:首次按键计时开始,到 10 秒清零,重新开始计时;再次按键暂停;第三次按键清零。重复以上动作情况。

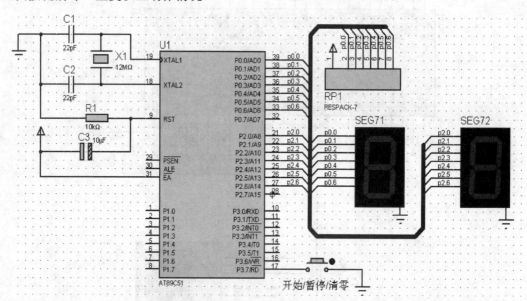

图 Z-H1-11 10s 的秒表电路图

2) 考核内容

(1) 硬件电路设计:在计算机上使用 Proteus 仿真软件绘制电路原理图。

(2) 软件程序编写:在计算机上使用 keil 软件编写控制程序。

(3) 硬软件联调:将编写好的控制程序生成 hex 文件,下载至仿真软件中的单片机上,进行软硬件联调,实现控制要求。

3) 实施条件
(1) 考场提供编译软件：Keil μVision 4。
(2) 考场提供仿真软件：Proteus 8.6 Professional。
4) 考核时间
90 分钟。
5) 评分细则
评分标准如表 Z-H1-1 所示。

12. 试题编号：Z-H1-12 基于单片机的交通灯控制系统设计与仿真

1) 任务描述

某企业承担了用单片机实现交通指示灯控制的设计与仿真任务，其电路原理如图 Z-H1-12 所示。设计要求为：西向绿灯亮 5s 后，黄灯闪烁，闪烁 5 次后亮红灯，红灯亮后，南北向由红灯变成绿灯，5s 后南北向黄灯闪烁，闪烁 5 次后亮红灯，东西向绿灯亮，如此往复。

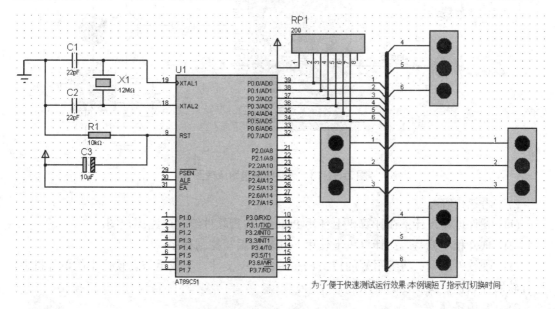

图 Z-H1-12　交通灯电路原理图

2) 考核内容
(1) 硬件电路设计：在计算机上使用 Proteus 仿真软件绘制电路原理图。
(2) 软件程序编写：在计算机上使用 keil 软件编写控制程序。
(3) 硬软件联调：将编写好的控制程序生成 hex 文件，下载至仿真软件中的单片机上，进行软硬件联调，实现控制要求。

3) 实施条件
(1) 考场提供编译软件：Keil μVision 4。
(2) 考场提供仿真软件：Proteus 8.6 Professional。
4) 考核时间
90 分钟。

5) 评分细则

评分标准如表 Z-H1-1 所示。

13. 试题编号：Z-H1-13 基于单片机和继电器的照明控制系统设计与仿真

1) 任务描述

某企业承担了用单片机和继电器控制照明设备的设计与仿真，其电路原理如图 Z-H1-13 所示。设计要求为：按下按键灯点亮，再次按下时灯熄灭，如此往复。

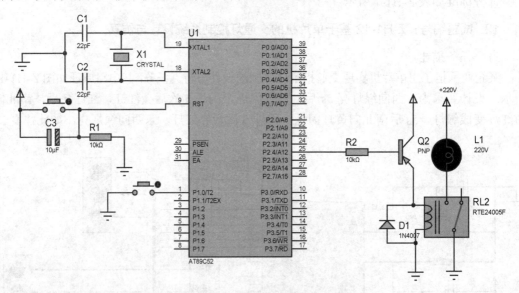

图 Z-H1-13　照明控制电路原理图

2) 考核内容

(1) 硬件电路设计：在计算机上使用 Proteus 仿真软件绘制电路原理图。

(2) 软件程序编写：在计算机上使用 keil 软件编写控制程序。

(3) 硬软件联调：将编写好的控制程序生成 hex 文件，下载至仿真软件中的单片机上，进行软硬件联调，实现控制要求。

3) 实施条件

(1) 考场提供编译软件：Keil μVision 4。

(2) 考场提供仿真软件：Proteus 8.6 Professional。

4) 考核时间

90 分钟。

5) 评分细则

评分标准如表 Z-H1-1 所示。

14. 试题编号：Z-H1-14 基于单片机的灯光指示系统的设计与仿真

1) 任务描述

某企业承担了用单片机外置中断实现外部事件触发 LED 的设计与仿真任务，其电路原理如图 Z-H1-14 所示。设计要求为：每次按键都会触发 INT0 中断，中断发生时将 LED 状态取反，产生 LED 状态由按键控制的效果。

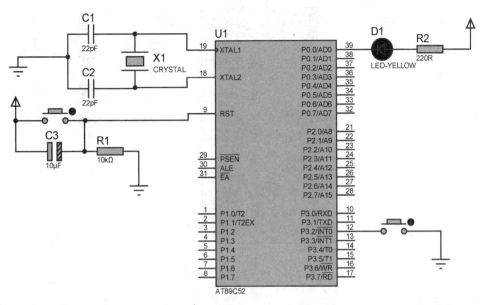

图 Z-H1-14　灯光指示电路原理图

2) 考核内容

(1) 硬件电路设计：在计算机上使用 Proteus 仿真软件绘制电路原理图。

(2) 软件程序编写：在计算机上使用 keil 软件编写控制程序。

(3) 硬软件联调：将编写好的控制程序生成 hex 文件，下载至仿真软件中的单片机上，进行软硬件联调，实现控制要求。

3) 实施条件

(1) 考场提供编译软件：Keil μVision 4。

(2) 考场提供仿真软件：Proteus 8.6 Professional。

4) 考核时间

90 分钟。

5) 评分细则

评分标准如表 Z-H1-1 所示。

15. 试题编号：Z-H1-15 基于单片机的彩灯定时控制系统的设计与仿真

1) 任务描述

某企业承担了用单片机实现 LED 定时闪烁的设计与仿真任务，其电路原理如图 Z-H1-15 所示。设计要求为：4 只 LED 在定时器的控制下滚动闪烁。

2) 考核内容

(1) 硬件电路设计：在计算机上使用 Proteus 仿真软件绘制电路原理图。

(2) 软件程序编写：在计算机上使用 keil 软件编写控制程序。

(3) 硬软件联调：将编写好的控制程序生成 hex 文件，下载至仿真软件中的单片机上，进行软硬件联调，实现控制要求。

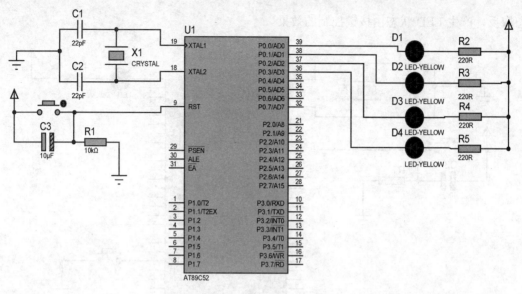

图 Z-H1-15　彩灯电路原理图

3) 实施条件

(1) 考场提供编译软件：Keil μVision 4。

(2) 考场提供仿真软件：Proteus 8.6 Professional。

4) 考核时间

90 分钟。

5) 评分细则

评分标准如表 Z-H1-1 所示。

16. 试题编号：Z-H1-16 基于单片机的键值显示系统的设计与仿真

1) 任务描述

某企业承担了用单片机识别 4×4 矩阵键盘的按键的设计与仿真，其电路原理如图 Z-H1-16 所示。设计要求为：在数码管上显示按下按键的值。

2) 考核内容

(1) 硬件电路设计：在计算机上使用 Proteus 仿真软件绘制电路原理图。

(2) 软件程序编写：在计算机上使用 keil 软件编写控制程序。

(3) 硬软件联调：将编写好的控制程序生成 hex 文件，下载至仿真软件中的单片机上，进行软硬件联调，实现控制要求。

3) 实施条件

(1) 考场提供编译软件：Keil μVision4。

(2) 考场提供仿真软件：Proteus 8.6 Professional。

4) 考核时间

90 分钟。

5) 评分细则

评分标准如表 Z-H1-1 所示。

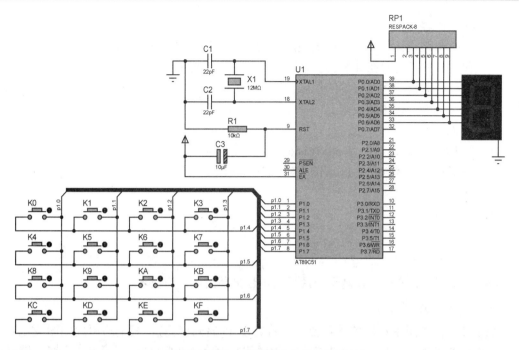

图 Z-H1-16　键盘按键电路原理图

17. 试题编号：Z-H1-17 基于单片机的计数系统的设计与仿真

1) 任务描述

某企业承担了用单片机计数 INT0 中断次数的设计与仿真任务，其电路原理如图 Z-H1-17 所示。设计要求为：每次按下计数键时触发 INT0 中断，中断程序累加计数，计数值显示在 3 只数码管上，按下清零键时数码管清零。

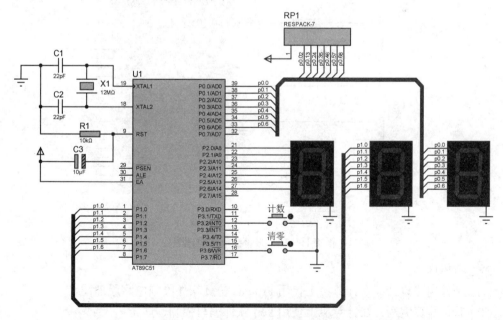

图 Z-H1-17　计数系统电路原理图

2) 考核内容

(1) 硬件电路设计：在计算机上使用 Proteus 仿真软件绘制电路原理图。

(2) 软件程序编写：在计算机上使用 keil 软件编写控制程序。

(3) 硬软件联调：将编写好的控制程序生成 hex 文件，下载至仿真软件中的单片机上，进行软硬件联调，实现控制要求。

3) 实施条件

(1) 考场提供编译软件：Keil μVision 4。

(2) 考场提供仿真软件：Proteus 8.6 Professional。

4) 考核时间

90 分钟。

5) 评分细则

评分标准如表 Z-H1-1 所示。

18. 试题编号：Z-H1-18 基于单片机的声音报警器设计与仿真

1) 任务描述

某企业承担了用单片机控制声音报警器的设计与仿真任务，其电路原理如图 Z-H1-18 所示。设计要求为：用开关控制报警器，程序控制 P1.0 输出两种不同频率的声音，模拟逼真的报警效果。

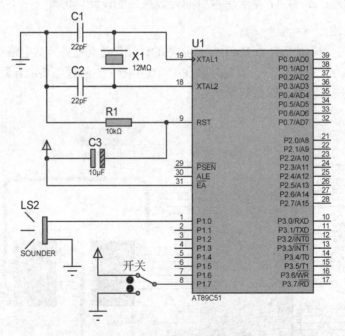

图 Z-H1-18　报警器电路原理图

2) 考核内容

(1) 硬件电路设计：在计算机上使用 Proteus 仿真软件绘制电路原理图。

(2) 软件程序编写：在计算机上使用 keil 软件编写控制程序。

(3) 硬软件联调：将编写好的控制程序生成 hex 文件，下载至仿真软件中的单片机上，进行软硬件联调，实现控制要求。

3) 实施条件

(1) 考场提供编译软件：Keil μVision 4。

(2) 考场提供仿真软件：Proteus 8.6 Professional。

4) 考核时间

90 分钟。

5) 评分细则

评分标准如表 Z-H1-1 所示。

19. 试题编号：Z-H1-19 基于单片机的变声报警器设计与仿真

1) 任务描述

某企业承担了用单片机控制变声报警器的设计和仿真任务，其电路原理如图 Z-H1-19 所示。设计要求为：按下不同的按键会使 SOUNDER 发出不同频率的声音，使用延时函数实现不同频率的声音输出。

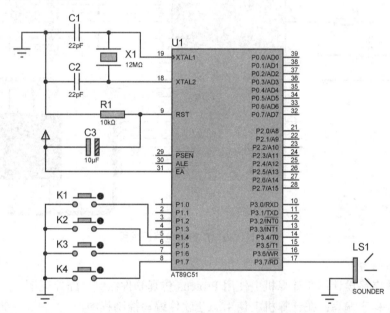

图 Z-H1-19 变声报警器电路原理图

2) 考核内容

(1) 硬件电路设计：在计算机上使用 Proteus 仿真软件绘制电路原理图。

(2) 软件程序编写：在计算机上使用 keil 软件编写控制程序。

(3) 硬软件联调：将编写好的控制程序生成 hex 文件，下载至仿真软件中的单片机上，进行软硬件联调，实现控制要求。

3) 实施条件

(1) 考场提供编译软件：Keil μVision 4。

(2) 考场提供仿真软件：Proteus 8.6 Professional。

4) 考核时间

90 分钟。

5) 评分细则

评分标准如表 Z-H1-1 所示。

20．试题编号：Z-H1-20 基于单片机的简易广告牌设计与仿真

1) 任务描述

某企业承担了用单片机实现数字显示广告牌的设计和仿真任务，其电路原理如图 Z-H1-20 所示。设计要求为：用 8×8 LED 点阵屏循环显示数字 0～9，刷新过程由定时器中断完成。

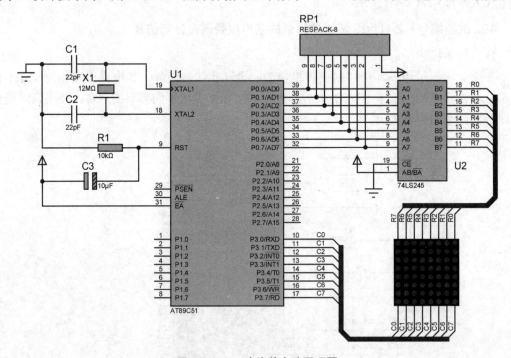

图 Z-H1-20　广告牌电路原理图

2) 考核内容

(1) 硬件电路设计：在计算机上使用 Proteus 仿真软件绘制电路原理图。

(2) 软件程序编写：在计算机上使用 keil 软件编写控制程序。

(3) 硬软件联调：将编写好的控制程序生成 hex 文件，下载至仿真软件中的单片机上，进行软硬件联调，实现控制要求。

3) 实施条件

(1) 考场提供编译软件：Keil μVision 4。

(2) 考场提供仿真软件：Proteus 8.6 Professional。

4) 考核时间

90 分钟。

5) 评分细则

评分标准如表 Z-H1-1 所示。

三、核心模块二：工业综合控制系统设计与调试

1. 试题编号：Z-H2-1 PLC 控制变频器实现电机调速控制

1) 任务描述

某企业承接了一项工厂生产线 PLC 控制系统设计任务，其中一个环节要求用 PLC 配合变频器控制三相异步电动机进行调速控制，具体控制功能如下：按下启动按钮，变频器按图 Z-H2-1 所示的时序图运行，变频器首先正转按 1 速(20 Hz)运行 6 s，然后按 2 速(40 Hz)运行 10 s，接着按 3 速(50 Hz)运行 12 s，最后电机用时 2 s 减速停止。试用可编程控制器配合变频器设计其控制系统并调试。

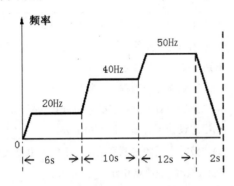

图 Z-H2-1 变频器运行频率时序图

2) 考核内容

(1) 完成控制系统接线图。

(2) 根据要求写出 PLC 控制程序。

(3) 正确设置变频器参数，将编译无误的控制程序下载至 PLC 中，并通电调试。

3) 实施条件

(1) 考核选用的可编程控制器为西门子 S7—200 系列，变频器为西门子 MM420。在考试之前应确保变频器参数为出厂值并提供变频器的参数设置手册。

(2) 编程软件选用西门子 STEP 7—Micro/WIN V4.0。

(3) 组态软件选用 MCGS。

(4) 通电调试：在考点实训设备上进行模拟调试。

4) 考核时间

120 分钟。

5) 评分标准，

评分标准如表 Z-H2-1 所示。

表 Z-H2-1 评分标准

评价内容	序号	主要内容	评分细则	配分	得分	得分
职业素养 (20分)	1	工作前准备	(1)未按要求穿戴好劳动防护用品，扣 3 分。 (2)未清点工具、器件等每项扣 1 分	10		
	2	职业素养 6S 考核	(1)操作过程中乱摆放工具、仪表，乱丢杂物等，扣 5 分。 (2)完成操作后不整理工位，扣 5 分。 (3)操作过程中出现人员伤亡或损坏设备，最终成绩记为 0 分	10		
操作规范 (30分)	3	系统设计答题纸	(1)未正确设计主电路，每处扣 1 分。 (2)未列出 I/O 元件分配表，每处扣 1 分；未画出系统接线图，每处扣 1 分。 (3)未正确设计控制程序，每处扣 2 分。 (4)未正确设置变频器参数，每处扣 2 分。 (5)组态设计不合理，每处扣 1 分	20		
	4	安装调试	(1)安装时未关闭电源开关，用手触摸电器线或带电操作，本项记 0 分。 (2)线路布置不整齐、不合理，每处扣 1 分。 (3)损坏元件，扣 5 分。 (4)不按主电路图接线，每处扣 1 分，主电路不接扣 5 分。 (5)不按控制电路图接线，每处扣 1 分，控制电路不接扣 5 分	10		
作品 (50分)	5	系统调试	(1)不能熟练操作编程软件输入程序并进行调试，扣 5 分。 (2)不能熟练完成组态软件与 PLC 联机调试扣 1 分。 (3)不能完成 PLC 与变频器的联机联调试扣 5 分	10		
作品 (50分)	6	功能实现	(1)按照被控设备的动作要求进行模拟调试，达到控制要求，外部操作控制不正确，每项功能扣 10 分。 (2)组态操作控制不正确，每项扣 10 分。 (3)组态监控不合理、不美观每处扣 5 分，一次试车不成功扣 10 分，二次试车不成功扣 20 分，三次试车不成功本项记 0 分	40		
总分				100		

2. 试题编号：Z-H2-2 PLC 控制变频器实现三相异步电机调速控制

1) 任务描述

某企业承接了一项工厂生产线 PLC 控制系统设计任务，其中一个环节要求用 PLC 配合变频器控制三相异步电动机进行调速控制，具体控制功能如下：按下启动按钮，变频器按图 Z-H2-2 所示的时序图运行，变频器首先正转按 1 速(20 Hz)运行 6 s，然后按 2 速(40Hz)运行 10 s，接着按 3 速(60Hz)运行 12 s，最后电机用时 2 s 减速停止。试用可编程控制器配合变频器设计其控制系统并调试。

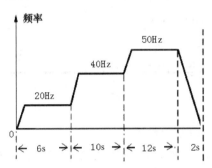

图 Z-H2-2　变频器运行频率时序图

2) 考核内容

(1) 完成控制系统接线图。

(2) 根据要求写出 PLC 控制程序。

(3) 正确设置变频器参数，将编译无误的控制程序下载至 PLC 中，并通电调试。

3) 实施条件

(1) 考核选用的可编程控制器为西门子 S7—200 系列，变频器为西门子 MM420。在考试之前应确保变频器参数为出厂值并提供变频器的参数设置手册。

(2) 编程软件选用西门子 STEP 7—Micro/WIN V4.0。

(3) 组态软件选用 MCGS。

(4) 通电调试：在考点实训设备上进行模拟调试。

4) 考核时间

120 分钟。

5) 评分标准

评分标准如表 Z-H2-1 所示。

3. 试题编号：Z-H2-3 PLC 控制变频器三段调速控制

1) 任务描述

某企业承接了一项工厂生产线 PLC 控制系统设计任务，其中一个环节要求用 PLC 配合变频器控制三相异步电机进行调速控制，具体控制功能如下：通过 3 个开关 K1～K3 实现对电机的多段调速控制，开关 K1、K2 和 K3 按不同方式组合，可选择 8 种不同的输出频率，具体如表 Z-H2-2 所示。试用可编程控制器配合变频器设计其控制系统并调试。

表 Z-H2-2　变频器运行频率时序

序号	K3	K2	K1的状态	变频器运行频率/Hz
1	OFF	OFF	OFF	0
2	OFF	OFF	ON	5
3	OFF	ON	OFF	10
4	OFF	ON	ON	20
5	ON	OFF	OFF	25
6	ON	OFF	ON	30
7	ON	ON	OFF	40
8	ON	ON	ON	50

2) 考核内容

(1) 完成控制系统接线图。

(2) 根据要求写出 PLC 控制程序。

(3) 正确设置变频器参数，将编译无误的控制程序下载至 PLC 中，并通电调试。

3) 实施条件

(1) 考核选用的可编程控制器为西门子 S7—200 系列，变频器为西门子 MM420。在考试之前应确保变频器参数为出厂值并提供变频器的参数设置手册。

(2) 编程软件选用西门子 STEP 7—Micro/WIN V4.0。

(3) 组态软件选用 MCGS。

(4) 通电调试：在考点实训设备上进行模拟调试。

4) 考核时间

120 分钟。

5) 评分标准

评分标准如表 Z-H2-1 所示。

4. 试题编号：Z-H2-4 PLC 控制变频器实现电动机正反转控制

1) 任务描述

某企业承接了一项工厂生产线 PLC 控制系统设计任务，其中一个环节要求用 PLC 配合变频器控制三相异步电动机进行正反转调速控制，具体控制功能如下：通过外部端子控制电机正转、反转、停止；通过操作面板改变电动机的运行频率。试用可编程控制器配合变频器设计其控制系统并调试。

2) 考核内容

(1) 完成控制系统接线图。

(2) 根据要求写出 PLC 控制程序。

(3) 正确设置变频器参数，将编译无误的控制程序下载至 PLC 中，并通电调试。

3) 实施条件

(1) 考核选用的可编程控制器为西门子 S7—200 系列，变频器为西门子 MM420。在考试之前应确保变频器参数为出厂值并提供变频器的参数设置手册。

(2) 编程软件选用西门子 STEP 7—Micro/WIN V4.0。

(3) 组态软件选用 MCGS。

(4) 通电调试：在考点实训设备上进行模拟调试。

4) 考核时间

120 分钟。

5) 评分标准

评分标准如表 Z-H2-1 所示。

5. 试题编号：Z-H2-5 变频器面板控制实现电动机的启停控制

1) 任务描述

某企业承接了一项变频器控制电动机调速的设计任务，具体控制功能如下：通过变频器的面板(BOP)控制电机起动/停止；通过操作面板改变电动机的运行频率和加减速时间，要求电动机运行频率为 36 Hz，加减速时间为 5 s。试用变频器设计其控制系统并调试。

2) 考核内容

(1) 完成控制系统接线图。

(2) 根据要求写出 PLC 控制程序。

(3) 正确设置变频器参数，将编译无误的控制程序下载至 PLC 中，并通电调试。

3) 实施条件

(1) 考核选用的可编程控制器为西门子 S7—200 系列，变频器为西门子 MM420。在考试之前应确保变频器参数为出厂值并提供变频器的参数设置手册。

(2) 编程软件选用西门子 STEP 7—Micro/WIN V4.0。

(3) 组态软件选用 MCGS。

(4) 通电调试：在考点实训设备上进行模拟调试。

4) 考核时间

120 分钟。

5) 评分标准

评分标准如表 Z-H2-1 所示。

6. 试题编号：Z-H2-6 PLC 控制变频器实现电动机联动控制

1) 任务描述

某企业承接了一项工厂生产线 PLC 控制系统设计任务，其中一个环节要求用 PLC 配合变频器控制三相异步电动机进行正反转调速控制，具体控制功能如下：通过外部端子控制电机连续运转控制；通过操作面板改变电动机的运行频率。试用可编程控制器配合变频器设计其控制系统并调试。

2) 考核内容

(1) 完成控制系统接线图。

(2) 根据要求写出 PLC 控制程序。

(3) 正确设置变频器参数，将编译无误的控制程序下载至 PLC 中，并通电调试。

3) 实施条件

(1) 考核选用的可编程控制器为西门子 S7—200 系列，变频器为西门子 MM420。考点在考试之前应确保变频器参数为出厂值并提供变频器的参数设置手册。

(2) 编程软件选用西门子 STEP 7—Micro/WIN V4.0。

(3) 组态软件选用 MCGS。

(4) 通电调试：在考点实训设备上进行模拟调试。

4) 考核时间

120 分钟。

5) 评分标准

评分标准如表 Z-H2-1 所示。

7. 试题编号：Z-H2-7 电动机两地 PLC 控制及组态监控系统设计与调试

1) 任务描述

有一台机床设备的主轴电动机启停采用控制柜和操作台两处控制，主轴电动机的型号为 Y—112M—4，4 kW、380 V、△接法、8.8 A、1440 r/min。请按要求完成工作台 PLC 控制系统及组态监控系统设计、安装、接线、调试与功能演示。组态界面要求能用按钮实现系统的起动和停止，并能动态监控电动机的运动状态。

2) 考核内容

(1) 完成控制系统接线图。

(2) 根据要求写出 PLC 控制程序。

(3) 正确设置变频器参数，将编译无误的控制程序下载至 PLC 中，并通电调试。

3) 实施条件

(1) 考核选用的可编程控制器为西门子 S7—200 系列，变频器为西门子 MM420。在考试之前应确保变频器参数为出厂值并提供变频器的参数设置手册。

(2) 编程软件选用西门子 STEP 7—Micro/WIN V4.0。

(3) 组态软件选用 MCGS。

(4) 通电调试：在考点实训设备上进行模拟调试。

4) 考核时间

120 分钟。

5) 评分标准

评分标准如表 Z-H2-1 所示。

8. 试题编号：Z-H2-8 传送带 PLC 控制及组态监控系统设计与安调

1) 任务描述

按下启动按钮，传送带 2 开始运行，运行 5 s 后传送带 1 开始运行。按下停止按钮，传送带 1 停止，传送带 1 停止 5 s 后传送带 2 停止运行。重新启动后仍按此过程工作。传送带示意图如图 Z-H1-3 所示。请按要求完成该系统 PLC 控制及组态监控系统设计、安装、接线、调试与功能演示。组态界面要求能用按钮实现系统的启动和停止，并能动态监控送料系统的工作状态。

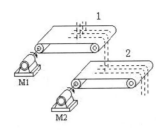

图 Z-H2-3　传送带示意图

2) 考核内容
(1) 完成控制系统接线图。
(2) 根据要求写出 PLC 控制程序。
(3) 正确设置变频器参数，将编译无误的控制程序下载至 PLC 中，并通电调试。

3) 实施条件
(1) 考核选用的可编程控制器为西门子 S7—200 系列，变频器为西门子 MM420。在考试之前应确保变频器参数为出厂值并提供变频器的参数设置手册。
(2) 编程软件选用西门子 STEP 7—Micro/WIN V4.0。
(3) 组态软件选用 MCGS。
(4) 通电调试：在考点实训设备上进行模拟调试。

4) 考核时间
120 分钟。

5) 评分标准
评分标准如表 Z-H2-1 所示。

9. 试题编号：Z-H2-9 交通灯 PLC 控制及组态监控系统设计与安调

1) 任务描述

某十字路口交通灯控制要求如图 Z-H2-4 所示(启停采用开关控制，当开关合上时，系统开始工作，开关断开时，系统完成当前周期停止)，请根据控制要求完成该系统 PLC 控制及组态监控系统设计、安装、接线、调试与功能演示。组态界面要求能用开关实现系统的启动和停止，并能动态监控十字路口交通灯控制系统的工作状态。

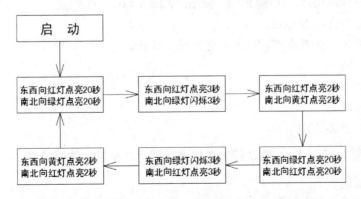

图 Z-H2-4　十字路口交通灯控制要求

2) 考核内容

(1) 完成控制系统接线图。

(2) 根据要求写出 PLC 控制程序。

(3) 正确设置变频器参数，将编译无误的控制程序下载至 PLC 中，并通电调试。

3) 实施条件

(1) 考核选用的可编程控制器为西门子 S7—200 系列，变频器为西门子 MM420。在考试之前应确保变频器参数为出厂值并提供变频器的参数设置手册。

(2) 编程软件选用西门子 STEP 7—Micro/WIN V4.0。

(3) 组态软件选用 MCGS。

(4) 通电调试：在考点实训设备上进行模拟调试。

4) 考核时间

120 分钟。

5) 评分标准

评分标准如表 Z-H2-1 所示。

10. 试题编号：Z-H2-10 电动机正反转点动—连续 PLC 控制及组态监控系统

1) 任务描述

某车床的主轴电动机要求能实现正转加工和反转退刀，为加工调整方便，主电动机还需具有点动控制功能(正反转都需要点动—连续控制)。请根据控制要求完成该系统 PLC 控制及组态监控系统设计、安装、接线、调试与功能演示；组态界面要求能用按钮实现电动机的启动和停止控制，并能动态监控电动机的运行状态。

2) 考核内容

(1) 完成控制系统接线图。

(2) 根据要求写出 PLC 控制程序。

(3) 正确设置变频器参数，将编译无误的控制程序下载至 PLC 中，并通电调试。

3) 实施条件

(1) 考核选用的可编程控制器为西门子 S7—200 系列，变频器为西门子 MM420。在考试之前应确保变频器参数为出厂值并提供变频器的参数设置手册。

(2) 编程软件选用西门子 STEP 7—Micro/WIN V4.0。

(3) 组态软件选用 MCGS。

(4) 通电调试：在考点实训设备上进行模拟调试。

4) 考核时间

120 分钟。

5) 评分标准

评分标准如表 Z-H2-1 所示。

11. 试题编号：Z-H2-11 PLC 控制变频器实现运料车自动往返控制

1) 任务描述

运料车控制系统要求如图 Z-H2-5 所示，小车开始处于左端，按下启动按钮，装料电磁阀 1Y 得电，延时 12 s 后，1Y 失电，装料结束，接触器 KM1 得电，运料车往右行；接触到限位开关 SQ2 后，KM1 失电，运料车停止，电磁阀 2Y 得电，开始卸料，延时 12 s 后，2Y 失电，结束卸料，KM2 得电，运料车往左行；接触到限位开关 SQ1，KM2 失电，运料车停止，开始装料，如此循环。按下停止按钮，PLC 完成当前周期后，运料车回到最左端，系统停止工作，SQ3 和 SQ4 为极限位置保护开关。请按照要求完成该系统 PLC 控制及组态监控系统设计、安装、接线、调试与功能演示；组态界面要求能用按钮实现系统的启动和停止，并能监控运料系统的状态。

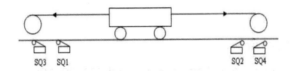

图 Z-H2-5　运料车示意图

2) 考核内容

(1) 完成控制系统接线图。

(2) 根据要求写出 PLC 控制程序。

(3) 正确设置变频器参数，将编译无误的控制程序下载至 PLC 中，并通电调试。

3) 实施条件

(1) 考核选用的可编程控制器为西门子 S7—200 系列，变频器为西门子 MM420。在考试之前应确保变频器参数为出厂值并提供变频器的参数设置手册。

(2) 编程软件选用西门子 STEP 7—Micro/WIN V4.0。

(3) 组态软件选用 MCGS。

(4) 通电调试：在考点实训设备上进行模拟调试。

4) 考核时间

120 分钟。

5) 评分标准

评分标准如表 Z-H2-1 所示。

12. 试题编号：Z-H2-12 PLC 控制变频器实现电动机不同工位控制

1) 任务描述

某控制系统电机由变频器控制，而变频器由 PLC 控制其启动、加速、反转等，总体控制要求：PLC 根据输入端的控制信号，经过程序运算后由通信端口控制变频器运行。具体控制要求为：打开启动按钮，变频器开始运行；打开加速按钮，变频器加速运行；打开减速按钮，变频器减速运行；打开反转按钮，变频器反转运行；打开停止按钮，变频器停止运行；打开急停按钮，变频器紧急停止；打开全速按钮，变频器全速运行；打开归零按钮，变频器频率归零。

2) 考核内容

(1) 完成控制系统接线图。

(2) 根据要求写出 PLC 控制程序。

(3) 正确设置变频器参数，将编译无误的控制程序下载至 PLC 中，并通电调试。

3) 实施条件

(1) 考核选用的可编程控制器为西门子 S7—200 系列，变频器为西门子 MM420。在考试之前应确保变频器参数为出厂值并提供变频器的参数设置手册。

(2) 编程软件选用西门子 STEP 7—Micro/WIN V4.0。

(3) 组态软件选用 MCGS。

(4) 通电调试：在考点实训设备上进行模拟调试。

4) 考核时间

120 分钟。

5) 评分标准

评分标准如表 Z-H2-1 所示。

13. 试题编号：Z-H2-13 PLC 控制变频器实现电机远程控制

1) 任务描述

某控制系统中的电机要求能实现正反转启动、运行和停止。系统由两台 PLC 组成网络。第一站为主站，第二站为从站，电动机接在从站，要求在主站实现电机正反启动、停止控制。

2) 考核内容

(1) 完成控制系统接线图。

(2) 根据要求写出 PLC 控制程序。

(3) 正确设置变频器参数，将编译无误的控制程序下载至 PLC 中，并通电调试。

3) 实施条件

(1) 考核选用的可编程控制器为西门子 S7—200 系列，变频器为西门子 MM420。在考试之前应确保变频器参数为出厂值并提供变频器的参数设置手册。

(2) 编程软件选用西门子 STEP 7—Micro/WIN V4.0。

(3) 组态软件选用 MCGS。

(4) 通电调试：在考点实训设备上进行模拟调试。

4) 考核时间

120 分钟。

5) 评分标准

评分标准如表 Z-H2-1 所示。

14. 试题编号：Z-H2-14 PLC 控制变频器实现水位自动化综合控制

1) 任务描述

现有一个水位自动化综合控制系统，输入信号启动、停止按钮及电压调速信号(0～10V 控制变频器输出 0～50Hz)通过 PLC 处理后控制变频器，从而控制水泵电机。同时要求在上位机中通过组态软件实现电机的启动、停止和调速。电机型号为 Y—112M—4、4 kW、380 V、△接法、8.8 A、1440 r/min。按照要求完成组态软件、PLC、变频器综合控制系统设计并安装调试。

2) 考核内容

(1) 完成控制系统接线图。

(2) 根据要求写出 PLC 控制程序。

(3) 正确设置变频器参数，将编译无误的控制程序下载至 PLC 中，并通电调试。

3) 实施条件

(1) 考核选用的可编程控制器为西门子 S7—200 系列，变频器为西门子 MM420。在考试之前应确保变频器参数为出厂值并提供变频器的参数设置手册。

(2) 编程软件选用西门子 STEP 7—Micro/WIN V4.0。

(3) 组态软件选用 MCGS。

(4) 通电调试：在考点实训设备上进行模拟调试。

4) 考核时间

120 分钟。

5) 评分标准

评分标准如表 Z-H2-1 所示。

15. 试题编号：Z-H2-15 PLC 控制变频器实现电动机调速控制

1) 任务描述

某水泵电机需要通过变频器调速控制抽水量，水泵电机的功率为 10 kW、380 V、△接法。输入信号启动、停止按钮及电流调速信号(0～20mA 控制变频器输出频率 0～50 Hz)通过 PLC 处理后控制变频器，同时要求能在上位机中通过组态软件实现电动机的启动、停止和调速。试完成该组态软件、PLC、变频器综合控制系统设计并安装调试。

2) 考核内容

(1) 完成控制系统接线图。

(2) 根据要求写出 PLC 控制程序。

(3) 正确设置变频器参数，将编译无误的控制程序下载至 PLC 中，并通电调试。

3) 实施条件

(1) 考核选用的可编程控制器为西门子 S7—200 系列，变频器为西门子 MM420。在考试之前应确保变频器参数为出厂值并提供变频器的参数设置手册。

(2) 编程软件选用西门子 STEP 7—Micro/WIN V4.0。

(3) 组态软件选用 MCGS。

(4) 通电调试：在考点实训设备上进行模拟调试。

4) 考核时间

120 分钟。

5) 评分标准

评分标准如表 Z-H2-1 所示。

附表 1

西门子 MM420 变频器的部分常用参数表

序号	变频器参数	出厂值	设定值	功能说明
1	P0304	230	380	电动机的额定电压(380 V)
2	P0305	3.25	0.35	电动机的额定电流(0.35 A)

续表

序号	变频器参数	出厂值	设定值	功能说明
3	P0307	0.75	0.06	电动机的额定功率(60 W)
4	P0310	50	50	电动机的额定频率(50 Hz)
5	P0311	0	1430	电动机的额定转速(1430 r/min)
6	P1000	2	3	固定频率设定
7	P1080	0	0	电动机的最小频率(0)
8	P1082	50	50	电动机的最大频率(50 Hz)
9	P1120	10	10	斜坡上升时间(10 s)
10	P1121	10	10	斜坡下降时间(10 s)
11	P0700	2	1	BOP 设置
11	P0700	2	2	选择命令源(由端子排输入)
11	P0700	2	3	通过 BOP 链路的 USS 设置
11	P0700	2	4	通过 COM 链路的 USS 设置
11	P0700	2	5	通过 COM 链路的通信板设置
12	P0701	1	17	固定频率设值(二进制编码选择+ON 命令)
12	P0701	1	1	ON/OFF(接通正转/停车命令 1)
13	P0702	12	17	固定频率设值(二进制编码选择+ON 命令)
13	P0702	12	12	反转
14	P0703	9	17	固定频率设值(二进制编码选择+ON 命令)
14	P0703	9	4	OFF3(停车命令)按斜坡函数曲线快速降速停车
15	P1001	0	5	固定频率 1
16	P1002	5	10	固定频率 2
17	P1003	10	20	固定频率 3
18	P1004	15	25	固定频率 4
19	P1005	20	30	固定频率 5
20	P1006	25	40	固定频率 6
21	P1007	30	50	固定频率 7

第九单元　跨岗位题库

本单元具体内容见二维码。

跨岗位题库.doc

附录　相关法律法规、规范与标准

本书涉及的相关法律法规、规范与标准如下。

1. 相关法律法规

(1) 《职业教育法》《安全生产法》《特种作业人员安全技术培训考核管理规定》
(2) 湖南省职业教育条例
(3) 湖南省教育厅：职业院校学生专业技能抽查制度

2. 相关规范与标准(摘录)

(1) GB/T 1031—2009《产品几何技术规范(GPS) 表面结构轮廓法表面粗糙度参数及其数值》
(2) GB/T 1182—2008《产品几何技术规范(GPS) 几何公差形状、方向、位置和跳动公差标注》
(3) GB/T 17851—2010《产品几何技术规范(GPS) 几何公差 基准和基准体系》
(4) GB/T 1804—2000《未注公差的线性和角度尺寸的公差》
(5) IEC 60310 2004 IEC《国际电工委员会标注》
(6) GB 3797—2016《电气控制设备》
(7) GB/T 324—2008《焊缝符号表示法》
(8) GB/T 5185—2005/ISO 4063：1998《焊接及相关工艺方法代号》
(9) GB/T 19867.12005/ISO 15609—1：2004《电弧焊焊接工艺规程》
(10) GB/T 19866—2005/5ISO 15607：2003《焊接工艺规程及评定的一般原则》
(11) GB/T19418—2003/ISO 5817：1992《钢的弧焊接头 缺陷质量分级指南》
(12) GB 50661—2011《钢结构焊接规范》
(13) GB/T 4728.1—2005《电气简图用图形符号》
(14) GB/T 7932—2003《气动系统通用技术条件》
(15) GB/T 30174—2013《机械安全术语》
(16) GB/T 30574—2014《机械安全 安全防护的实施准则》
(17) GB/T 4863—2008《机械制造工艺基本术语》
(18) GB/T 1008—2008《机械加工工艺装备基本术语》
(19) GB/T 15236—2008《职业安全卫生术语》

参 考 文 献

[1] 中国标准化委员会．GB/T 4458.5—2003 机械制图尺寸公差与配合标法[S]．北京：中国质检出版社，2014.
[2] 裴炳文．数控加工工艺与编程[M]．北京：机械工业出版社，2011.
[3] 关雄飞，李宏林．机械制造基础[M]．北京：机械工业出版社，2019.
[4] 徐国林，刘晓磊．PLC 应用技术[M]．北京：机械工业出版社，2019.
[5] 戴建树，龙晶茂．焊接自动化技术及应用[M]．北京：机械工业出版社，2018.
[6] 丁卫民．电工电子技术与技能[M]．北京：机械工业出版社，2018.
[7] 周德卿，南丽霞，樊明龙．机电一体化技术与系统[M]．北京：机械工业出版社，2018.
[8] 赵全利，忽晓伟．单片机原理与应用[M]．北京：机械工业出版社，2019.
[9] 冯成龙．传感器与检测电路设计项目化教程[M]．北京：机械工业出版社，2017.
[10] 叶晖．工业机器人实操与应用技巧[M]．北京：机械工业出版社，2017.
[11] 佘明洪．ABB 工业机器人操作与编程[M]．北京：机械工业出版社，2017.
[12] 黄维，余攀峰．FANUC 工业机器人离线编程与应用[M]．北京：机械工业出版社，2020.
[13] 人力资源和社会保障部教材委员会．维修电工(初、中、高级)/职业技能鉴定教材[M]．北京：中国劳动社会保障出版社，2014.
[14] 周长锁，冯大志，王旭．欧姆龙 PLC 编程及应用实例[M]．北京：化学工业出版社，2020.
[15] 易良培，张浩．UG NX 10.0 多轴数控编程与加工案例教程[M]．北京：中国劳动社会保障出版社，2016.